シリーズ 現代日本語の世界

佐藤武義
［編集］

現代漢字の世界

田島　優

［著］

朝倉書店

シリーズ《現代日本語の世界》
編集にあたって

　私たちは，話したり聞いたり，または書いたり読んだりする，目の前の日本語を観察すると，あまりにも変化に富み，かつ新しいことばが絶えず生まれていることを知り，感心するとともに驚くことが多い．

　この現代の日本語に，どうしてそのような変化が生じ，新しいことばが現れるのか疑問に思うが，これに答えることは容易ではない．しかし疑問に答えることが容易ではないからといってそのままにしておくことをせず，それに答えるべく努める必要がある．そのためには，現代日本語の生態を，多角的に観察・整理し，これを分析して疑問の生じた点や新しいことばが生まれる環境を提示して，「これが現代日本語の実態である」と示すことが重要である．

　本シリーズは，この現代日本語の実態を踏まえ，最前線の現代日本語の情報を分野ごとに，話題ごとにホットな形で提供しながら，疑問点や新しいことばの誕生を明らかにする意図のもとに企画した．

　末筆ながら，意欲に満ちたこのような企画を提案された朝倉書店に厚く御礼を申し上げる次第である．

編　　者

まえがき

気づかない漢字制限

「使用できる漢字が制限されている」と言われると驚くかもしれない．我々は日常メールなどで自由に漢字を使用しているので，普段はあまり気がつかない．漢字の制限は，多くの場合は特に限られた世界での問題であり，その当事者にならなければ感じないであろう．

現在，漢字についての制限らしきものとしては，昭和 56（1981）年 10 月に告示された「常用漢字表」（1945 字）がある．その前書きに「現代の国語を書き表す場合の漢字使用の目安を示すものである」と記されているように，あくまでも「目安」なのである．さらに続けて読んでいくと，「各種専門分野や個々人の表記にまで及ぼすものではない」としている．このような規定であるから，我々には漢字が制限されていることが感じられないのであろう．

この「常用漢字表」は昭和 21（1946）年 11 月に告示された「当用漢字表」（1850 字）を発展させたものである．「当用漢字表」は「常用漢字表」と異なり，「使用する漢字の範囲を示したものである」とまえがきにあるように，漢字の使用を「制限」するものであった．第二次世界大戦後の国語政策はこの「当用漢字表」と「常用漢字表」にそって行われてきたのである．

多くの人が漢字の制限を実感するのは，生まれてきた子どもの命名の時であろう．昭和 23（1948）年以降に生まれた人の名前に使用されている漢字は，まさしく制限の下で決められたものである．人名に使える漢字を見て名前を決めたり，あるいは決めた漢字が人名用漢字に入っているかどうかを確認してから，役所に届けるのである．もしその漢字が入っていない場合には，その名前は受理されない．国民の要請によって，人名に使用できる漢字の数は徐々に増加してきている．「人名用漢字」を初めて規定した昭和 23 年の段階では「当

用漢字表」の1850字であったが，現在では「常用漢字表」の1945字に人名用漢字として別に983字が加わり，数の上では2928字が使用できる．ただし，「常用漢字表」や人名用の漢字表である「人名用漢字別表」の中には人名にふさわしくない字もあり，実質的にはその数は減少する．しかし，最初の1850字の段階に比べれば格段の差がある．子どもの生まれた時期によって，上の子には認められなかった漢字が次の子には使用できるようになった場合も多く見受けられる．

身の回りの漢字制限

　子どもの名付け以外にも，実際には我々は様々な場面で漢字制限と関わってきている．高校入試や大学入試の国語の問題で漢字の書き取りを経験した人もいるかもしれない．出題される漢字は「常用漢字表」に含まれているものに限られている．また問題文の漢字に振り仮名が施されているのは，その漢字が「常用漢字表」に含まれていないことを示している．学校教育においては，特に小学校において，「常用漢字表」（1945字）のうち現在1006字が，学習指導要領において学習する漢字（教育漢字）として学年別に配当されている．小学生用の国語辞典や漢字辞典には，漢字の下などに学習する学年が記されている．

　また新聞を読んでいると，「破たん」や「改ざん」「漏えい」といった漢字と仮名との交ぜ書きの語に出会うことがある．これは「綻（たん）」「竄（ざん）」「洩（えい）」が常用漢字でないことによる．新聞社は，「常用漢字表」に準拠しながら，多少の表外漢字を常用漢字並みに使用しているが，それでも漢字が足りなくて，やむをえず漢字と仮名とによる交ぜ書きという方法をとっているのである．「常用漢字表」の前書きには，「法令，公用文書，新聞，雑誌，放送など，一般生活において，現代の国語を書き表す場合の目安を示すものである」と記されており，「常用漢字表」が内閣告示・訓令であることから，役所では当然のこととして，報道機関でも暗にそれに従うべきものとされている．

　手元にある国語辞典や漢和辞典には，その漢字が常用漢字であるか「常用漢字表」以外の字であるかが記号で示されている．例えば『新明解国語辞典』（三省堂）では「常用漢字表外の字には直上に へ を付けた」とある．また『大辞泉』（小学館）では「常用漢字表にない漢字には「×」を付した」とあり，漢字の右肩に施されている．このように見てくると，「常用漢字表」は我々の生活と

密接に関わっているのである．

　しかし，コンピュータのワープロソフトを使用していると，最初に述べたように，このような漢字制限は実感できない．なぜならコンピュータで使用できる漢字は，JIS 漢字という国語政策とは別の基準によってまとめられているからである．ただし，コンピュータの漢字といっても万能ではない．常用漢字や人名用漢字は含んでいるが，どんな漢字でも出てくるものではない．その時に，我々は国語政策とは異なった別の漢字制限を感じるのかもしれない．

　現代の漢字の問題においては，「常用漢字表」と人名用漢字と JIS 漢字とが互いに密接に絡み合いながら，動いている．人名用漢字や JIS 漢字が漢字制限の根幹である「常用漢字表」を揺るがせ，現在「常用漢字表」の再検討が促されている．平成 22（2010）年に新たな漢字表が告示され，使用できる漢字の数が増加するようである．

　本書では，第二次世界大戦後の「当用漢字表」に始まる国語施策，つまり「当用漢字表」と「常用漢字表」を中心とし，それに関わる漢字の字体，音訓表，送り仮名などや，またそれらに関連した教育漢字，人名用漢字，JIS 漢字などを扱っている．なお，新たな漢字表についての記述は平成 20（2008）年 7 月末の段階で終わっている．その後どのように動いたのかについては申し訳ないがご確認いただきたい．また，この校正の最中にも候補漢字の変更があった．

　9 月 22 日に開かれた文化審議会の漢字小委員会では，188 字の候補漢字から「蒙」を除外し，新たに古刹（こさつ）の「刹」，脊椎（せきつい）の「椎」，賭博（とばく）の「賭」，遡上（そじょう）の「遡」の 4 字を加える案をまとめた．つまり候補漢字が 191 字になった．

　このように，候補漢字は作業の過程で随時変更されていくようである．新しい漢字表がどのような形でまとまっていくのか，皆さんと一緒に見詰めていきたい．

　2008 年 9 月

田　島　　優

目　　次

第 1 章　「当用漢字表」と漢字 …………………………………………… 1
1. 漢字をめぐる第二次世界大戦直後の国語施策　1
2. 「当用漢字表」　2
3. 「当用漢字表」の「使用上の注意事項」　7
   - (1)　書き換えと言い換え　7
   - (2)　品詞による仮名表記化　9
   - (3)　外国の人名や地名，外来語の仮名表記化　11
   - (4)　動植物名の仮名表記化　12
   - (5)　当て字の仮名表記化　13
   - (6)　振り仮名の使用の禁止　14
   - (7)　専門用語の変更　15
4. 「現代かなづかい」と漢字の字音　16
   - (1)　「現代かなづかい」の理念　16
   - (2)　「現代かなづかい」の体裁　17
   - (3)　漢字音の仮名遣い　19
   - (4)　辞書における仮名遣いの必要性　21
5. 「当用漢字音訓表」・「当用漢字改定音訓表」　24
   - (1)　「当用漢字音訓表」　24
   - (2)　「当用漢字改定音訓表」　28
6. 「当用漢字字体表」　36
   - (1)　新字体の成立　36
   - (2)　「当用漢字字体表」の性格　37
   - (3)　筆記体との関係　46

（4）「当用漢字字体表」と教科書体　46
　7．同音・同訓漢字による書き換え　47
　　（1）同音の漢字による書き換え　47
　　（2）書き換えの方針　49
　　（3）代用表記の実態　50
　8．「送りがなのつけ方」・「送り仮名の付け方」　51
　　（1）「送りがなのつけ方」　51
　　（2）「送り仮名の付け方」　53

第2章　教育漢字　……………………………………………………………　57

　1．「当用漢字別表」　57
　2．「学年別漢字配当表」　60
　　（1）昭和33年『小学校学習指導要領』　60
　　（2）昭和43年改訂『小学校学習指導要領』　62
　　（3）昭和52年改訂『小学校学習指導要領』　66
　　（4）平成元年改訂『小学校学習指導要領』　70
　　（5）平成10年改訂『小学校学習指導要領』　76
　　（6）平成20年改訂『小学校学習指導要領』　76
　　（7）小学校における漢字指導の変化　77
　3．中学校における漢字指導　78
　　（1）読むことの指導　78
　　（2）書くことの指導　81
　　（3）教科書の実態　83
　　（4）教科書における使用度の低い漢字の取扱い　84
　4．筆順の指導　87
　　（1）筆順の制定　87
　　（2）学校における筆順指導　92
　　（3）許容の書き方　93
　5．教科書体—とめる，はねる，はらう—　95
　　（1）教科書用活字の使用　95

（2）　教科書体標準の提示　　97
　6．音訓の小・中・高等学校の段階別割り振り表　　97

第3章　「常用漢字表」と漢字 …………………………………… 100
　1．「常用漢字表」の成立過程　　100
　　（1）「当用漢字表補正資料」　　100
　　（2）「当用漢字表補正案」　　101
　　（3）「常用漢字表」　　101
　2．「常用漢字表」の性格　　103
　　（1）　漢字使用の目安　　103
　　（2）「使用上の注意事項」　　104
　3．「常用漢字表」と音訓　　107
　4．「常用漢字表」と公用文　　109
　5．「常用漢字表」と字体　　111
　　（1）「常用漢字表」の字体と康熙字典体　　111
　　（2）　デザイン差について　　116
　　（3）　活字と筆写体　　117
　6．「現代仮名遣い」　　118
　7．「表外漢字字体表」　　120
　　（1）「表外漢字字体表」答申の経緯　　120
　　（2）　新聞における略字体の使用　　121
　　（3）「表外漢字字体表」の性格　　122
　8．「常用漢字表」と新聞　　124
　　（1）「常用漢字表」への抵抗　　124
　　（2）　常用漢字の追加の必要性　　125
　9．情報化時代に対応する漢字政策の在り方　　127
　　（1）　新しい漢字表の検討　　127
　　（2）　新しい漢字表の方向性　　129
　　（3）　第一次素案公表　　130
　　（4）　決定追加案　　133

第 4 章　人名用漢字 ……………………………………………… 138

1. 旧 戸 籍 法　138
2. 昭和 21 年「当用漢字表」　140
3. 昭和 26 年「人名用漢字別表」　142
4. 昭和 51 年「人名用漢字追加表」　144
   (1)「人名用漢字別表」から「人名用漢字追加表」へ　144
   (2) 万葉仮名的表記と暴走族　144
5. 昭和 56 年「人名用漢字別表第二」　145
   (1) 戸籍法施行規則の改正　145
   (2)「人名用漢字許容字体表」　147
   (3) 使用できなくなった字体　148
6. 平成 2 年改正「人名用漢字別表第二」　151
7. 氏又は名の記載に用いる文字の取扱いに関する整理通達　152
   (1) 戸籍における誤字・俗字の処理　152
   (2) 戸籍に使用できる字　153
8. 平成 16 年「漢字の表」　155
   (1)「人名用漢字別表第二」から「漢字の表」へ　155
   (2) 人名用漢字としての異体字・旧字体　158
9. 氏又は名の記載に用いる文字の取扱いに関する整理通達の一部改正通達
   　160
10. 最近の名付け　161
    (1) 読み仮名と漢字の関係　161
    (2) 漢字表記による独自性　163
    (3) 旧字体の新鮮さ　164

第 5 章　JIS 漢字 ……………………………………………… 166

1. JIS 漢字とは　166
2. JIS X 0208　167
   (1) 78JIS　167
   (2) 83JIS　168

(3)　90JIS・97JIS　　173
　　3.　JIS X 0213　　173

第6章　「当用漢字表」・「常用漢字表」と人名用漢字・JIS漢字……………178
　　1.　漢字施策と人名用漢字・JIS漢字　　178
　　2.　「当用漢字表」時代の三者　　180
　　3.　「常用漢字表」時代の三者　　181
　　4.　地名と漢字　　184
　　5.　「常用漢字表」の再検討　　186

索　　引 ……………………………………………………………190

第1章
「当用漢字表」と漢字

1. 漢字をめぐる第二次世界大戦直後の国語施策

　一般生活に関わる漢字の使用について，国語施策としての実施は，昭和21（1946）年11月16日に内閣告示・訓令として公布された「当用漢字表」が初めてであった．なお，告示とはおおやけの機関が決定したことがらを公式に一般に知らせるものであり，また訓令とは上級の官庁から下級官庁に対しての職務上の命令・指示である．この「当用漢字表」は使用できる漢字の数を1850字に制限するものであった．それ以前はどんな漢字も使用できる状況であったのに対して，特定の漢字しか使用できない，それも1850字に制限したのであるから，衝撃的な出来事であった．

　「当用漢字表」と同時に，語や文を書き表すための「現代かなづかい」が告示された．「当用漢字表」を補う形では，昭和23（1948）年2月16日に「当用漢字音訓表」と「当用漢字別表」が告示された．「当用漢字音訓表」は「当用漢字表」に含まれているそれぞれの漢字の音と訓を定めたものである．人名用漢字の場合のような，使用できる漢字だけが決められていて，それをどのように扱ってもかまわないというものではない．「当用漢字表」は振り仮名を認めていないのであるから，漢字の音と訓とを早急に決める必要があった．一方「当用漢字別表」は，当用漢字（1850字）の中で義務教育の期間に読み書きともにできるように指導すべき漢字の範囲を定めたものである．

　そして，昭和24（1949）年4月28日には「当用漢字字体表」が告示された．

「当用漢字表」が告示される以前の漢字の字体は，中国の『康熙字典』の字体にのっとったものであったが，「当用漢字表」では，字画の多いものや字体の複雑なものに対しては世間で使用されていた略体を一部採用した．この「当用漢字字体表」は，「当用漢字表」に含まれている漢字に対して簡易字体の採用が可能な字について，日常使用する漢字の字体の標準を定めたのである．

「当用漢字表」の告示から十年以上も経った昭和34 (1959) 年7月11日に「送りがなのつけ方」が告示された．これは，漢字の送り仮名の標準を定めたものである．

昭和 21 (1946) 年 11 月 16 日　「当用漢字表」内閣告示・訓令
昭和 21 (1946) 年 11 月 16 日　「現代かなづかい」内閣告示・訓令
昭和 23 (1948) 年 2 月 16 日　「当用漢字音訓表」内閣告示・訓令
昭和 23 (1948) 年 2 月 16 日　「当用漢字別表」内閣告示・訓令
昭和 24 (1949) 年 4 月 28 日　「当用漢字字体表」内閣告示・訓令
昭和 34 (1959) 年 7 月 11 日　「送りがなのつけ方」内閣告示・訓令

2.「当用漢字表」

昭和21 (1946) 年11月16日に告示された「当用漢字表」は図1.1のようなものである．まだこの段階では漢字の音訓が決められていないので，漢字の部首別に配列された．なお，括弧（ ）の前が「当用漢字表」で示された新字体であり，括弧内が旧字体すなわち康熙字典体である．

この「当用漢字表」の「まえがき」には次の5項が挙げられている．

一　この表は，法令・公用文書・新聞・雑誌および一般社会で，使用する漢字の範囲を示したものである．
一　この表は，今日の國民生活の上で，漢字の制限があまり無理がなく行われることをめやすとして選んだものである．

2.「当用漢字表」

> 一　固有名詞については，法規上その他に関係するところが大きいので，別に考えることとした．
> 一　簡易字体については，現在慣用されているものの中から採用し，これを本体として，参考のため原字をその下に掲げた．
> 一　字体と音訓との整理については，調査中である．

　最初の2項によって，この「当用漢字表」が日常使用する漢字の範囲を制限したものであることが明示されている．第3項は，後に「人名用漢字別表」（昭和26（1951）年5月25日告示）へと展開していくものである．第4項は，「当用漢字表」では簡易字体（略体）を積極的に採用していこうという姿勢を示している．「当用漢字表」全体では，以下の131字の簡易字体が掲示してある．括弧内は旧字体である．

乱（亂）　併（倂）　仮（假）　両（兩）　剤（劑）　労（勞）　励（勵）
勧（勸）　区（區）　参（參）　嘱（囑）　囲（圍）　円（圓）　図（圖）
堕（墮）　圧（壓）　壱（壹）　学（學）　実（實）　写（寫）　宝（寶）
対（對）　届（屆）　属（屬）　岳（嶽）　廃（廢）　径（徑）　悩（惱）
惨（慘）　恋（戀）　択（擇）　担（擔）　拠（據）　挙（擧）　拡（擴）
数（數）　断（斷）　会（會）　栄（榮）　楼（樓）　枢（樞）　権（權）
欧（歐）　歓（歡）　帰（歸）　残（殘）　殴（毆）　浅（淺）　満（滿）
潜（潛）　沢（澤）　済（濟）　浜（濱）　滝（瀧）　湾（灣）　営（營）
炉（爐）　犠（犧）　独（獨）　猟（獵）　献（獻）　画（畫）　当（當）
発（發）　研（研）　礼（禮）　称（稱）　穏（穩）　窃（竊）　並（竝）
糸（絲）　経（經）　総（總）　絵（繪）　継（繼）　続（續）　欠（缺）
声（聲）　粛（肅）　脳（腦）　胆（膽）　台（臺）　旧（舊）　茎（莖）
万（萬）　処（處）　号（號）　虫（蟲）　蚕（蠶）　蛮（蠻）　覚（覺）
観（觀）　触（觸）　証（證）　訳（譯）　誉（譽）　読（讀）　変（變）
豊（豐）　予（豫）　弐（貳）　賛（贊）　践（踐）　軽（輕）
弁（辨・辦・辯）　辞（辭）　遥（遙）　遅（遲）　辺（邊）　医（醫）
釈（釋）　銭（錢）　鉄（鐵）　鉱（鑛）　関（關）　随（隨）　隠（隱）
双（雙）　霊（靈）　余（餘）　駆（驅）　駅（驛）　髄（髓）　体（體）

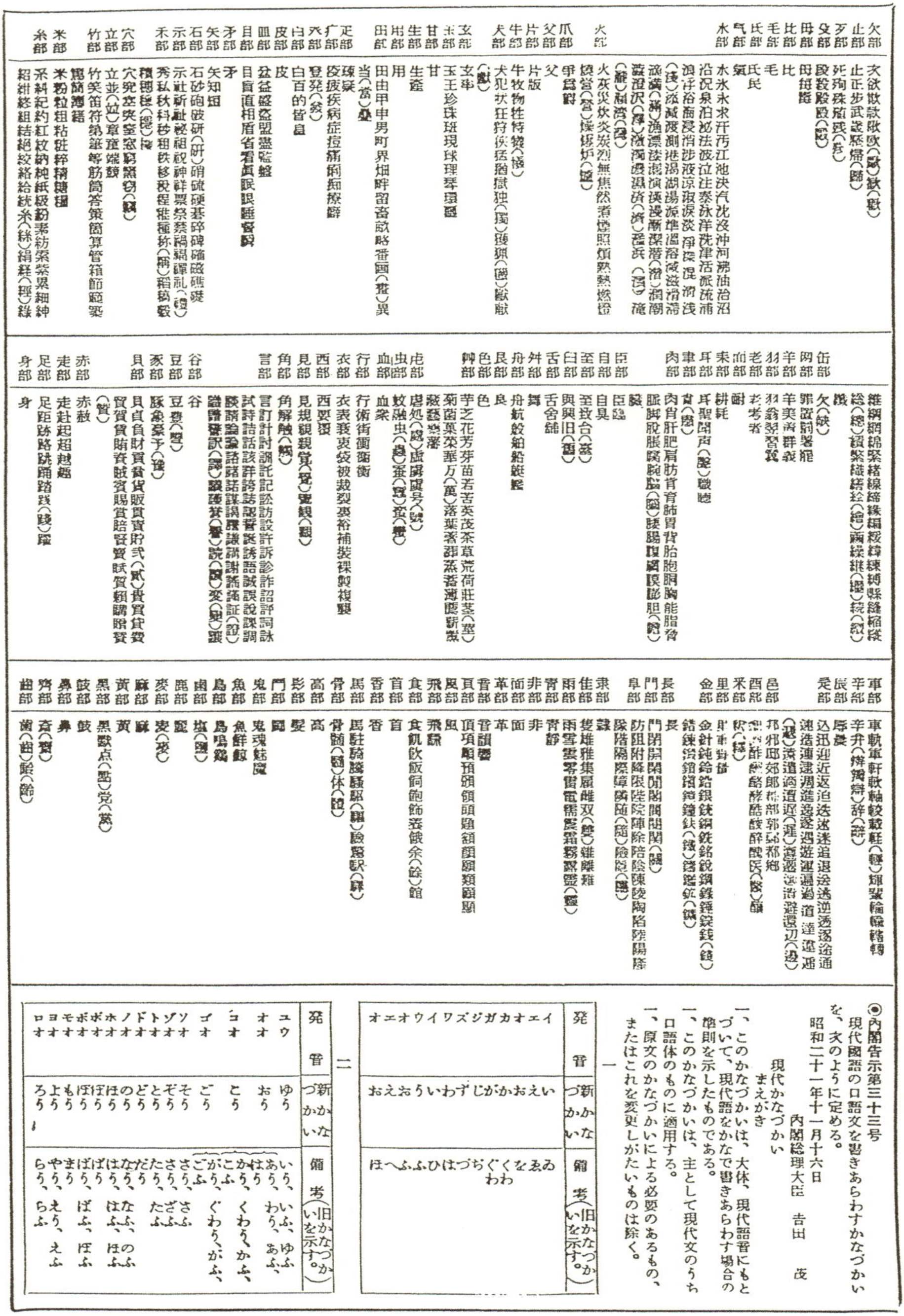

図 1.1

官報 号外

昭和二十一年十一月十六日

訓令

◉内閣訓令第七号

各官廳

当用漢字表の実施に関する件

従来、わが國語において用いられる漢字は、その数がはなはだ多く、且つ、その用いかたも複雜であるため、教育上また社会生活上、多くの不便があつた。これを制限することは、國民の生活能率をあげ、文化水準を高める上に、資することが少くない。

それ故に、政府は、今回國語審議会の決定した当用漢字表を採択して、本日内閣告示第三十二号をもつて、これを告示した。今後各官廳においては、この表の漢字を使用するとともに、廣く各方面にこの使用を勸めて、当用漢字表制定の趣旨の徹底するように努めることを希望する。

昭和二十一年十一月十六日

内閣総理大臣　吉田　茂

◉内閣訓令第八号

各官廳

「現代かなづかい」の実施に関する件

國語を書きあらわす上に、從來のかなづかいは、はなはだ複雜であつて、使用上の困難が大きい。これを現代語音にもとづいて整理することは、國民の負担を經くするばかりでなく、教育上の能率をあげ、文化水準を高める上に、資するところが大きい。それ故に、政府は、今回國語審議会の決定した現代かなづかいを採択して、本日内閣告示第三十三号をもつて、これを告示した。今後各官廳においては、現代かなづかいを使用するとともに、廣く各方面にこのなづかい制定の趣旨の徹底するように努めることを希望する。

昭和二十一年十一月十六日

内閣総理大臣　吉田　茂

告示

◉内閣告示第三十二号

現代國語を書きあらわすために、日常使用する漢字の範圍を、次の表のように定める。

昭和二十一年十一月十六日

内閣総理大臣　吉田　茂

当用漢字表

まえがき

一、この表は、法令・公用文書・新聞・雑誌および一般社会で、使用する漢字の範囲を示したものである。

一、この表は、今日の國民生活の上で、漢字の制限があまり無理がなく行われることをめやすとして選んだものである。

一、固有名詞については、法規上その他に関係するところが大きいので、別に考えることとした。

一、簡易字體については、現在慣用されているものの中から採用し、これを本體として、参考のため原字をその下に掲げた。

一、字體と音訓との整理については、調査中である。

使用上の注意事項

イ、この表の漢字で書きあらわせないことばは、別のことばにかえるか、または、かな書きにする。

ロ、代名詞・副詞・接続詞・感動詞・助動詞・助詞は、なるべくかな書きにする。

ハ、外國（中華民國を除く）の地名・人名は、かな書きにする。ただし、「米國」「英米」等の用例は、從來の慣習に從つてもさしつかえない。

ニ、外國語は、かな書きにする。

ホ、動植物の名称は、かな書きにする。

ヘ、あて字は、かな書きにする。

ト、ふりがなは、原則として使わない。

チ、専門用語については、この表を基準として、整理することが望ましい。

ノ部
乃之乏乗

乙部
乙九乞乱（亂）

亅部
了事

二部
二五井亜

亠部
亡交京

人部
人仁今介仕他代以仰仲件任企伏伐休伯仲佐何佛作佳使侍供依価侮侯侵便係促俊俗保信修俳俵併倉個倍倒候借倣値倫假偉偏停健側偶傍傑備催傷傭働像僧僚儀億儉儒償儲

入部
入内全両（兩）

八部
八公六共兵具典兼

冂部
冊再冒

冖部
冠冗冥

冫部
冬冷准凍凉

几部
凡処

凵部
凶出

刀部
刃分切刈刊判別利到制刷券刺刻則削前剖剛剣（劍）剰副割創劇劉

力部
力功加劣助努効劾勃勅勇勉動勘務勝勞（勢）募勧勧（勸）勲励

勹部
勺匂包

匕部
化北

匚部
匹区（區）医匿匠

十部
十千升午半卑卒卓協南博

卜部
占

卩部
印危卵卷卸即厚厘

厶部
去参（參）

又部
又及友叔叛受

口部
口古句叫召可史右司各合吉同名后吏吐向君吟否含呈吸呉周味呼命和咲哀品員唄唐唯商問啓善喚喜喪喫單嗣嘆器噴嚇嚴

囗部
囚四回因困固國圖（圖）團（團）園圓（圓）

土部
土在地坂均坊坪垂型城域執培基堂堅堤堪報場塊塀塔塗塚塩填塾境墓墜增墨墳壁壇壊壌壓壘壤

士部
士壬壮壱壷

夂部
夏

夕部
夕外多夜夢

大部
大夫太央失奉契奔奥奨獎（奬）奪奮

女部
女奴好如妃妊妙妥妨妹妻姉始姓委姫姻姿威娘娯婆婚婦媒嫁嫌嬢

子部
子孔字存孝季孤孫學（學）

宀部
宅守安完宗官宙定宜客室宮害家

寸部
寸寺封射將（將）專對（對）導

小部
小少

尢部
就

尸部
尺尾尿局居届屈屋展属（屬）層履屢

屮部
山岐岸峠峰島峡崩岳（嶽）嶺

巛部
川州巡巢

工部
工左巧巨差

己部
已己巳

巾部
巾布帝師席帳帶帽幅幕幣

干部
干平年幸幹

幺部
幻幼幾

广部
床序底店府度庫庭庶康庸廈廉廓廠廳廣（廣）廟廢（廢）廬

廴部
延廷建

弋部
弋式

弓部
弓引弟弦弧張强

彐部
彙

彡部
形彩彫影

彳部
役彼往征径待律後徐徒得從（從）復循微徳徴徹

心部
心必忍志忘忙忠快念怒怖思怠急性怪恆恐恥恨恩恭息恵悔悟悦悩悪（惡）悲惜惠惨情惑愁愉意愚愛感慈愈態慌慎慕慣慢慮慰慶憂憎慾憾憤憩憲憶憾懇應懲懷懸

戈部
戈戒戯戚戦（戰）戴

戸部
戸房所扇扉

手部
手才打扱扱抄把抑投抗折抱押抽拍拐拒拓拔拘招拝拠拡拷持指按拶挑挙捕捜据捨掃授掌排掘掛掠探接控推掩措提揚換揮握援揭（揭）損搬搾摘摩撤撲撮擁擇擊（擊）擬擾攝（攝）擴（擴）攻

支部
支

攴部
收改攻放政故效敎敏救敗敎敬散敢敬數（數）敵敷

文部
文斉斎斐

斗部
斗料斜

斤部
斤斥新断（斷）

方部
方於施旅旋族旗

无部
无旣（旣）

日部
日旦旨早旬旺昇明易昔星映春昨昭是時晚晝普景晴晩智晶暁暇暑暖暗暮暴曇曜

曰部
曲更書曹替最會

月部
月有服朋望朝期

木部
木未末本札朱朴机朽材村束条杉李杏材東松板析枕林枝枠枢枯架柔柱柳柿栄栓桃桁桂校桑桜桶梅梗條梢梨棄棋棚棟森棒棺植業極榮（榮）槍様標槽樂（樂）樹橋機橫檢（檢）櫻（櫻）權（權）

塩（鹽）　麦（麥）　点（點）　党（黨）　斎（齋）　歯（齒）　齢（齡）
（なお，示偏はまだ「示」の字体しか認めていないので「礼」の字体は後に告示された「当用漢字字体表」によって現在の字体になる．）

　最後の第5項に「字体や音訓については調査中」とあるように，字体表や音訓表については後に告示されることになる．字体表については「当用漢字字体表」が昭和24（1949）年4月28日に，そして音訓表については「当用漢字音訓表」が昭和23（1948）年2月16日に告示された．

　この「当用漢字表」は昭和21年11月16日に告示されたのであるから，終戦後1年3か月というわずかな期間で作成されたことになる．戦後の混乱期に，このように迅速に作業に取りかかれたのは，土台となる漢字表がすでに存在していたからである．それは，昭和17（1942）年に国語審議会が答申していた「標準漢字表」である．この「標準漢字表」(2528字)は，「常用漢字」1134字（国民の日常生活に関係が深く，一般に使用程度の高い漢字），「準常用漢字」1320字（常用漢字よりも国民の日常生活に関係が薄く，また一般に使用の程度も低い漢字），「特別漢字」74字（皇室典範・帝国憲法・歴代天皇の御追号・詔勅などの文字で前記以外の字）の3段階に分かれていた．

　「当用漢字表」は，この中の「常用漢字」を検討することから始まっている．昭和21年4月には，「常用漢字」1134字から88字を削り，249字を加え，総計1295字からなる「常用漢字表案」がまとめられた．さらに審議され，この「常用漢字表案」から9字を削除し，564字を追加して，総計1850字の「当用漢字表」が作成されたのである．なお，「特別漢字」からは「朕」と「璽」の2字が入っている．「当用」とは「さしあたってのこと」という意味であり，つまり社会の情勢に応じて数年ごとに修正しようという考えがあった．その背後には，使用できる漢字を将来さらに減らしていくための過渡的なものという意味が含まれている．

　「日本国憲法」はこの「当用漢字表」よりも13日早い昭和21年11月3日に公布されている．この「日本国憲法」が読めるように，「当用漢字表」は「日本国憲法」に使用されている漢字を取り入れたと言われている．「日本国憲法」に使用されている次のような漢字が，後に「当用漢字表」改定の検討にあたり削除の対象となったりしている．

朕（公布文）　璽（公布文「御璽」）　爵（公布文大臣名「男爵」）　隷（前文「隷従」・18条「奴隷」）　准（7条「批准書」）　劾（64条・78条「弾劾」）　罷（68条・78条「罷免」）　虞（82条）　遵（98条「遵守」）　箇（100条「六箇月」）　又（103条「又は」）　但（103条「但し」）

公布文

　朕は，日本國民の總意に基いて，新日本建設の礎が，定まるに至つたことを深くよろこび，樞密顧問の諮詢及び帝國憲法第七十三條による帝國議会の議決を經た帝國憲法の改正を裁可し，ここにこれを公布せしめる．

御名御璽
　　昭和二十一年十一月三日
　　　　　　　　　　　　　　　　　　（大臣名は省略）
第七八条　裁判官は，裁判により，心身の故障のために職務を執ることができないと決定された場合を除いて，公の彈劾によらなければ罷免されない．裁判官の懲戒處分は，行政機關がこれを行ふことはできない．

　公布文の中では「諮詢」の「詢」だけが「当用漢字表」に入っていない．「公布文」は対象外であったのかもしれない．もしそうなら，「公布文」にしか使用されていない「朕」や「璽」や「爵」が「当用漢字表」に入れられているのは，その漢字が公文書において必要であったことを意味していよう．つまり，「朕」や「璽」は天皇のことばや命令を書き記した詔書において，また「爵」は男爵であった幣原喜重郎が国務大臣であったことによって，欠かせない漢字であったのである．「朕」は次第に使用されなくなり，爵位も昭和22（1947）年5月3日の「日本国憲法」の施行とともに華族制度が廃止となり消滅した．

3.「当用漢字表」の「使用上の注意事項」

(1) 書き換えと言い換え（「使用上の注意事項」イ）

　「当用漢字表」には「まえがき」に続いて，「使用上の注意事項」として次の8項が挙げられている．これらはこれまでの漢字使用からいえば，かなり厳し

いものであることがわかる．

> イ　この表の漢字で書きあらわせないことばは，別のことばにかえるか，または，かな書きにする．
> ロ　代名詞・副詞・接続詞・感動詞・助動詞・助詞は，なるべくかな書きにする．
> ハ　外國（中華民國を除く）の地名・人名は，かな書きにする．
> 　　ただし，「米國」「英米」等の用例は，從來の慣習に從つてもさしつかえない．
> ニ　外來語は，かな書きにする．
> ホ　動植物の名称は，かな書きにする．
> ヘ　あて字は，かな書きにする．
> ト　ふりがなは，原則として使わない．
> チ　専門用語については，この表を基準として，整理することが望ましい．

このイに関連しては，後に「公用文作成の要領」（昭和 27（1952）年 4 月 4 日内閣通知）において，「当用漢字表」や「当用漢字音訓表」で書き表せないものの処置として，次の四つの方法が掲げられている．

> （1）かな書きにする．
> （2）当用漢字表中の，音が同じで，意味の似た漢字で書きかえる．
> （3）同じ意味の漢字で言いかえる．
> （4）漢語をやさしいことばで言いかえる．

（1）の仮名書きは，漢字をはずしても意味のとおる使い慣れたものや，（2）〜（4）の方法がとれない場合，つまり他によい書き換えや言い換えがない場合や，言い換えてしまうと不都合な場合における最終手段である．この仮名書きには 2 通りある．例えば「でんぷん（澱粉）」や「あっせん（斡旋）」のように，二字ともに「当用漢字表」にない場合にはすべて仮名で表記する．「改ざん（改竄）」や「口こう（口腔）」のように，一方の漢字が漢字表に入っていない場合

には漢字と仮名とによる交ぜ書きを行うのである．
　(2)は同音の漢字に書き換える，いわゆる代用漢字である．ここには，
　　車輌→車両　煽動→扇動　碇泊→停泊　編輯→編集　哺育→保育
　　抛棄→放棄　傭人→用人　聯合→連合　煉乳→練乳
の9例を挙げている．4年後の昭和31（1956）年7月5日には341例の書き換えを示した「同音の漢字による書きかえ」が国語審議会から報告された（本章7節参照）．(1)と(2)は書き換えである．(1)は漢字を平仮名へ，(2)は漢字を同音の漢字へと書き換えるこであり，語の音の変化は生じなかった．ただし，(2)は以前とは漢字表記が変わっていることから別語になったということもできよう．そのように考えれば(3)，(4)と同じ扱いになる．
　一方(3)と(4)は言い換えである．(3)は漢語から漢語へ，(4)は漢語から和語へ言い換えることによって，今までの語を廃語化するのである．(3)には次の二つの方法が示されている．
　　ア　意味の似ている，用い慣れたことばを使う．
　　イ　新しいことばをくふうして使う．
アの例としては，
　　彙報→雑報　印顆→印形　改悛→改心　開披→開封
が挙げられている．これらはいわゆる類義語の統合である．イとして挙げられているのは，
　　聾学校→口話学校　罹災救助金→災害救助金　剪除→切除　毀損→損傷
　　擾乱→騒乱　溢水→出水　譴責→戒告　瀆職→汚職
などである．これらは同義の新語を作り出したことになる．
　(4)は漢語をやさしい和語に言い換えるものである．例として
　　隠蔽する→隠す　庇護する→かばう　抹消する→消す　牴触する→ふれる
　　漏洩する→漏らす　破毀する→破る　酩酊する→酔う　治癒する→なおる
　　趾→あしゆび
が挙げられている．

(2) 品詞による仮名表記化（「使用上の注意事項」ロ）

「公用文作成の要領」は，上に見たように，「当用漢字表」の「使用上の注意

事項」の手引き書的な役割を示していた．ロ以下についてもそれぞれ言及している．注意事項のロ・ハ・ニ・ホ・ヘは，「当用漢字表」内の漢字で表記できる語であっても，仮名書きにするように指示しているのである．

　注意事項のロは，漢字仮名交じり文という表記体に関わるものである．明治時代以降，文章は漢字仮名交じり文で書くのが基本となっている．漢字仮名交じり文の表記スタイルは，自立語を漢字，付属語を仮名で書くというものである．ロは，自立語であっても代名詞・副詞・接続詞・感動詞については仮名で表記することを示している．これは，代名詞が主観的な形式的な体言であること，また副詞や接続詞・感動詞は文脈の意味を補足したり，強めたり，明確にしたりする役割を担っていることによる．つまり，これらは文においては実質的な概念部分ではなく，あくまでも補助的な箇所である．そのことから，これらの品詞については仮名で表記するように指示されたのである．付属語である助動詞や助詞は，漢字仮名交じり文のスタイルからいって，仮名で書くことに問題はない．しかし，江戸時代の候文などで多用された「迄（まで）」「等（など）」「宛（ずつ）」「哉（かな）」「共（ども）」「乍ら（ながら）」などの助詞の漢字表記や，「被る（らる）」「使む（しむ）」「也（なり）」「如し（ごとし）」「可し（べし）」などの助動詞の漢字表記が依然として使用されていたことにより，これを注意勧告したのである．

　「公用文作成の要領」では，さらに接頭語・接尾語・動詞など（形式用言）・その他（形式名詞）・助動詞に準ずるもの・助詞に準ずるものが仮名書きの対象として次のように示されている（括弧内は漢字で書いた場合）．

　　接頭語……お（御）（「ご」は漢字でも仮名でもよい）
　　接尾語……ども（共）　たち（達）　ら（等）　げ（気）　ぶる（振る）
　　動詞など……ある（有る）　ない（無い）　いる（居る）　おる（居る）
　　　　する（為る）　なる（為る）　できる（出来る）
　　その他（形式名詞）……こと（事）　とき（時）　ところ（所）　もの（物）
　　　　くらい（位）　だけ（丈）　まで（迄）　ばかり（許）　うち（内）
　　　　ため（為）　はず（筈）　ほど（程）　よう（様）　ゆえ（故）　わけ（訳）
　　助動詞に準ずるもの……てあげる（て上げる）　てやる（て遣る）
　　　　ていく（て行く）　てくる（て来る）　ておく（て置く）

てしまう（て仕舞う）　てみる（て見る）
　　助詞に準ずるもの……をあげて（を挙げて）　について（に就いて）
　　　　にわたって（に亘って）　によって（に依って）　とともに（と供に）
　　　　ごとに（毎に）　において（に於いて）　をもって（を以て）
　ここで述べられている形式名詞や助動詞などに準ずるものとは，下記の例の中の下線を施したものである．
　　　このようなことは，今のところ，彼にはまだできないはずだ．
　　　三十分前に来ていただいて，前もって見学しておいてください．
　これらも文において実質的な概念部分ではなくあくまでも補助的な箇所である．そのことによって，「使用上の注意事項」の代名詞・副詞・接続詞・感動詞に準ずるものとして，仮名表記化がこれらにまで及ぶことになったのである．
　この昭和27年の「公用文作成の要領」では，例えば，「我」「彼」「且つ」「又」「但し」「並びに」「及び」「外」などは，「当用漢字表」の範囲の字であるが，できるだけ仮名書きにするように指示されていた．しかし，「公用文作成の要領」は昭和48（1973）年の「当用漢字改定音訓表」や昭和56（1981）年の「常用漢字表」の告示によって変更されており，漢字表内のものについての扱いが大きく変わっている（第3章4節参照）．

(3) 外国の人名や地名，外来語の仮名表記化（「使用上の注意事項」ハ・ニ）
　江戸時代においては，正式の文書は漢文あるいは候文による変体漢文で書かれるのが一般的であった．したがって，西洋の学問を紹介した医学や天文学などの翻訳書も漢文や漢文訓読文で書かれていた．その際に，人名や国名については括弧付きの片仮名書き（「アムステルダム」）の場合もあるが，よく使用される国名や人名は漢字で表記された．
　　和蘭（オランダ）　暗父利亜（イギリス）　白露（ペール）
　　瓜哇（ジヤカルタ）　微私東（ウイストン）　奈端（ネウトン）
　　法児礼（ハルレイ）　啓児（ケイル）
　　　（吉雄南皐口述，草野養準筆記『遠西観象図説』文政6（1823）年）
　外来語も，以前は音を借りた借音表記や，意味を示す表記など，漢字で表記されていた．ただし，意味を示す表記の場合には振り仮名を必要とするため，

その使用はあまり多くはなかった．
　　借音表記……瓦斯（ガス）　虎列刺（コレラ）　更紗（サラサ）
　　意味的な表記……硝子（ガラス）　石鹸（シャボン）　洋燈（ランプ）
　明治時代においては，漢字仮名交じり文のシステムにのっとって，また振り仮名を活用することによって，外来語の意味的な表記が多用されたのである．
　　技巧（アート）　幻像（イリュージョン）　礼帽（シルクハット）
　　洋杖（ステッキ）　卓子（テーブル）　調和（ハーモニー）
　特に，漢字表記が早く定着していた「襦袢（ジュバン）」や「煙草（タバコ）」などは漢字表記の方が一般的であり，振り仮名も必要としなかった．しかし，これらの漢字表記はいわゆる当て字であり，「使用上の注意事項」のへに該当する．そのために，外国の人名・地名や外来語が「使用上の注意事項」ハとニにおいて，仮名で表記するように指示されたのである．
　「当用漢字表」では単に「かな表記」とあるだけであったが，「公用文作成の要領」では，
　　外国の地名・人名および外来語は，かたかな表記にする．
とある．また，
　　ただし，「かるた」「さらさ」「たばこ」などのように，外来語の意識のうす
　　くなっているものはひらがなで書いてもよい．
としている．外来語でも，外来語かどうかの意識の程度によって，平仮名で書くことも許容されている．
　「使用上の注意事項」の「かな表記」には平仮名表記も片仮名表記も含まれており，実際には語の種類によって平仮名で書くのか，片仮名で書くのかが決められているのである．

(4) 動植物名の仮名表記化（「使用上の注意事項」ホ）

　動植物名を仮名で表記することについての指示は，意外な感がするかもしれない．しかし，この分野の語は中国の本草学などの影響によって，漢字の熟字を利用して表記されることが多かった．
　　海豹（あざらし）　烏賊（いか）　蝸牛（かたつむり）　章魚（たこ）
　　蟾蜍（ひきがえる）　百足（むかで）　土竜（もぐら）　栗鼠（りす）

紫陽花（あじさい）　菖蒲（あやめ）　無花果（いちじく）
　　胡瓜（きゅうり）　石榴（ざくろ）　甘藷（さつまいも）
　　蒲公英（たんぽぽ）　糸瓜（へちま）　山葵（わさび）

　このような表記は外来語と同じように当て字に該当するため，熟字表記の多い動植物名は仮名で表記されることになったのである．ただし動植物名でも「当用漢字表」に入っている漢字があることによって，「公用文作成の要領」では「当用漢字表」で認めている「犬・牛・馬・桑・桜」は使ってもよいとしている．昭和23（1948）年2月16日に告示された「当用漢字別表」，いわゆる「教育漢字」においても動植物名の漢字の使用を認めていた．他には次のような動植物名が「当用漢字表」に掲げられている．括弧内は総称的名称である．

　　動物名……豚　羊　象　鶏　蚕　蚊　鯨　（虫　鳥　貝　魚）
　　植物名……松　柳　桃　梅　竹　茶　漆　稲　麦　菊　麻　芝
　　　　　　　（豆　菜　草　木）

　動植物名に関しては，理科の教科書や新聞などでは片仮名で書かれていることが多い．漢字平仮名交じり文において，自立語を平仮名で書くと，本来平仮名で書く助動詞や助詞との区別が紛らわしくなる．そこで，動植物名を片仮名で書くことによって，平仮名との区別ができ，その語が卓立される．つまり片仮名表記にある種の漢字的な役割を担わせているのである．

(5) 当て字の仮名表記化（「使用上の注意事項」へ）

　外来語や動植物名の仮名表記化の理由として，当て字による漢字表記が原因であるとしたが，この場合，当て字の指す範囲を広くとっている．当て字とよく似たものとして熟字訓がある．熟字訓とは，先に見たような外来語でいえば「硝子（ガラス）」や「洋燈（ランプ）」，動植物名では「百足（むかで）」や「紫陽花（あじさい）」のような意味を示す熟字で表記されるものである．一方，狭い意味の当て字とは，「駄目（だめ）」「派手（はで）」「見事（みごと）」「目出度（めでたい）」のような，漢字の意味を離れて字音や字訓を利用して表音的に表記されるものである．

　「当用漢字表」の改訂版ともいうべき「常用漢字表」では「当て字や熟字訓など」という表現が用いられており，両者を区別しているようであるが，「当

用漢字表」には熟字訓という表現は見られない．「公用文作成の要領」では，
　　煙草→たばこ　一寸→ちょっと　大人→おとな　今日→きょう
　　昨日→きのう
に対して，「次のようなものをかな書きにすることはいうまでもない」とあり，このような熟字訓に対しても当て字として扱っているように思われる．

「当用漢字音訓表」の再検討として，昭和47（1972）年6月28日国語審議会答申の「当用漢字改定音訓表」において，今まで認められなかった当て字や熟字訓の使用を認めようとした．その「前文」には次のようにある．

　　(7) 二字以上の漢字による熟字や，いわゆる当て字のうち，慣用の久しい
　　　 ものは取り上げる．
　　　　　　田舎　為替　五月雨　相撲　眼鏡　景色　時計　お父さん　お母さん
「前文」にはこの9語が挙げられ，そして「付表」には「漢字二字以上で構成されるいわゆる熟字訓・当て字など，主として一字一字の音訓として挙げ得ないもの」として106語が掲げられている．それらは慣用の久しいという基準によって選ばれたものである．例えば，そこには次のようなものが挙げられている．
　　明日（あす）　小豆（あずき）　海女（あま）　硫黄（いおう）
　　乳母（うば）　紅葉（もみじ）　木綿（もめん）　大和（やまと）
　　浴衣（ゆかた）　寄席（よせ）
この答申は，昭和48（1973）年6月18日に「当用漢字音訓表」の名称で内閣告示・訓令として公示された．なお「前文」は付されていない（本章5節(2)参照）．

(6) 振り仮名の使用の禁止（「使用上の注意事項」ト）

　振り仮名の基本的な役割は漢字の読みを示すことにある．文章であれば，漢字に付された振り仮名は文章の本文にあたっている．漢字仮名交じり文で書かれている文章を誤りなく読み進めていくために，振り仮名は必要なものである．近世・近代になると漢字の訓もある程度常用的になり固定化してくるが，漢字仮名交じり文ということで俗語にも漢字をあてる必要があり，それを表すのに類義の漢字が利用されたりした．また振り仮名が活用できるということで，臨

時的な熟字表記に振り仮名が施されることもめずらしくはなかった．

　　強い日がまともに射込んだ．眩(まぶ)しい位である．
　　　　　　　　　　　（夏目漱石『三四郎』四　明治 41（1908）年）
　なあに，食物(くひもの)さへ宛行(あてが)つて遣(や)れば，其様(そんな)に悪戯(いたずら)する動物(どうぶつ)ぢや無(な)い．吾寺(うち)の鼠(ねずみ)は温(をとな)しいから御覧(ごらん)なさいツて．成程(なるほど)左様(さう)言(い)はれて見(み)ると，少許(すこし)も人(ひと)を懼(おそ)れない．白昼(ひるま)ですら出(で)て遊(あそ)んで居(ゐ)る．
　　　　　　　　　　（島崎藤村『破戒』第参章（三）　明治 39（1906）年）
　昭和 13（1938）年に山本有三が『戦争と二人の婦人』を振り仮名なしの文章で記した．その後書きにあたる「この本を出版するに当つて——国語に対する一つの意見——」において振り仮名廃止の趣旨を述べたことが契機になり，同年 12 月には『ふりがな廃止論とその批判』が刊行された．そこには振り仮名廃止論に賛成・反対の両方の立場から意見が提出されている．また振り仮名は視力へ影響を及ぼすという意見もあり，それにより内務省は幼少年雑誌の振り仮名の廃止を通達し，次第に振り仮名の廃止への方向に進んでいった．そのような状況において，この「当用漢字表」が告示されたのである．

　「当用漢字表」の段階では，まだ「当用漢字音訓表」は提示されていないが，近い時期に告示する予定であった．漢字の当て字表記を認めないのであるから，漢字の音と訓を規定すれば，文中の読みはおのずと決まることになる．したがって，振り仮名は当然必要がなくなるという考えに基づいているのである．

(7) 専門用語の変更（「使用上の注意事項」チ）

　「当用漢字表」を受けて，文部省は昭和 22（1947）年 2 月に専門用語の整理統一を目的に学術文献調査特別委員会に学術用語調査研究分科会を設置した．そこには自然科学部門 24 専門分野（数学，物理学，天文学，気象学，海洋学など），人文科学部門 10 専門分野（論理学，仏教学，キリスト教学，心理学，社会学，教育学，地理学，図書館学，法律学政治学，経済学）の専門部会が置かれ，それぞれの分野において用語の検討が行われた．各分野の専門用語の漢字が「当用漢字表」に入っているかを確認し，入っていない場合には用語の変更や，漢字と仮名とによる交ぜ書きを行うことにした．そのようにしてまとめたのが『文部省 学術用語集』である．昭和 29（1954）年 3 月の数学編を始め

として，各分野の学術用語集が順次刊行された．

例えば数学においては，「函数・抛物線・共軛・冪・収斂・楕円・円錐」が問題となった．そこで次のような処置が施された．

- 漢字の変更……函数→関数　抛物線→放物線　共軛→共役
- 用語の変更……冪→累乗　収斂→収束　楕円→長円
- 漢字と仮名の交ぜ書き…円錐→円すい

しかし，「長円」という名称や「円すい」という交ぜ書きは評判が悪かったので，「楕円」と「円錐」を復活させることにした．

4.「現代かなづかい」と漢字の字音

(1)「現代かなづかい」の理念

「当用漢字表」と同じく，昭和21 (1946) 年11月16日に「現代かなづかい」が内閣告示・訓令として公布された．「現代かなづかい」が「当用漢字表」と同時に公布されたのは，「当用漢字表」が使用できる漢字を1850字に制限したことによって，それ以外の漢字は今後，仮名で書く必要が生じたからである．また，この「現代かなづかい」は大きな意味を持っていた．平安時代初期の仮名遣いをもとにして作られていたそれまでの歴史的仮名遣いからの脱却であり，目指すところは文語文から口語文への移行である．その試みとして口語文体の「日本国憲法」が先に公布されていた．

「現代かなづかい」は，そのまえがき（図1.2）に，

　一　このかなづかいは，大体，現代語音にもとづいて，現代語をかなで書きあらわす場合の準則を示したものである．

と記されているように，表音的な仮名遣いを目指したものである．ただし，助詞に「を」「は」「へ」を，また語によっては語中に「ぢ」や「づ」を残しており，多少歴史的仮名遣いの残存がうかがえるが，「大体」は表音的な仮名遣いなのである．

この仮名遣いによって，和語や漢語の仮名遣いは大きく変わった．例えば，扇は「あふぎ」から「おうぎ」へ，葵は「あふひ」から「あおい」のように，漢字の和訓の仮名遣いが以前とは異なってきた．また漢字の字音の仮名遣いも

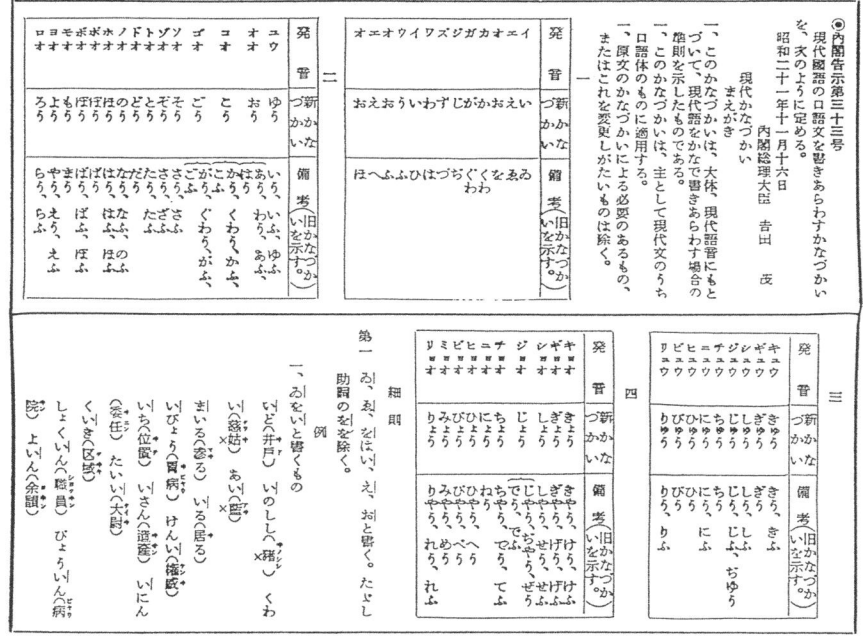

図 1.2 「現代かなづかい」

表音的に変更されたのである．

(2)「現代かなづかい」の体裁

「現代かなづかい」は表音的な仮名遣いであり，これまでの歴史的仮名遣いとは大きく異なっている．そのため，歴史的仮名遣いで育ってきた人々に「現代かなづかい」を知らしめるために，両者を対応させるような形をとっている．きまりがまず表の形で示され，それを説明するように細則や備考が記されている．すなわち「現代かなづかい」は，四つの表，三十三の細則，十の備考からなっている（図 1.2）．

表は，表一の直音関係，表二の長音関係，表三のウ列拗長音関係，表四のオ列拗長音関係の 4 表からなる．表は，3 段になっており，上段に発音，中段に発音に対応する新かなづかい，下段に備考として新かなづかいに対応する歴史

的仮名遣いが掲げられている．

　三十三の細則は，表の説明であり，第一〜第九が表一の直音関係，第十〜第二十が表二の長音関係，第二十一〜第二十六が表三のウ列拗長音関係，第二十七〜最後の第三十三が表四のオ列拗長音関係の説明となっている．表一の直音関係には，「ただし」や「本則」という表現が見られる．つまり，これに該当するものに対しては表音的な仮名遣いが適用できず歴史的仮名遣いを残しているのである．

第一　ゐ，ゑ，をはい，え，おと書く．たゞし助詞のをを除く．
第三　ぢ，づはじ，ずと書く．
　　ただし，(1) 二語の連合によって生じたぢ，づは，ぢ，づと書く．
　　　　例　はなぢ（鼻血）　ひぢりめん（緋縮緬）
　　　　　　みかづき（三日月）　ひきづな（引綱）
　　　　(2) 同音の連呼によって生じたぢ，づは，ぢ，づと書く．
　　　　例　ちぢむ（縮む）　つづく（続く）
第四　ワに発音されるはは，わと書く．たゞし助詞のはは，はと書くことを本則とする．
第八　エに発音されるへは，えと書く．たゞし助詞のへは，へと書くことを本則とする．

細則の最後に以下の「注意」がある．

　　注意　一　「クヮ・カ」「グヮ・ガ」および「ヂ・ジ」「ヅ・ズ」をいい分けている地方に限り，これを書き分けてもさしつかえない．

この「現代かなづかい」が表音的な仮名遣いであるという点からこのような注が必要となったのである．

　備考として10項を挙げてあるが，第一〜第八はア行に関すること，すなわちア行のそれぞれの長音，拗長音の書き表し方を示している．ア列長音（第一），イ列長音（第二），ウ列長音（第三），エ列長音（第四），オ列長音（第五），ア列拗長音（第六），ウ列拗長音（第七），オ列拗長音（第八）についてである．第九，第十は拗音や促音の書き表し方である．

> 第九　拗音をあらわすには，や，ゆ，よを用い，なるべく右下に小さく書
> 　　　く．
> 第十　促音をあらわすには，つを用い，なるべく右下に小さく書く．

今までは拗音であっても促音であっても文字の大きさは他の1文字と同じであったが，この「現代かなづかい」によって初めて拗音と促音の表記法が確立したといってもよいであろう．

(3) 漢字音の仮名遣い

「当用漢字表」では漢字の数が制限されたために，これまで使用してきた漢字が使用できなくなった．そこで，多くの漢語に対して，別の語で言い換えるか，仮名で表記するか，漢字と仮名とによる交ぜ書きをするという方法をとるしかなかった．そのため，漢字音を仮名で書き表す必要性が生じ，「現代かなづかい」にとっては漢字の音も重要な問題点であった．4種の表では表二の長音関係，表三のウ列拗長音関係，表四のオ列拗長音関係は，多くが漢字音に関わるところである．歴史的仮名遣いは，いろは47音のあった平安時代中期以前の仮名の用い方に基づいた表記である．しかし，平安時代から現代に至る間に音が変化したことによって，複数の仮名（仮名表記）が一つの音に対応するような状況になった．そのために，現代の音，すなわち「現代かなづかい」に対応する複数の歴史的仮名遣いを示す必要があったのである（以下，「現代かなづかい」と歴史的仮名遣いとが同じものは省略する）．

　表一の直音関係でも，先に挙げた細則第一に関わるものでは，
　　〔例〕権威（けんゐ→けんい）　公園（こうゑん→こうえん）
　　　　　汚名（をめい→おめい）
のようなものがある．歴史的仮名遣いのワ行音が現代ではワを除いてア行に統合されたことによる．

　細則第二は漢字音だけに関わるものである．
　　第二　くわ，ぐわは，か，がと書く．
　　〔例〕化学（くわがく→かがく）　外国（ぐわいこく→がいこく）

カ行合拗音のクヮ，グヮが江戸時代後期には直音化してカ，ガに統合したことによる．

細則第三はじ・ぢ・ず・づの，いわゆる四つ仮名の問題である．江戸時代初期に，ヂがジ，ヅがズに統合したことにより，「現代かなづかい」では発音に従ってぢはじと，づはずと書くことにした．

　　〔例〕女性（ぢよせい→じょせい）　図画（づぐわ→ずが）

細則四は語中・語尾のはの問題である．和語においては，この音は平安時代中期以降にワの音になったが，漢語でも漢字音の意識が弱くワと発音されるようになったものはわと書くことにした．

　　〔例〕琵琶（びは→びわ）　枇杷（びは→びわ）

表二の長音関係では，ウ列長音とオ列長音において多くの歴史的仮名遣いが一つにまとめられた．ウ列長音でゆうと書くようになったのは，いう，いふ，ゆふと書いていたものである（以下，現代かなづかいは省略する）．

　　〔例〕友人（いうじん）　理由（りいう）　都邑（といふ）

ゆふは和語「夕方（ふゆがた）」の仮名遣いに使われていた．

オ列長音は各行にわたる．しかし，基本的には「ア列＋う」「ア列＋ふ」「オ列＋ふ」と書いていたものを，「オ列＋う」で書くことにした．

　　〔例〕中央（ちゆうあう）　黄金（わうごん）　押捺（あふなつ）　考慮（かうりよ）　甲乙（かふおつ）　光線（くわうせん）　却（こふ）　草木（さうもく）　挿話（さふわ）　刀剣（たうけん）　答弁（たふべん）　道路（だうろ）　苦悩（くなう）　納入（なふにふ）　報告（はうこく）　法律（はふりつ）　毛髪（まうはつ）　労働（らうどう）　蠟燭（らふそく）

ただし，カ行においては「くわう」と書いていたものも「こう」と書くようになった．またようと書くようになったものには，歴史的仮名遣いでは「ア列（や）＋う」の他に「エ列（え）＋う」「エ列＋ふ」のものがある．

　　〔例〕様式（やうしき）　要領（えうりやう）　紅葉（こうえふ）

表三のウ列拗長音では，「イ列＋う」「イ列＋ふ」「イ列＋ゆう」と書いていたものを，「イ列＋ゅう」と書くことにした．

　　〔例〕休養（きうやう）　急務（きふむ）　牛乳（ぎうにゆう）　収入（しう

にふ）　集中（しふちゆう）　宇宙（うちう）　柔和（にうわ）　入学（にふがく）　誤謬（ごびう）　流行（りうかう）　建立（こんりふ）

ただし，ダ行の場合は，細則三にあるように，ぢが現代ではジになっているのでザ行のじゅうと書く．

〔例〕住居（ぢゆうきよ）　重役（ぢゆうやく）

表四のオ列拗長音では，「イ列＋やう」「エ列＋う」「エ列＋ふ」と書いていたものを，「イ列＋ょう」と書くことにした．

〔例〕兄弟（きやうだい）　教育（けういく）　協力（けふりよく）　正直（しやうじき）　少年（せうねん）　交渉（かうせふ）　長短（ちやうたん）　調子（てうし）　尿（ねう）　女房（にようばう）　評判（ひやうばん）　表裏（へうり）　明日（みやうにち）　妙技（めうぎ）　両方（りやうはう）　料理（れうり）　猟（れふ）

ただし，ダ行の場合はジョウと発音されているので，ザ行で書く．

〔例〕丈夫（ぢやうぶ）　三条（さんでう）　六畳（ろくでふ）

(4) 辞書における仮名遣いの必要性

「現代かなづかい」が告示されるまでは，それぞれの漢字の字音仮名遣いを知らないと辞書を引くのがなかなか困難であった．そのために，辞書によっては，「同声異字表」あるいは「発音索引」や「字音索引」が付されていた（図1.3〜1.5）．「同声異字表」はある音を表すすべての仮名遣いを示すものである．使用者はそれを用いて様々に試みて目的の語を探し当てるのである．古くはこの方式が多く，江戸時代の節用集にも付されていた．一方「発音索引」は，複数の仮名遣いの可能性がある語について，発音から仮名遣いを調べることができるものである．また漢語の仮名遣いを知るためには，漢字の画数からその漢字の音を調べる「字音索引」も利用できる．

しかしこれらは手間が掛かるために，発音引きの辞書である『ローマ字びき国語辞典』（大正4（1915）年）や『大辞典』（昭和9〜11（1934〜1936）年；図1.6），『明解国語辞典』（昭和18（1943）年）などが出版された．『大辞典』は収録語数75万語の日本最大の辞書であり，俗語を多く含んでいる．俗語の場合，仮名遣いがわからないこともあり，発音引きを採用しているのである．

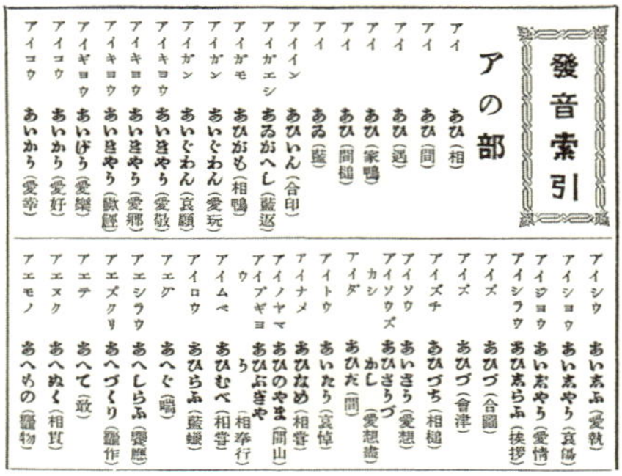

図 1.3 『辞林』(明治 44 (1911) 年) の「発音索引」

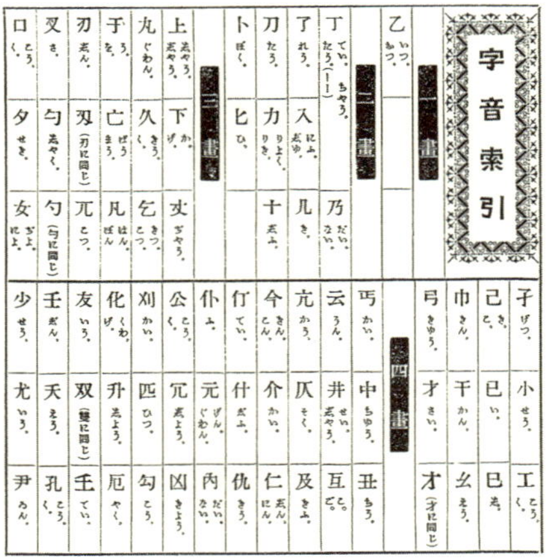

図 1.4 『辞林』(明治 44 (1911) 年) の「字音索引」

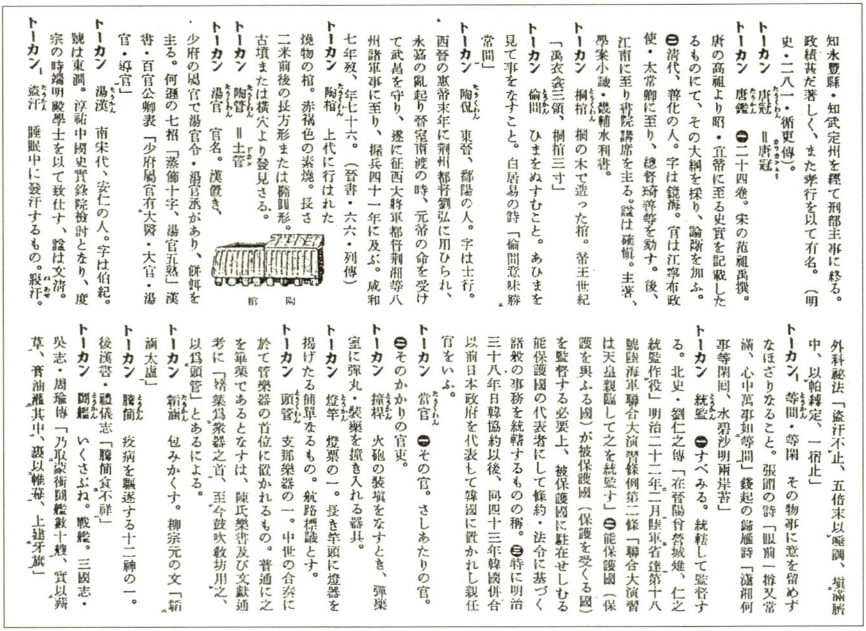

知永豐縣・知武定州を經て刑部主事に終る。政績甚だ著しく、また孝行を以て有名。（明史・二八一・循吏傳）。
トーカン 唐冠 ＝唐冠
トーカン 唐鑑 ㊀二十四卷。宋の范祖禹撰。唐の高祖より昭・宣帝に至る史實を記載したるものにて、その大綱を採り、論斷を加ふ。㊁清代、善化の人。字は鏡海。官は江寧布政使・太常卿に至り、總督琦善等を劾す。後、江南に至り書院講席を主る。諡は確愼。主著、學案小識・畿輔水利書。
トーカン 桐棺 桐の木で造った棺。帝王世紀「禹衣衾三領、桐棺三寸」
トーカン 偸閒 ひまをぬすむこと。あひまを見て事をなすこと。白居易の詩「偸閒意味勝常閒」
・**トーカン** 陶侃 東晉、鄱陽の人。字は士行。西晉の惠帝末年に荊州都督劉弘に用ひられ、永嘉の亂起り晉室南渡の時、元帝の命を受けて武昌を守り、遂に征西大將軍都督荊湘等八州諸軍事に至り、握兵四十一年に及ぶ。咸和七年歿、年七十六。（晉書・六六・列傳）
トーカン 陶棺 上代に行はれた燒物の棺。赤褐色の素燒。長さ二米前後の長方形または楕圓形。古墳または横穴より發見さる。
陶棺
トーカン 陶管 ＝土管
トーカン 湯官 官名。漢置き、少府の屬官で湯官令・湯官丞があり、餅餌を主る。何遜の七招「蒸餅十字、湯官五熟」漢書・百官公卿表「少府屬官有大醫・大官・湯官・導官」
トーカン 湯漢 南宋代、安仁の人。字は伯紀。號は東澗。淳祐中國史實錄院檢討となり、度宗の時端明殿學士を以て致仕す、諡は文淸。
トーカン 盜汗 睡眠中に發汗するもの。寢汗。外科祕法「盜汗不止、五倍末以唾調、塡滿臍中、以帕縛定、一宿止」
トーカン 等閒・等閑 その物事に意を留めずなほざりなること。張謂の詩「眼前一樽又常滿、心中萬事如等閒」錢起の歸雁詩「瀟湘何事等閑回、水碧沙明兩岸苔」
トーカン 統監 ㊀すべみる。統轄して監督する。北史・劉仁之傳「在晉陽曾營城雉、仁之統監作役」明治二十二年二月陸軍省達第十八號陸海軍聯合大演習條例第二條「聯合大演習は天皇親臨して之を統監す」㊁能保護國（保護を與ふる國）が被保護國（保護を受くる國）を監督する必要上、被保護國に駐在せしむる能保護國の代表者にして條約・法令に基づく諸般の事務を統轄するものの稱。㊂特に明治三十八年日韓協約以後、同四十三年韓國併合以前日本政府を代表して韓國に置かれし親任官をいふ。
トーカン 當官 ㊀その官。さしあたりの官。㊁そのかかりの官吏。
トーカン 撞桿 火砲の裝塡をなすとき、彈藥室に彈丸・裝藥を撞き入れる器具。
トーカン 燈竿 燈票の一。長き竿頭に燈器を掲げたる簡單なるもの。航路標識とす。
トーカン 頭管 支那樂器の一。中世の合奏に於て管樂器の首位に置かれるもの。普通に之を篳篥であるとなすは、陳氏樂書及び文獻通考に「觱篥爲衆器之首、至今鼓吹敎坊用之、以爲頭管」とあるによる。
トーカン 韜涵 包みかくす。柳宗元の文「韜涵太虛」
トーカン 騰簡 疫病を驅逐する十二神の一。後漢書・禮儀志「騰簡食不祥」
トーカン 鬭艦 いくさぶね。戰艦。三國志・吳志・周瑜傳「乃取蒙衝鬭艦數十艘、實以薪草、膏油灌其中、裹以帷幕、上建牙旗」

図 1.6 『大辞典』第 18 巻（昭和 11 (1936) 年）

4.「現代かなづかい」と漢字の字音

同聲異字表

ヨミコエハ同シクテ、假名ノ違フ語ガイクラモ有ル。ソレラノ場合ニハ此表ニ據リ、一方ニ方共ニ引イテココロミレバ遂ニ探リ得ラレル。

い、ゐ、ひ。え、ゑ、へ。お、を、ほ。わ、は。う、ふ。ゐ、ぢ。ず、づ。

じゃ、ぢゃ。じゅ、ぢゅ。じょ、ぢょ。

か、くゎ。かつ、くゎつ。かく、くゎく。かん、くゎん。かい、くゎい。

が、ぐゎ。がつ、ぐゎつ。がく、ぐゎく。がん、ぐゎん。がい、ぐゎい。

ゆう、いう、いふ。

きゆう、きう、きふ。ぎゆう、ぎう、ぎふ。しゆう、しう、しふ。じゆう、じう、じふ。ちゆう、ちう、ちふ。ぢゆう、ぢう、ぢふ。

し、しつ、しゆつ。じ、じつ、じゆつ。ち、ちつ、ちゆつ。ぢ、ぢつ、ぢゆつ。

しく、しゆく。じく、じゆく。ちく、ちゆく。ぢく、ぢゆく。

しん、しゆん。じん、じゆん。ちん、ちゆん。ぢん、ぢゆん。

うゐ。つゐ。るゐ。づゐ。

ち、ふ、ぁ、ふ。すゐ。つゐ。

あふ、かふ、かう、くわう。さう、さふ。たう、たふ。なう、なふ。はう、はふ。まう、まふ。

とう、てふ、かう、かふ、くわう。ざう、ざふ。だう、だふ。のう、のふ。ぼう、ぼふ。ろう、ろふ。

とう、でふ、がう、がふ、ぐわう。どう、どふ、たう、たふ。ほう、ほふ、はう、はふ。もう、もふ、まう、まふ。

きよう、きやう、けう、けふ。ぎよう、ぎやう、げう、げふ。ちよう、ちやう、てう、てふ。ぢよう、ぢやう、でう、でふ。ひよう、ひやう、へう、へふ。びよう、びやう、べう、べふ。みよう、みやう、めう、めふ。

よう、やう、えう、えふ、ゑふ。しよう、しやう、せう、せふ。じよう、じやう、ぜう、ぜふ。ちよう、ちやう、てう、てふ。にょう、にやう、ねう、ねふ。ひよう、ひやう、へう、へふ。びよう、びやう、べう、べふ。りよう、りやう、れう、れふ。

図 1.5 『日本大辞書』（明治 26（1893）年）の「同声異字表」

辞書は語を配置するために仮名遣いを要求する．そのために漢語らしき体裁（長音や撥音）を持つ俗語には漢字表記をあてることによって，仮名遣いを定め，その語の収載位置を確定しようとしたのである．

　〔例〕ジョーダン→冗談→じょうだん　ホントー→本当→ほんたう

5.「当用漢字音訓表」・「当用漢字改定音訓表」

(1)「当用漢字音訓表」
a. 音訓表制定の方針

昭和23（1948）年2月16日に「当用漢字音訓表」が告示された（図1.7）．「当用漢字表」の「まえがき」には，「音訓の整理についてはまだ調査中である」と記されていた．使用できる漢字の範囲を示しても，また「現代かなづかい」で仮名遣いを定めても，それぞれの漢字の音と訓を示さなければ，実際には運用できないのである．「当用漢字音訓表」の方針は，この表の「まえがき」に4項にまとめられている．

> 一　この表は，当用漢字表の各字について，字音と字訓との整理を行い，今後使用する音訓を示したものである．
> 一　この表の字音は，漢音・呉音・唐音および慣用音の区別にかかわりなく，現代の社会にひろく使われているものの中から採用した．
> 一　この表の字訓は，やはり現代の社会にひろく行われているものの中から採用したが，異字同訓はつとめて整理した．
> 一　音訓の掲げ方は，まず字音をかたかなで，つぎに字訓をひらがなで示した．
> 　なお，限られたことばにのみ用いられるものには，傍線をつけておいた．

「まえがき」にあるように，字音と字訓を選定するにあたり，広く使用されているものを採用するという方針で行われた．そのため，字音においては特殊なものや用法の限られたもの，字訓においても古訓や特殊なものの多くは除外された．その結果，「当用漢字表」に掲げられた1850字について，字音のみ

のもの844字，字訓のみのもの30字，字音字訓両用のもの976字となった．ただし字音字訓両用の中には，多訓や多音，また多音多訓のものがある．この段階で初めて音訓が定められたのであるから，漢字の配列は「当用漢字表」と同じく漢字の部首別配列になっている．

b. 音訓表の内容

「当用漢字音訓表」では，字音2006，字訓1116の合わせて3122の音訓が採用されている．

(1) 字音のみのもの（844字．1音のみのもの785字，2音のもの59字）
  1音のみのもの　〔例〕亜　愛　圧　案　以　委　威　胃　為　尉　など
  2音のもの　　　〔例〕依　遺　易　奥　画　絵　気　期　客　拠　など

(2) 字訓のみのもの（30字．1訓のみのもの29字，2訓のもの1字）
  1訓のみのもの　且　但　刈　匁　卸　又　咲　坪　姫　娘　届　峠　扱
　　　　　　　　掛　株　沖　津　滝　瀬　畝　矢　箱　繰　芋　芝　虞　蚊　貝　込
  2訓のもの　　　畑（はた・はたけ）

(3) 字音字訓両用のもの（976字．1音1訓のもの786字，2音1訓のもの90字，1音2訓のもの64字，2音2訓のもの23字，音訓の多いもの13字）
  1音1訓のもの　〔例〕哀　悪　握　安　暗　衣　囲　位　異　移　など
  2音1訓のもの　〔例〕一　右　遠　化　仮　回　会　解　楽　九　など
  2音2訓のもの　〔例〕音　家　間　供　仰　形　言　御　紅　出　など
  音訓の多いもの
　　1音3訓　初　小　並
　　3音1訓　宮　石　納　分
　　1音4訓　上（ジョウ／うえ・かみ・あげる・のぼる）
　　2音3訓　重（ジュウ・チョウ／え・おもい・かさねる）
　　　　　　明（メイ・ミョウ／あきらか・あける・あかるい）
　　2音4訓　生（セイ・ジョウ／いきる・うまれる・き・なま）
　　3音2訓　行（コウ・ギョウ・アン／いく・ゆく・おこなう）
　　2音5訓　下（カ・ゲ／した・しも・もと・さげる・くだる）

漢字において字訓のみというと，日本で作られた漢字，いわゆる国字のよう

任	企	伏	伐	休	伯	伸	伺	似	但	位	低	住	佐	何	佛	作	佳	使	來	例	侍	供	依	侮	侯	侵
ニン まかせる	キ くわだてる	フク ふせる	バツ	キュウ やすむ	ハク	シン・ハン ともなう	シ うかがう	ジ にる	タン ただし	イ くらい	テイ ひくい	ジュウ すむ	サ	カ なに	ブツ ほとけ	サク・サ つくる	カ	シ つかう	ライ くる	レイ	ジ さむらい	キョウ・ク そなえる・とも	イ・エ	ブ あなどる	コウ	シン おかす

便	係	促	俊	俗	保	信	修	俳	俵	併	倉	個	倍	倒	候	借	倣	値	倫	仮	偉	偏	停	健	側	偶	傍	傑
ベン・ビン	ケイ かかる	ソク うながす	シュン	ゾク	ホ	シン	シュウ おさめる	ハイ	ヒョウ たわら	ヘイ	ソウ くら	コ	バイ	トウ たおれる	コウ	シャク かりる	ホウ	チ ね・あたい	リン	カ・ケ	イ えらい	ヘン	テイ	ケン すこやか	ソク かわ	グウ	ボウ	ケツ

入部

入	兒	免	克	光	先	兆	充	兄	元	優	償	儒	儉	億	儀	價	僧	偶	僚	像	働	傾	傷	債	傳	催	備
ニュウ いる	ジ・ニ	メン まぬかれる	コク	コウ ひかる	セン さき	チョウ	ジュウ あてる	ケイ・キョウ あに	ゲン・ガン もと	ユウ やさしい	ショウ つぐなう	ジュ	ケン	オク	ギ	カ あたい	ソウ	グウ	リョウ	ゾウ	ドウ はたらく	ケイ かたむく	ショウ きず	サイ	デン つたえる	サイ もよおす	ビ そなえる

刀部　凵部　几部　ン部　冖部　冂部　八部

内	全	兩	八	公	六	共	兵	具	典	彙	冊	再	冒	冗	冠	多	冷	准	凍	凜	凡	凶	出	刀	刃	分	切
ナイ・ダイ うち	ゼン まったく	リョウ	ハチ やつ	コウ おおやけ	ロク むつ	キョウ とも	ヘイ	グ	テン	イ	サツ ふたたび	サイ ふたたび	ボウ おかす	ジョウ	カン かんむり	タ おおい	レイ ひえる・つめたい	ジュン	トウ こおる・こごえる	リン	ボン	キョウ	シュツ・スイ でる・だす	トウ かたな	ジン	ブン・フン・ブ わける	セツ・サイ きる

図 1.7

○内閣告示第一号

現代国語をあらわすために、日常使用する漢字の音訓の範囲を、おおむね次の表のように定める。

昭和二十三年二月十六日

内閣総理大臣　片山　哲

当用漢字音訓表

まえがき

一　この表は、当用漢字表の各字について、字音と字訓との整理を行い、今後使用する音訓を示したものである。

一　この表の字音は、漢音・呉音・唐音および慣用音の区別にかかわりなく、現代の社会にひろく使われているものの中から採用した。

一　この表の字訓は、やはり現代の社会にひろく行われているものの中から採用したが、異字同訓の掲げ方は、まず字音をかたかなで、字訓をひらがなで示した。

一　音訓の掲げ方は、まず字音をかたかなで、つぎに字訓をひらがなで示した。なお、限られたことばにのみ用いられるものには、傍線をつけておいた。

【使用上の注意事項】

イ　自動詞にも他動詞にも使われるものについては、おおむねその一方の形のみを掲げてあるが、両様あるいは一つの形のみに使ってさしつかえない。

例　減る↔ほろびる↔ほろぼす　落おちる↔おとす　集あつまる↔あつめる　加くわわる↔くわえる　折おる↔おれる　染そめる↔そまる

ロ　形容詞・形容動詞・動詞の中の二つ以上に使われるものについては、おおむねその中の一つの形のみを掲げてあるが、三様に使ってさしつかえない。

例　怪あやしい↔あやしむ　憎にくい↔にくらしい↔にくむ　確たしか↔たしかめる　晴はれる↔はれやか　暖あたたかい↔あたためる↔あたたまる　楽たのしい↔たのしむ　高たかい↔たかまる↔たかめる　清きよい↔きよまる↔きよめる

ハ　動詞にも名詞にも使われるものについては、おおむね動詞の形のみを掲げてあるが、名詞に使ってさしつかえない。

例　光ひかる↔ひかり　祭まつる↔まつり　組くむ↔くみ　補おぎなう↔おぎない

ただし、「務つとめ」「氷こおり」「謡うたい」のように「名詞の形のみを掲げてあるものは、動詞には使わない。

例　つぎのような熟字は、使ってさしつかえない。

木こだち　目め↔目深まぶか　金かね　雨あめ↔雨戸あまど　春雨はるさめ　何なに↔何時なんどき　十ジュウ↔十銭ジッセン　合ゴウ↔合併ガッペイ　オウ↔天皇テンノウ　サンン↔三寸サンズン　発ハツ↔出発シュッパツ　夫フ↔夫婦フウフ

部首	一部		
漢字	音	訓
一	イチ・イツ	ひとつ
丁	テイ・チョウ	
七	シチ	ななつ
丈	ジョウ	
三	サン	みつ・みたび
上	ジョウ	うえ・かみ・あげる・のぼす・のぼる
下	カ・ゲ	した・しも・さげる・くだる・もと
不	フ・ブ	
且	ショ	
世	セイ・セ	よ
丘	キュウ	おか
丙	ヘイ	
中	チュウ	なか
丸	ガン	まるい
丹	タン	
主	シュ・ス	おも・ぬし
久	キュウ・ク	ひさしい
乏	ボウ	とぼしい
乗	ジョウ	のる
乙	オツ	

部首	ノ部		丿部		二部		亠部		人部	
九	キュウ・ク	ここのつ
乳	ニュウ	ちち・ち
乾	カン	
乱	ラン	みだれる
了	リョウ	
事	ジ	こと
二	ニ	ふたつ
互	ゴ	たがい
五	ゴ	いつつ
井	セイ・ショウ	い
亜	ア	
亡	ボウ	
交	コウ	まじわる・まじる
享	キョウ	
京	キョウ・ケイ	
人	ジン・ニン	ひと
仁	ジン・ニン	
今	コン・キン	いま
介	カイ	
仕	シ	つかえる
他	タ	
付	フ	つける
代	ダイ・タイ	かわる・よ
令	レイ	
以	イ	
仰	ギョウ・コウ	あおぐ・おおせ
仲	チュウ	なか

「当用漢字音訓表」

に思われるが，30字の中で「込・峠・匁・畑」の4字だけが国字である．他の字にはもともと字音が存在するが，それらの漢字では日本語において字訓ほどには使用されていないために，字音がこの音訓表に採用されなかった．一方，複数の字音や字訓を持つ漢字の中には，「まえがき」に記されているような限られたことばにだけ使用される字音や字訓を含んでいるものもある．しかしそれらの必要性が高いために，採用されているのである．表中で傍線が施されている字音や字訓は次のものである．

　　字音……行（アン）　音（イン）　回（エ）　会（エ）　依（エ）　恵（エ）
　　　　　　遠（オン）　甲（カン）　兄（キョウ）　今（キン）　久（ク）など
　　字訓……日（か）　彼（かの）　重（え）　路（じ）　岳（たけ）

これらは，

　　行宮　母音　回向　会釈　帰依　知恵　久遠　甲板　兄弟　古今　三日
　　彼女　一重　旅路　〜岳（山の名）

などに使用されることによって，「当用漢字音訓表」の字音や字訓として採用されている．

　異字同訓については「まえがき」に「つとめて整理した」とあるように，例えば「みる」に対して「見る」だけを認めて，「視」「観」「覧」「看」などには「みる」の訓を認めていない．また「あう」に対しても「会う」だけを認め，「遭」「遇」などに「あう」の訓を認めていない．そのため漢字を利用して，次のようなニュアンスの違いを出すことができなくなったのである．

　　彼女は新宿駅で学生時代の友達に会った．
　　彼女は新宿駅で学生時代の友達に遭った．

　この「当用漢字音訓表」によって多くの異字同訓は整理されたのであるが，例外として次のものは認められている．

　　かえる（替・換）　くら（倉・蔵）　つくる（作・造）　のびる（延・伸）
　　はかる（測・計・量・図）

(2)「当用漢字改定音訓表」

a．音訓表改定の方針

「当用漢字音訓表」に基づいて実際に運用していくうちに，様々な問題が生

じてきた．日本語の文章の基本的スタイルが漢字仮名交じり文であることから，この音訓の制限は文章を書きにくくし，また仮名の増加が文章を読みにくくしていた．このことから音訓表についての改定作業が行われ，「当用漢字音訓表」から 25 年後の昭和 48（1973）年 6 月 18 日に「当用漢字音訓表」が内閣告示された．この音訓表は，昭和 47（1972）年 6 月 28 日に国語審議会が提出した際には「当用漢字改定音訓表」であったが，内閣告示としては昭和 23 年 2 月に告示した「当用漢字音訓表」を廃止して更新した形をとっている（図 1.8）．ここでは両者を区別するために新しい音訓表を「当用漢字改定音訓表」とする．この改定作業にあたって，現在使用されている音訓に基づいて，使用度，使用分野，機能度などから検討が行われた．

　この音訓表は，以前の「当用漢字音訓表」とは大きな違いがある．このことは，音訓表の「前書き」に示されている．

一　この表は，法令・公用文書・新聞・雑誌・放送など，一般の社会生活において，「当用漢字表」に掲げる漢字によって現代の国語を書き表す場合の音訓使用の目安を示すものである．

二　この表は，科学・技術・芸術その他の各種専門分野や個々人の表記にまで及ぼそうとするものではない．

三　この表は，過去の著作や文書をいかに読むかを示すものではなく，また，過去に行われた音訓を否定するものでもない．

四　この表の運用に当たっては，個々の事情に応じて適切な考慮を加える余地のあるものである．

　この「目安」という根本方針が，後の「常用漢字表」に受け継がれていく．制限から目安という方針の転換は，漢字に対する日本国民の意識の変化を示している．また音訓使用の適用範囲も一般の社会生活，すなわち法令，公用文書，新聞，雑誌，放送などに限定されており，専門分野や個々人には及ばないことを明示しているのである．

　今回の改定の特色として二つのことが挙げられよう．一つは音訓を漢字一字一字のためのものと見ず，語あるいは語の成分を書き表すものと認めているこ

漢字	読み	用例	備考
威	イ	威力、威圧、示威	
胃	イ	胃腸、胃癌、胃弱	
為	イ	為政者、行為、作為	為替(かわせ)
唯	イ	→「ユイ」	
尉	イ	尉官、一尉、大尉	
異	イ	異議、異同、奇異	
移	イ	移転、移民、推移	
	うつる	移る、移り変わり	
萎	イ		
	なえる	うつな	
偉	イ	えらい	偉い、偉人、偉観
意	イ	意気、意志、決意	
違	イ	違反、違法、違失	
	ちがう	違う、見違える、間違える	
維	イ	維持、維新、繊維	
慰	イ	慰安、慰問、慰労	
	なぐさむ	慰む、慰み	
	なぐさめる	慰める	
遺	イ	遺書、遺憾、遺失	「遺言」は、「イゴン」とも。
緯	イ	緯度、北緯、経緯	
域	イキ	境内、地域、区域	
育	イク	育児、教育、発育	
	そだつ	育つ、育ち	
	そだてる	育てる	
	はぐくむ	育む	
一	イチ	一見、同一、統一	一日(ついたち) 一人(ひとり)
	イツ	一般、一斉、第一	
	ひと	一度、一息、一月	
	ひとつ	一つ	
壱	イチ	壱、金壱万円	
逸	イツ	逸脱、逸品、逸する	

漢字	読み	用例	備考
芋	いも	里芋	
引	イン	引力、引退、索引	⇔弾く
	ひく	引く、字引	
	ひける	引ける	
印	イン	印刷、印象、調印	
	しるし	印、目印、矢印	
因	イン	因果、原因、要因	
	よる	因る、……に困る	
咽	イン	咽喉、嚥下、咽頭	
姻	イン	姻族、姻戚、婚姻	
員	イン	満員、定員、社員	
院	イン	院内、議院、病院	
陰	イン	陰謀、陰忍、光陰	⇔影
	かげ	陰、陰り	
飲	イン	飲料、飲食、飲茶	
	のむ	飲む、飲み水	
隠	イン	隠居、隠忍、隠遁	
	かくす	隠す、雲隠れ	
	かくれる	隠れる、雲隠れ	
右	ウ	右側、右折、右翼	五月雨(さみだれ)、時雨(しぐれ)、梅雨(つゆ)
	ユウ	左右、座右	
	みぎ	右、右手	
宇	ウ	宇宙、気宇	
羽	ウ	→「ユウ」	
	は	羽音、羽毛、羽化、羽翼	「羽(は)」は、鳥に来る前に「ワ」でも、「ば」「ぱ」になる。「羽織」は「小用」(こよう)
	はね	羽、羽根、羽飾り	
雨	ウ	雨期、時折、梅雨	
	あま	雨戸、大雨	
	あめ	雨雲、雨、雨戸、雨具	
渦	うず		
唄	→「バイ」		

図1.8

告 示

○内閣告示第一号

一般の社会生活において現代の国語を書き表すための漢字の音訓使用の目安を、次の表のように定める。

なお、昭和二十三年内閣告示第二号は、廃止する。

昭和四十八年六月十八日

内閣総理大臣　田中　角榮

当用漢字音訓表

前書き

一　この表は、法令・公用文書・新聞・雑誌・放送など、一般の社会生活において、「当用漢字表」に掲げる漢字によって現代の国語を書き表す場合の音訓使用の目安を示すものである。

二　この表は、科学・技術・芸術その他の各種専門分野や個々人の表記にまで及ぼそうとするものではない。

三　この表は、過去の著作や文書をいかに読むかを示すものではなく、また、過去に行われた音訓を否定するものでもない。

四　この表の運用に当たっては、個々の事情に応じて適切な考慮を加える余地のあるものである。

表の見方及び使い方

一　この音訓表は、「本表」と「付表」とから成る。「本表」には、当用漢字表に掲げる漢字千八百五十字の一字一字について、その音訓を例とともに示した。「付表」には、漢字二字以上で構成されるいわゆる熟字訓・当て字など、主として一字一字の音訓として掲げ得ないものを語の形で掲げた。

二　音訓欄に、一字下げで掲げた音訓は、特別なものまたは用法のごく狭いものである。

三　音訓欄に、一字下げで掲げた字訓は、名詞としてだけ用いるものである。

四　音訓欄に、動詞の連用形で掲げた字訓は、同じ漢字を使用する習慣のあるものは、同じ漢字を使用する習慣のあるものに限り、適宜、音訓欄又は例欄に主なものを示した。

五　語根を同じくし、何らかの派生・対応関係のあるものは、音訓欄又は備考欄に示した。

六　例欄に掲げたものは、音訓使用の具体例を示したものであるが、それぞれの音訓の使用例の一部を示したものである。

七　例欄の語のうち、副詞的用法をするものであって紛らわしいものには、特に副又は接という記号を付けた。

八　他の字又は語と結び付く場合に音韻上の変化を起こすとき次のようなものは、すべての例を尽くしているわけではないが、音訓欄又は備考欄に示した。

納得（ナットク）　格子（コウシ）

手綱（タヅナ）　金物（カナモノ）

音頭（オンド）　夫婦（フウフ）

順応（ジュンノウ）　因縁（インネン）

春雨（ハルサメ）

九　また、備考欄には、語や個々の音訓の使用に当たって留意すべき事項を記したほか、異字同訓を⇔で示し、その漢字を含んでいる熟字訓・当て字など（「付表」にあるもの）を念のために掲げた。

本　表

漢字	音訓	例	備考
亜	ア	亜流、亜鉛、亜熱帯	
哀	アイ	哀愁、哀願、悲哀	
	あわれ	哀れ、哀れみ、哀れむ	
	あわれむ	哀れむ、哀れがる	
挨	アイ	挨拶	
愛	アイ	愛情、愛読、恋愛	
曖	アイ	曖昧	
悪	アク	悪事、悪感、醜悪	
	オ	悪寒、好悪、憎悪	
	わるい	悪い、悪さ、悪者	
握	アク	握手、握力、掌握	
	にぎる	握る、握り、一握り	
圧	アツ	圧力、圧迫、気圧	
扱	あつかう	扱い、扱い、客扱い	
安	アン	安全、安価、不安	
	やすい	安い、安らかだ	
暗	アン	暗黒、案内、明暗	
	くらい	暗い、暗がり	
以	イ	以上、以内、以後	
衣	イ	衣服、衣食住、作業衣	
	ころも	衣、羽衣	浴衣（ゆかた）
位	イ	位置、位取り、位する	「三位一体」「従三位」は、「サンミ」「ジュサンミ」。
	くらい	位、第一位、各位	
	くらい	くらい、ぐらい	副 用紙、利用
医	イ	医学、医師、名医	
依	イ	依頼、依然、依存	
委	イ	委任、委員、委細	

「当用漢字改定音訓表」

とである．もう一つは，文章の流れの中で読み分けが可能であるかという点に留意していることである．これらのことは，日本語においては漢字は一語一語の表語文字ではなく，語を表示するための要素であることを示していよう．前者の例としては，

　　懲らす・懲らしめる　早まる・早める　結う・結わえる

のような，語根が同じであり，かつ同じ漢字を用いる派生語や自他の対応のある語を例示していること，また「因縁（インネン）」「順応（ジュンノウ）」のような連声（れんじょう）によるもの，「手綱（たづな）」や「金物（かなもの）」のような複合語になる場合に出現する形（「被覆形」という）などといった音韻上の変化によるものを認めていることが挙げられる．後者の例としては，

　　あぶない（危）　やさしい（易）　さわる（触）　ためす（試）

といった新しい慣用的な訓の採用や，「田舎」や「時計」などの熟字訓や当て字の採用を認めていることが指摘できよう．慣用的になっている熟字訓や当て字についての106例の限定的な許容といっても，これらは振り仮名の問題，さらには漢字制限の根幹にも関わってくるものである．

　なお配列は，「当用漢字音訓表」によってすでに漢字の音訓が定められているので，漢字の部首別配列であった以前の「当用漢字音訓表」とは異なり，字音に従って五十音順に並べられている．同音の場合はおおむね字画の少ないものが先に示してある．ただし字音を取り上げていないものは字訓によっている．また「例欄」があり，そこには音訓の具体的使用例が示されている．なお熟字訓や当て字は「付表」として別に掲げられている（図1.9）．

b. 改定の内容

　この改定においては，追加だけが行われ，削除はなかった．ただし，「当用漢字音訓表」で音として扱われていた「奥」の「オク」，「州」の「ス」，「匹」の「ヒキ」が訓の扱いになった．追加されたのは音訓357（字音86，字訓271），また付表として「当用漢字音訓表」では認められなかった当て字や熟字訓などの106語である．86例の字音が追加されたが，その追加の方法として二通りある．一つは一般的なものの追加として24例，もう一つは，「当用漢字音訓表」における傍線付きの音訓と同じような「特別なものか又は用法のごく狭いもの」の追加であり，62例ある．後者に対しては一字下げの形で掲

付　表

あす	明日	くろうと	玄人
あずき	小豆	けさ	今朝
あま	海女	けしき	景色
いおう	硫黄	ここち	心地
いくじ	意気地	ことし	今年
いちげんこじ	一言居士	さおとめ	早乙女
いなか	田舎	ざこ	雑魚
いぶき	息吹	さしつかえる	差し支える
うなばら	海原	さつきばれ	五月晴れ
うば	乳母	さなえ	早苗
うわき	浮気	さみだれ	五月雨
うわつく	浮つく	しぐれ	時雨
えがお	笑顔	しない	竹刀
おかあさん	お母さん	しばふ	芝生
おとうさん	お父さん	しみず	清水
おとな	大人	しゃみせん	三味線
おとめ	乙女	じゃり	砂利
おまわりさん	お巡りさん	じゅず	数珠
おみき	お神酒	じょうず	上手
おもや	母屋／母家	しらが	白髪
かぐら	神楽	しろうと	素人
かし	河岸	しわす（「しはす」とも言う。）	師走
かぜ	風邪	すきや	数寄屋／数奇屋
かな	仮名	すもう	相撲
かや	蚊帳	ぞうり	草履
かわせ	為替	だし	山車
かわら	河原／川原	たち	太刀
きのう	昨日	たちのく	立ち退く
きょう	今日	たなばた	七夕
くだもの	果物	たび	足袋

図 1.9 「当用漢字改定音訓表」の「付表」

ちご	稚児	ひより	日和
ついたち	一日	ふたり	二人
つきやま	築山	ふつか	二日
つゆ	梅雨	ふぶき	吹雪
てつだう	手伝う	へた	下手
てんません	伝馬船	へや	部屋
とあみ	投網	まいご	迷子
とえはたえ	十重二十重	まっか	真っ赤
どきょう	読経	まっさお	真っ青
とけい	時計	みやげ	土産
ともだち	友達	むすこ	息子
なこうど	仲人	めがね	眼鏡
なごり	名残	もさ	猛者
なだれ	雪崩	もみじ	紅葉
にいさん	兄さん	もめん	木綿
ねえさん	姉さん	もより	最寄り
のら	野良	やおちょう	八百長
のりと	祝詞	やおや	八百屋
はかせ	博士	やまと＝	大和＝（大和絵 大和魂等）
はたち	｛二十 二十歳	ゆかた	浴衣
はつか	二十日	ゆくえ	行方
はとば	波止場	よせ	寄席
ひとり	一人	わこうど	若人

図 1.9 「当用漢字改定音訓表」の「付表」（続き）

げられている．和語においても一字下げの形は30例見られる．「天」の「あま」，「雨」の「あま」のような被覆形や，「まぬがれる（免）」や，「むつかしい（難）」のような清濁の揺れの見られるものである．ただし「馬」の「ま」以外は追加の字訓としては扱われていない．

　字音の追加（86．一般的なもの24，用法の狭いもの62）
　　　一般的なもの　　〔例〕悪（オ）　吉（キツ）　香（キョウ）　など
　　　用法の狭いもの　〔例〕疫（ヤク）　益（ヤク）　夏（ゲ）　華（ケ）　など

字訓の追加（271）〔例〕哀（あわれむ）　永（ながい）　映（はえる）
　　　栄（はえ）　詠（よむ）　易（やさしい）　円（まるい）など
　熟字訓など（106）〔例〕明日（あす）　小豆（あずき）など
　この「当用漢字改定音訓表」は，国民の漢字使用の切望，ならびに日本語文の基本的スタイルである自立語を漢字で書くという漢字仮名交じり文の運用を適切に行うために，特に字訓や熟字訓の採用を積極的に行ったのである．
　字音の数は「当用漢字音訓表」の段階で2006あった．この改定により86追加され，逆に「オク（奥）」「ス（州）」「ヒキ（匹）」の3例が訓に移ったので，2089（2006＋86－3）となる．同様に字訓の数は，「当用漢字音訓表」の段階で1116あり，改定により271追加され，さらに字音から3移ったので，1390（1116＋271＋3）となった．全体では3479となり357（86＋271）の音訓の追加である．さらに付表として106語が挙げられている．
　なお，この音訓表では字訓の派生形を細かく示している．例えば，「汚」に対して，「当用漢字音訓表」では音「オ」と訓「けがす」しか採用しなかったが，「当用漢字改定音訓表」では音「オ」と訓「けがす」はそのままであるが，訓として他に「けがれる」「けがらわしい」「よごす」「よごれる」「きたない」が認められている．「よごれる」は「よごす」の派生形であることから，新たに加えられた音訓には加えられていない．また同様に，「けがれる」「けがらわしい」も「けがす」の派生形ということで数に入れられていない．つまり，「当用漢字改定音訓表」における処理としては，新しく加えられた訓は「よごす」と「きたない」の2訓だけである．
　しかし「当用漢字改定音訓表」を見ただけでは，新しく増えた音訓か，派生形として加えられた音訓か，その区別はつかない．派生形を含めた場合の音訓数は，「付表」を除いて，音2099，訓1839，合わせて3938となり，「当用漢字音訓表」から816の音訓が追加されたことになる（木村 2005；表3.1参照）．
　この音訓表の審議のために作成された資料として「「異字同訓」の漢字の用法」がある．これは，同音で意味の近似した語が，音訓表の改定によって，異なる漢字で書かれる場合が従来より増加することに対処するためのものである．ここでは115組の異字同訓が取り上げられている．意味の違いをことばで説明するのではなく，次のように慣用上の使い分けを用例で示してある．あ

くまでも参考資料であるが,「当用漢字改定音訓表」が告示されてからは,公用文や新聞などではこれを利用している．また後の「常用漢字表」ではこれを参考にして異字同訓関係にある語を備考欄に示している．

　　合う―計算が合う．目が合う．服が体に合う．好みに合う
　　　　　　割に合わない仕事．駅で落ち合う
　　会う―客と会う時刻．人に会いに行く
　　遭う―災難に遭う．にわか雨に遭う

6.「当用漢字字体表」

(1) 新字体の成立

昭和21（1946）年に告示された「当用漢字表」の「まえがき」において，漢字の字体について次の2項目が書かれていた．

一　簡易字体については，現在慣用されているものの中から採用し，これを本体として，参考のため原字をその下に掲げた．
一　字体と音訓との整理については，調査中である．

「当用漢字表」には先に見たように「乱併仮両塩麦点党斎歯齢」など131字の簡易字体が採用されていた．漢字の字体の整理についてはすでに大正時代から行われており，大正12（1923）年に臨時国語調査会は1962字からなる「常用漢字表」を発表し，その中には154字の簡易字体が採用されている．そこでは略字と称している（図1.10）．

大正15（1926）年に，臨時調査委員会は「常用漢字表」の1962字について先に採用された簡易字体に合わせた1020字の「字体整理案」を発表した．昭和13（1938）年には，国語審議会が「常用漢字表」（昭和6（1931）年改定）1858字のうちの864字について字体を整理した「漢字字体整理案」を答申している．さらに昭和17（1942）年に国語審議会が答申した「標準漢字表」（2528字）には，142字の簡易字体が掲げられている．「一般ニ使用セラレルベキモノ」（78字）と「一般ニ使用シテ差支ナイモノ」（64字）との2種類に分けられて

略字表 （小字は字典体）　臨時国語調査會決定

勧(勸)	権(權)	歓(歡)	択(擇)	釈(釋)	蛮(蠻)	径(徑)	併(倂)	餅(餅)
斉(齊)	餅(餅)	経(經)	湾(灣)	変(變)	訳(譯)	沢(澤)	観(觀)	潅(灌)
残(殘)	斉(齋)	済(濟)	瓶(瓶)	軽(輕)	菱(蔆)	恋(戀)	駅(驛)	歯(齒)
銭(錢)	浅(淺)	剤(劑)	斉(齊)					齢(齡)
栄(榮)	労(勞)	発(發)	営(營)					
挙(擧)	学(學)	覚(覺)						
誉(譽)	断(斷)							

図 1.10　「常用漢字表」の「略字表」

いる．

　このような状況を受けて，まず「当用漢字表」において簡易字体 131 字を示し，その「まえがき」でさらなる簡易字体の採用について予告したのである．

(2)「当用漢字字体表」の性格

　調査中の字体の整理は，昭和 24（1949）年 4 月 28 日に内閣告示・訓令とし

て公布された「当用漢字字体表」として完結した（図1.11）．この「当用漢字字体表」（図1.12）は漢字の字体がわかるように線書き（等線体）で示されている．この字体表によって当用漢字1850字の字体の標準が示されたのである．

「当用漢字表」告示から「当用漢字字体表」告示までには，次のような作業が行われた．昭和22（1947）年7月に，印刷会社，新聞社，活字製造会社，タイプライター会社，大蔵省印刷局，文部省の関係者による活字字体整理に関する協議会が設置された．そして協議会は審議を重ね，774字の字体の標準を定め，「活字字体整理案」として10月10日に国語審議会に報告した．それを受けて，国語審議会はこの整理案を検討して723字を「当用漢字字体表」に採用した．そして，さらに全体的に部首の偏旁冠脚などについて統一を行ったのである．

「当用漢字字体表」の「まえがき」には，字体選定についての方針が示されている．

一　この表の字体は，漢字の読み書きを平易にし正確にすることをめやすとして選定したものである．

一　この表の字体の選定については，異体の統合，略体の採用，点画の整理などをはかるとともに，筆写の習慣，学習の難易をも考慮した．なお，印刷字体と筆写字体とをできるだけ一致させることをたてまえとした．

そして「備考」には，「字体は，活字字体のもとになる形を示した」とあり，表として示すにあたって次の三つの方向で行われたことが記されている．

　（一）活字に従来用いられた形をそのまま用いたもの
　（二）活字として従来二種類以上の形のあった中から一を採ったもの
　（三）従来活字としては普通に用いられていなかったもの

（一）に該当するのは字体の変更がなかったものである．（二）には例として「効効　略署」などが挙がっている．（三）は活字を鋳かえる必要のあったものである．さらに八つに分けられそれぞれの例が示されている（図1.11参照）．

また「（三）のうち著しく異なったものには，従来の普通の形を下に注した」とあり，表を見ていくと，34字が挙がっている．

官報（号外）　昭和24年4月28日　木曜日

官報

訓令

◎内閣訓令第一号

当用漢字字体表の実施に関する件

各官庁

さきに、政府は、現代国語を書きあらわすために日常使用する漢字およびその音訓との範囲を定めて、当用漢字表および当用漢字音訓表を告示した。しかしながら、漢字を使用する上の複雑さは、その数の多いことや、その読みかたの多様であることによるばかりでなく、字体の不統一や字画の複雑さにもとづくところが少なくないから、当用漢字表制定の趣旨を徹底させるためには、さらに漢字表の字体を整理して、その標準を定めることが必要である。

よって、政府は、今回国語審議会の決定した当用漢字字体表を採択して、本日内閣告示第一号をもって、これを告示した。今後、各官庁においては、この表によって漢字を使用するとともに、広く各方面にその使用を勧めて、当用漢字字体表制定の趣旨の徹底するように努めることを希望する。

昭和二十四年四月二十八日

内閣総理大臣　吉田　茂

告示

◎内閣告示第一号

当用漢字字体表

まえがき

一、この表は、当用漢字表の漢字について、字体の標準を示したものである。

一、この表の字体は、漢字の読み書きを平易に正確にすることをめやすとして選定したものである。

一、この表の字体の選定については、異体の統合、略体の採用、点画の整理をはかるとともに、筆写の習慣、学習の難易をも考慮しだ。なお、印刷字体と筆写字体とをできるだけ一致させることをたてまえとした。

〔備考〕

一、この表は、当用漢字表の配列に従い、字体を、活字字体のもとになる形で示した。

二、この表には、活字字体としては従来二種以上の形のあった中から一をとったもの、㈠活字として従来用いられた形をそのまま用いたもの、㈡活字としていられていなかったものがある。この表で、㈠のうち著しく異なったものには、従来の普通の形を下に注した。

〔使用上の注意事項〕

一、この表の字体は、活字字体のもとになる形であるから、これをみんちょう体・ゴシック体その他に適用するものとする。

二、この表の字体は、これを筆写（かい書）の標準とする際には、点画の長短・方向・曲直・つけるかはなすか・とめるかはねるか等について、必ずしも拘束しないはらうか等についても、そのおもな例は、次の通りである。

㈠の例

(1)点画の方向の変った例
　半半　兼兼　安安　羽羽

(2)画の長さの変った例
　告告　契契　急急

㈡の例

(1)同じ系統の字で、又は類似の形で、小異の統一された例
　拝拝拝指　　全今全今　抜友抜友
　月期胡青雨月明朝青雨　起記起記

㈢の例

(1)長短に関する例
　雨雨　商商　戸戸　無無

(2)方向に関する例
　風風　比比　仰仰

(3)点画が増減し、又は画が併合したり分離したりした例
　糸糸　年年　ネネ　主主

(4)一点一画が増減し、又は画が併合したり分離したりした例
　者者　葛葛　郎郎　歩歩　成成
　黒黒　　　　免免

(5)全体として書きやすくなった例
　亞亜　俊俊　兒児　昼昼

(6)組立の変った例
　黙黙　　勲勲

(7)部分的に省略された例
　応應　芸藝　県縣　骨骨

(8)部分的に別の形に変った例
　広廣　転轉

(5)とめるかはらうか、とめるかはねるか、に関する例
　奥奥　隊隊　公公
　角角　骨骨
　木木　来来　牛牛　糸糸

(4)曲直に関する例
　又又　文文　月月　果果

(3)つけるかはなすかに関する例
　了了　手手　空空

(6)その他
　北北　女女
　人人　入入　令令

図1.11　「当用漢字字体表」

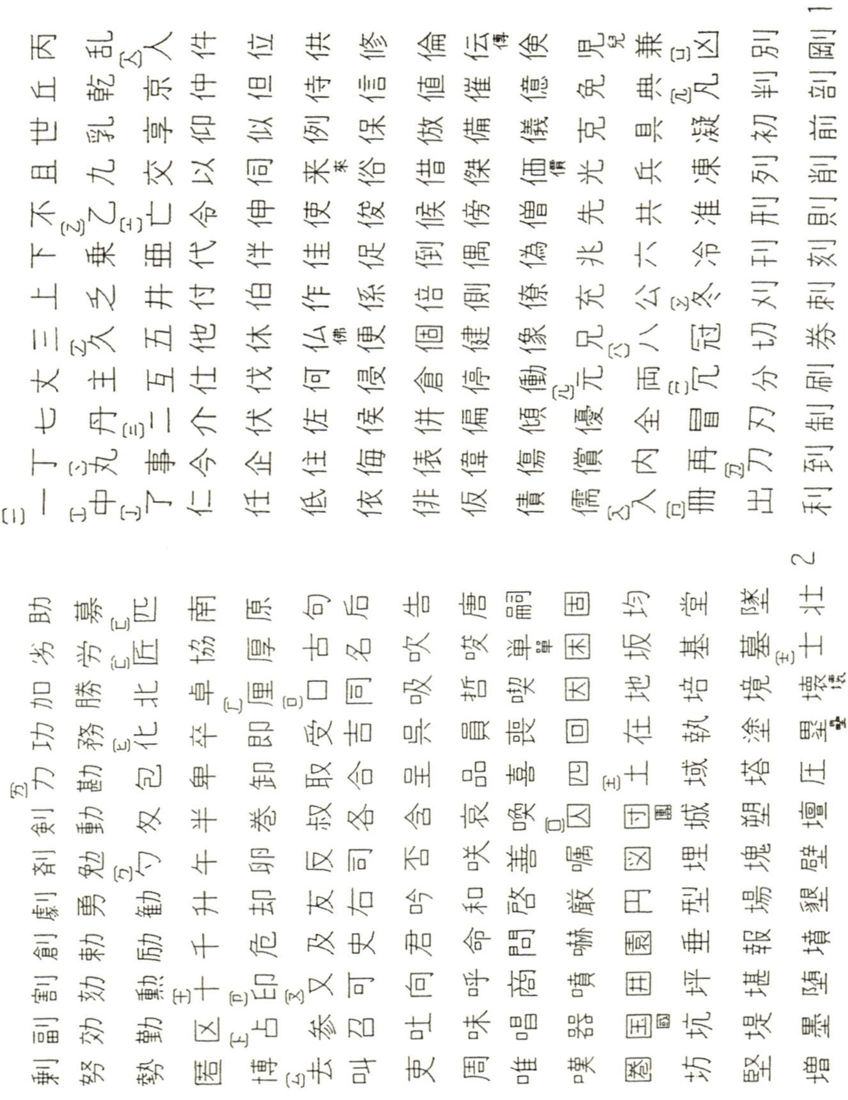

図1.12 「当用漢字字体表」(新聞協会「活字字体統一中間報告書」1958 年 10 月 11 日)
図 1.11 の字は小さくて見にくいので、上記のものを利用した。

6.「当用漢字字体表」

[漢字表 - 当用漢字字体表の続き]

図1.12 「当用漢字字体表」(続き)

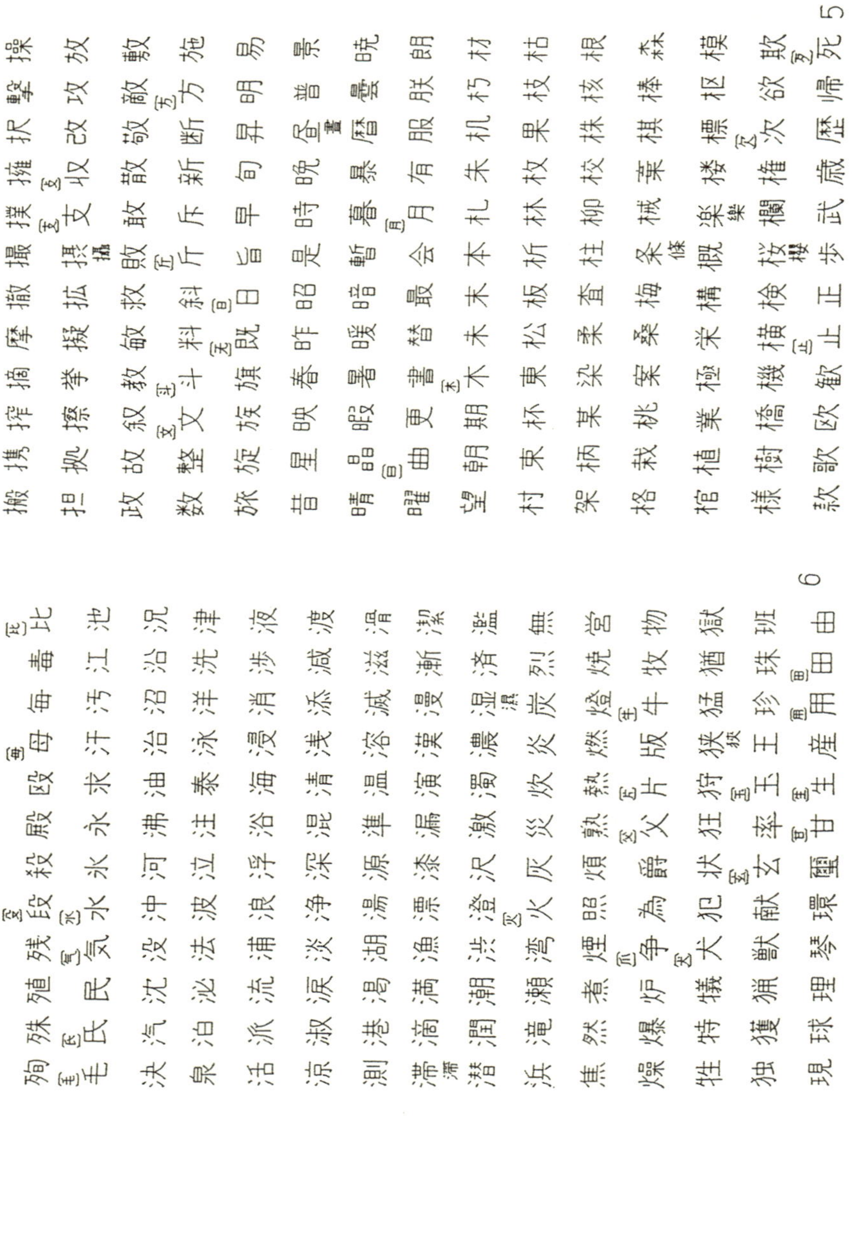

図 1.12 「当用漢字字体表」(続き)

6.「当用漢字字体表」

甲 畑 当 痛 皮 盆 盾 短 磁 祭 秋 穀 窯 筋 範 精 粋 紙 級 紛 系 7
申 男 異 画 痘 疫 発 尽 眠 砂 礁 神 科 秒 積 竊 範 範 篤 糖 紛 紋 純
番 略 畜 歓 疾 病 症 疲 皆 的 皇 直 盲 盾 矛 失 砕 基 祖 秘 私 秀 称 稲 窮 符 節 粘 純 紺
畄 疎 療 登 盛 目 瞬 真 硬 砲 礎 礼 種 空 笑 管 粗 紋 紳 紹 細

終 組 結 絶 紋 緊 糸 緑 繁 罰 翼 聴 背 胃 腐 臨 舞 花 壮 蒸 虜 号 8
維 綱 網 県 縫 継 群 耗 肩 能 脂 膚 与 台 船 若 華 薫 虫 街 衛
練 緒 縛 緑 者 耕 肝 胸 腸 致 舶 苦 菜 薪 蚊 術 術
縮 編 織 署 老 肉 胎 腕 脳 臭 航 芽 菊 薄 虐 行
絵 罪 習 聖 肯 脈 膨 旧 舎 芝 荷 葬 処 衝
繭 翻 脚 胆 興 艦 色 良 茂 落 薬 蛮 血
肥 脱 膜 臓

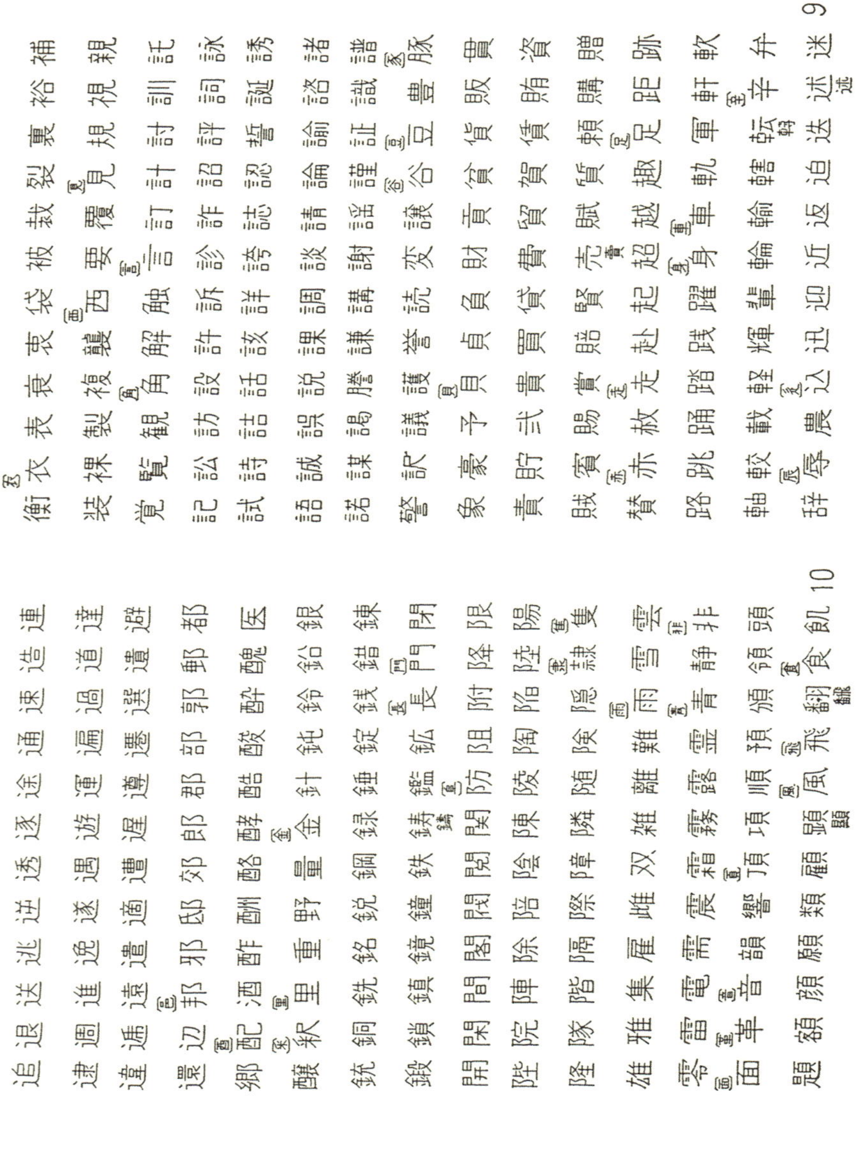

図1.12 「当用漢字字体表」(続き)

飲 飯 飼 飽 飾 養 餓 余 館 首 香 馬
駐 騎 騰 騒 駆 験 驚 駅 骨 髄 体 高
髪 闘 鬼 魂 魅 魔 魚 鮮 鯨 鳥 鳴 鶏
塩 麗 麦 麻 黄 黒 黙 点 党 鼓 鼻 斎
歯 齢

図 1.12 「当用漢字字体表」(続き)

佛 來 傳 價 兒 單 國 團 壘 壞 專 帶 廣 廳 應 拂 撮
畫 條 樂 櫻 滯 濕 狹 盡 祕 縣 藝 賣 轉 述 鑄 顯 飜

　簡易字体を採用したために，別の文字であったものと同じ形になってしまったものがある．すなわち簡易字体として採用された漢字の意味が拡大したことになる．例えば「藝」の新字体「芸」は，本来はウンという音で香草の名である．そのため，芸術に関係する人々は「芸」を嫌い「藝」の字にこだわって使用している（例えば，東京藝術大学）．その他に次のようなものがある．

　　医　エイ　うつぼ　　欠　ケン　あくび　　号　ゴウ　なきさけぶ
　　蚕　テン　みみず　　庁　テイ　たいらか　　鉄　チツ　ぬう

　これらは新たに作られたものではなく，以前から俗に省略形として用いられていたものである．

　なお，字体の簡易化にあたって統一がなされていない場合がある．

　　獨・觸・濁→独・蝕・濁　　　拂・佛・沸→払・仏・沸

　また異なるものが同一になる「榮・營・覺・學→栄・営・覚・学」のような場合や，「辨・瓣・辯→弁」のような異なった3字が一つの略体に統合されたものもある．このような新字体（簡易字体）は後の中国の簡体字に影響を与えている．ただし，中国の簡体字は日本のものよりさらに省略が大きく行われている．また複数の字が一つの字に統合されたり，簡体化にあたっての体系性が欠けている場合も見受けられる．

　　省略化が大きいもの：　衛→卫　義→义　郷→乡　慶→庆　興→兴
　　同音表記の利用：　幹→干　後→后　穀→谷　裏→里

体系性の欠如： 顔・頑→顔・頑　願→愿　　溝・購→沟・购　講→讲

　日本における「当用漢字字体表」の新字体はあくまでも当用漢字に限定されているため,「当用漢字表」以外の漢字(表外漢字)には手が付けられなかった．しかし,後に扱うJIS漢字においては,表外漢字にまでこの「当用漢字字体表」のシステム(例：區→区,賣→売,國→国)を応用した(例：鷗→鴎,瀆→渎,摑→掴)．そのことによって一般書籍類での字体とワープロ字体との不整合が生じてきて,それを解決するために平成14(2002)年に「表外漢字字体表」が答申されることになった(第3章7節,第5章2節参照)．

(3) 筆記体との関係

「当用漢字字体表」の「まえがき」に,「印刷字体と筆写字体とをできるだけ一致させることをたてまえとした」と記されている．これまでは印刷字体と筆写字体とがかけ離れていたために,筆写で使用されている略体などを採用して,印刷字体を筆写字体に近づけようとするのである．「当用漢字字体表」の字体は活字字体のもとになる形が挙げてあるので,筆写の場合の注意点が「使用上の注意事項」に次のように述べられている．

　　　　この表の字体は,これを筆写(かい書)の標準とする際には,点画の長
　　　短・方向・曲直・つけるかはなすか・とめるかはね又ははらうか等につい
　　　て,必ずしも拘束しないものがある．

そして,それぞれの用例が示されている(図1.11参照)．このように述べたのは,印刷字体には活字上の制約があり,また筆写字体には運筆上の制約があり,どうしても一致させることができないからである．この段階では新字体を認めさせることが第一であった．そのことによって,筆写に関してはかなり自由であった．

(4)「当用漢字字体表」と教科書体

　小学校用の教科書に使われている活字は,教科書体と呼ばれている特別な活字であり,筆写の楷書に近い字体である．この字体は,「当用漢字字体表」に示された形や新聞や雑誌に使われている明朝体とは異なっている．そのため,教科書体と「当用漢字字体表」の字体との異同について明らかにし,教科書体

の字体について具体的にまとめたのが，昭和33（1958）年8月21日の文部省初等中等教育局通達「小学校教科書に使用される教科書活字の字体について」である．原則として「当用漢字字体表」によるが，次に示すものに限ってその形をとることを明示した（次章5節参照）．

　　（ア）人入北均七切改　の7字（人　入　北　均　七　切　改）
　　（イ）子手令言　の4字およびこれが部分になっている漢字
　　　　（子　手　令　言，字　学　孝　存　季　存　教　孫　存，挙　承，冷　領，言偏の漢字など）
　　（ウ）辶　ネ　礻　酉　艹　宀　儿　が部分となっている漢字
　　　　（送　進　速，社　礼　祝，初　複，酒　配　酸　尊，第　筆　管，空　究，四　西　商　深　陸など．ただし，完　売などは別）

7．同音・同訓漢字による書き換え

(1) 同音の漢字による書き換え

「当用漢字表」では，この表に入ってない漢字は，その使用が認められず，仮名書きにするか，他の語で言い換えるように指示された．ただし，「当用漢字表」の選定にあたって，すでに同音字の相通を認めて一方の漢字を省いており，同音による漢字の書き換えが意図されていた．その方向付けとして文部省内の手引き書である『表記の基準』（昭和25（1950）年9月20日）が示された．世間の人々の目に触れるものとしては，先に述べた昭和27（1952）年4月4日内閣通知の「公用文作成の要領」に示されている．そこには「当用漢字表」や漢字の音と訓を定めた「当用漢字音訓表」で書き表せないことばの処置について4方法が掲げられていて，その第2項に次のようにある．

　　2　当用漢字表中の，音が同じで，意味の似た漢字で書きかえる．
　　　　車輌→車両　煽動→扇動　碇泊→停泊　編輯→編集　哺育→保育
　　　　抛棄→放棄　傭人→用人　聯合→連合　煉乳→練乳

その用例集として昭和31（1956）年7月5日に341例の書き換えを示した「同音の漢字による書きかえ」が国語審議会から報告された．その審議にあたり，金田一京助編『明解国語辞典』や『文部省　学術用語集』（昭和29（1954）年〜），

「法令用語改正要領」（昭和29（1949）年11月25日 内閣法制局），『新聞用語言いかえ集』（昭和30（1955）年 日本新聞協会編）などが参考資料として使用された．

　書き換えとして，文字の書き換えと，語の書き換えとが見られる．文字の書き換えには，その字が使用されている語すべてにわたるものと，その字が使用されている複数の語だけに適用できる場合の二通りがある．

　すべての語に適用できる場合には，用例として「廻→回」「兇→凶」のようにまず単字の書き換えが示されており，さらに語としての書き換えの例として，

　　廻送→回送　廻転→回転　廻廊→回廊
　　兇悪→凶悪　兇漢→凶漢　兇器→凶器　兇行→凶行　兇刃→凶刃
　　兇変→凶変　兇暴→凶暴　元兇→元凶

が341例の中に挙げられている．このようなものとしては，この2字の他に

　　闇→暗　焔→炎　誡→戒　劃→画　廓→郭　﨑→希　糺→糾　馭→御
　　絃→弦　倖→幸　宏→広　礦→鉱　坐→座　讃→賛　洲→州　輯→集
　　陞→昇　銷→消　蹟→跡　沮→阻　惣→総　歎→嘆　智→知　註→注
　　蹈→踏　叛→反　篇→編　輔→補　歿→没　摸→模　熔→溶　鎔→溶
　　慾→欲　掠→略　諒→了　輛→両　聯→連　彎→湾

の38字（全部で40字）がある．これらは書き換えが行われることによって，もともとの漢字自体の存在が忘れられてしまうものである．

　一方，複数の語だけに適用できるものは，単字での用例はないが，同じ書き換えの用例が複数挙げられている．「昂騰→高騰」に見られる「昂→高」の書き換えは「昂揚→高揚」にも見られる．しかし「昂奮」の場合は「興奮」のように「昂→興」といった別の書き換えが存在する．また例えば「昂然」の場合は書き換えが示されていないので，もし書こうとすれば，すべて仮名書きにするか，漢字と仮名との交ぜ書きになる．

　このような複数の語だけに適用できるものとしては，他に次のようなものがある．

　　翳→影（暗翳→暗影，陰翳→陰影）　臆→憶（臆説→憶説，臆測→憶測）
　　潰→壊（潰滅→壊滅，潰乱→壊乱，決潰→決壊，全潰→全壊，倒潰→倒壊，
　　崩潰→崩壊）　碍→害（障碍→障害，妨碍→妨害）　旱→干（旱害→干害，

旱天→干天）　誼→義（恩誼→恩義，情誼→情義）　禦→御（制禦→制御，防禦→防御）　繋→係（繋船→係船，繋争→係争，繋属→係属，繋留→係留，連繋→連係）　剋→克（下剋上→下克上，相剋→相克）　鑿→削（開鑿→開削，掘鑿→掘削）　撒→散（撒水→散水，撒布→散布）　誦→唱（暗誦→暗唱，吟誦→吟唱）　蝕→食（皆既蝕→皆既食，月蝕→月食，侵蝕→侵食，浸蝕→浸食，日蝕→日食，腐蝕→腐食）　尖→先（尖鋭→先鋭，尖端→先端）　煽→扇（煽情→扇情，煽動→扇動）　疏→疎（疏水→疎水，疏通→疎通，疏明→疎明）　頽→退（頽勢→退勢，頽廃→退廃）　煖→暖（煖房→暖房，煖炉→暖炉）　顛→転（七顛八倒→七転八倒，顛倒→転倒，顛覆→転覆）　抛→放（抛棄→放棄，抛物線→放物線）　磨→摩（磨滅→摩滅，研磨→研摩）　溜→留（乾溜→乾留，蒸溜→蒸留）　煉→練（煉炭→練炭，煉乳→練乳）

新聞ではさらに多くの書き換えが行われている．昭和 44（1969）年 7 月の日本新聞協会による『新訂 新聞用語集』の「用字用語集」には，言い換え語や書き換え語が収録されており，

　　義捐金→義援金　気魄→気迫　禁錮→禁固　勾引→拘引　抽籤→抽選
　　脈搏→脈拍

など多くの書き換え例が示されている．

(2) 書き換えの方針

「同音の漢字による書きかえ」における書き換えの選定方針としては，次の 5 項に整理されている．

---

(1)　同じ字源か，または正俗同字のもの
　　例　廻転→回転　管絃楽→管弦楽　吃水→喫水　註文→注文
(2)　音通のもの
　　例　火焔→火炎　挌闘→格闘　稀薄→希薄　史蹟→史跡　沮止→阻止
(3)　同じ意味か，または似た意味の語を借りたもの
　　例　衣裳→衣装　撒布→散布　蒐集→収集　抛棄→放棄　聯合→連合
(4)　新しく造語したもの
　　例　慰藉料→慰謝料　魚撈→漁労　根柢→根底

(5) 単に音を借りたもの
　　例　一挺→一丁　装釘（幀）→装丁　庖丁→包丁

　(1)と(2)は，書き換える漢字ともとの漢字との間に関連があるものであり，代用字にあたる．それに対し，(3)は同音類義語の統合ということになろう．「衣装」が「衣裳」の意味をも含むことになり，意味の拡大ということになる．(4)は，「慰謝料」「漁労」「根底」という表記はこれまで存在しなかった新しい表記であり，代用表記である．しかし，これらは実際にはすでに誤字や略字として使用されてはいたようである．(5)は意味の関係しない同音の簡単な漢字を利用して書き換えた当て字というものであり，漢字分類である六義の仮借に相当にする．

(3) 代用表記の実態

　漢字制限のもとで「同音の漢字による書きかえ」は規範として提示された．国語辞書は，規範を示すものであり，また国語政策に忠実に対応していく．この「同音の漢字による書きかえ」は内閣告示ではないので，辞書による対応は辞書の性格（編者の意識）によって異なっている．例えば『岩波国語辞典』では，凡例に「表記形がいくつかある場合は並べてあげた」とあり，そこでは常用漢字である代用表記を先に，常用漢字でないもともとの表記を後ろに示している．また『明鏡国語辞典』でも代用表記を先に挙げ，もとの表記を後ろに括弧付きで掲出している．それに対し『新明解国語辞典』では見出し漢字表記は一表記しか認めていない．その表記は，凡例によるとその語の「正書法」を示したとある．「正書法」とは「現代一般に，漢字または漢字かな交じり表記の際の，最も標準的な書き表わし方を指す」（昭和47年初版による）とあり，『新明解国語辞典』の表記は現在の実態を表していることになる．書き換え341例から単字の書き換え40例を除いた301例に対する『新明解国語辞典』（第六版 平成17（2005）年）の扱いを調べてみると，次のようになっている．

　　A　代用表記だけが見出し漢字表記になっているもの　　209例
　　B　もとの表記だけが見だし漢字表記になっているもの　　72例
　　C　別見出しあるいは別項目になっているもの　　　　　　11例

D　もとの表記ともまた代用表記とも表記が異なるもの　　5例
　　E　見出し語がないもの　　　　　　　　　　　　　　　4例
　Aの代用表記は301例中209例あり，すなわち約70%が定着していることになる．代用表記を重視している『岩波国語辞典』や『明鏡国語辞典』で見ていけば95%を超えるだろう．この数字からいえば，漢字政策において代用表記は成功したといえよう．ただし，『新明解国語辞典』では72例，すなわち全体の約24%に対し代用表記を標準的な表記と認めていないことも認識しておかなければならない．

　この「同音の漢字による書きかえ」の審議のための資料として，『明解国語辞典』が挙げられていた．例えば昭和18（1943）年の初版には，代用表記301例中118例（全体の4割）がすでに登載されている．その中の60例（全体の2割）が代用表記だけ，あるいは代用表記が先に挙げられており，当時すでに普通の表記であったようである．

8.「送りがなのつけ方」・「送り仮名の付け方」

(1)「送りがなのつけ方」

　昭和23（1948）年2月に「当用漢字音訓表」が告示され，それぞれの漢字の音や訓が定められた．しかし訓に関し，動詞や形容詞など活用語の送り仮名については，その際には明示されなかった．ただし，公用文においてはすでに昭和21（1946）年12月24日内閣達の「公文用語の手びき」における「送りがなのつけ方」があり，この「送りがなのつけ方」が公用文での送り仮名の方法として広く活用されていた．しかし，告示されていないために，公用文以外の世界では様々な送り仮名が見られた．そこで，「現代口語文を書く場合の送りがなのつけ方のよりどころを示したもの」（まえがき）として，昭和34（1959）年7月11日に「送りがなのつけ方」が内閣告示・訓令として公布された．付け方の方針について「まえがき」に次のように示されている．

> 2　この「送りがなのつけ方」は，
> 　(1) 活用語およびこれを含む語は，その活用語の語尾を送る．
> 　(2) なるべく誤読・難読のおそれのないようにする．
> 　(3) 慣用が固定していると認められるものは，それに従う．
> の3か条を方針として定めたものである．

この方針のもとに，品詞ごとに通則を示し，全体で26の通則を設けている．
　(1)は，通則1などで活用語の場合は活用語尾を送るのが原則としているが，その語が派生語などの場合，すなわち一つの漢字が複数の語の表記として使用される場合の処置である．このような場合は，異なる品詞であっても，同じ漢字の受け持つ部分が統一的になるように送る（通則2～5，8～11，14～15，17～19，24～26）．

　　動詞……浮かぶ（浮く）　近づく（近い）　黄ばむ（黄）
　　形容詞……重たい（重い）　頼もしい（頼む）
　　形容動詞……清らかだ（清い）　晴れやかだ（晴れる）
　　名詞……動き（動く）　正しさ（正しい）
　　副詞……絶えず（絶える）　少なくとも（少ない）

　(2)は，難読・誤読を防ぐために，活用語尾以上に送り仮名を施すものである（通則1，7，13，16におけるただし書き）．それは括弧内の語との混乱を避けるためである．

　　動詞……表わす（ひょうす）　行なって（いって）　断わって（たって）
　　形容詞……明るい（あかい）　危うい（あぶない）
　　名詞……後ろ（あと）　幸い（しあわせ）　情け（じょう）
　　副詞……直ちに（じきに）　大いに（だいに）

他の読み方ができないように，送り仮名を多く施そうとするのが，この「送りかなのつけ方」の特徴である．
　(3)は，慣用となっているものに関しては，送り仮名を施さなくてもよいとする．

　　動詞の連用形が名詞化したもの……卸　組　恋　志　次　富　恥　話　光

舞　巻　雇（通則17（2））
複合語によるもの……献立　座敷　関取　手当　物語　役割　植木　織物　切手　消印　積立金　取締役　申込書　浮世絵　小売商　など（通則20）

(2)「送り仮名の付け方」

　昭和48（1973）年6月18日に「当用漢字音訓表」とともに「送り仮名の付け方」が内閣告示・訓令として公布された．「当用漢字表」に関わる国語施策の最後の告示である．これは「当用漢字改定音訓表」の範囲に合わせた送り仮名の付け方を示したものである．「当用漢字改定音訓表」で認められた熟字訓や当て字などの「付表」に挙げられている語も対象にしており，先の「送りかなのつけ方」の改定というスタイルをとっている．この改定では，送り仮名を少なくし，より体系的にしようとする姿勢がうかがわれる．「送りかなのつけ方」が品詞別に扱っていたのに対し，ここでは単独の語（活用のある語・活用のない語）・複合の語・付表の語の3分類にしている．そして通則を単独の語（活用のある語—通則1・2，活用のない語—通則3〜5），複合の語（通則6・7）の七つにまとめている．その通則の中を，さらに「本則」「例外」「許容」に分けている．基本的な法則と考えられるものを「本則」，「本則」には合わないが慣用として行われていると認められるものであって，本則によらず，これによるものを「例外」，「本則」による形とともに慣用として認められているものであって，本則以外に，これによってもよいものを「許容」と定義している．

　例えば活用の語において，通則1において「本則」「例外」「許容」は次のようになっている．

本則　活用のある語（通則2を適用する語を除く．）は，活用語尾を送る．
　〔例〕憤る　承る　書く　実る　催す
　　　　生きる　陥れる　考える　助ける
　　　　荒い　潔い　賢い　濃い
　　　　主だ
例外（1）　語幹が「し」で終わる形容詞は，「し」から送る．
　〔例〕著しい　惜しい　悔しい　恋しい　珍しい

> (2) 活用語尾の前に「か」,「やか」,「らか」を含む形容動詞は,その音節から送る.
> 〔例〕暖かだ　細かだ　静かだ
> 　　　穏やかだ　健やかだ　和やかだ
> 　　　明らかだ　平らかだ　滑らかだ　柔らかだ
> (3) 次の語は,次に示すように送る.
> 　　明らむ　味わう　哀れむ　慈しむ　教わる　脅かす（おどかす）
> 　　脅かす（おびやかす）　食らう　異なる　逆らう　捕まる
> 　　群がる　和らぐ　揺する
> 　　明るい　危ない　大きい　少ない　小さい　冷たい　平たい
> 　　新ただ　同じだ　盛んだ　懇ろだ　惨めだ　哀れだ　幸いだ
> 　　幸せだ　巧みだ
>
> 許容　次の語は,（　）の中に示すように,活用語尾の前の音節から送ることができる.
> 　表す（表わす）　著す（著わす）　現れる（現われる）　行う（行なう）
> 　断る（断わる）　賜る（賜わる）
>
> (注意)　語幹と活用語尾との区別がつかない動詞は,例えば,「着る」,「寝る」,「来る」などのように送る.

「許容」と示されているものは,「送りかなのつけ方」では通則1のただし書きとして挙げられていたものの一部である.原則を重んじて,送り仮名をなるべく少なくしようとするこの「送り仮名の付け方」では,先の「送りかなのつけ方」での送り方を否定できないために「許容」として認めているのである.「表わす×表す」「行なう×行う」などは,学習した時代によって送り仮名の付け方が異なり,年代の違いが見られる.

このような「許容」は他にもあり,その多くは「読み間違えるおそれのない場合は活用語尾以外の部分については送り仮名を省くことができる」とするものである.例えば通則2の本則は「活用語尾以外の部分に他の語を含む語は,含まれている語の送り仮名の付け方によって送る.（含まれている語を〔　〕の中に示す.）」とするもので,その例として,次のようなものが挙げられている.

〔例〕(1)　動詞の活用語又はそれに準ずるものを含むもの
　　　　語らう〔語る〕　計らう〔計る〕　向かう〔向く〕　浮かぶ〔浮く〕
　　　　生まれる〔生む〕　押さえる〔押す〕　捕らえる〔捕る〕
　これは以前の「送りがなのつけ方」における方針の一つと思われる「一つの漢字が複数の語の表記として使用される場合には，異なる品詞であっても同じ漢字の受け持つ部分を統一して送る」という考えを受け継いだものであろう．この通則2の「許容」として，読み間違えるおそれのない
　　　　浮かぶ（浮ぶ）　生まれる（生れる）　押さえる（押える）
　　　　捕らえる（捕える）
などにおいて，（ ）の中に示すように，送り仮名を省くことができるとしている．実際の語の運用において，われわれはその語に含まれている語についていちいち意識することはあまりない．「活用のある語は，活用語尾から送る」という通則1があれば，その語が派生語であろうと，そのシステムに合わせていく場合が多いであろう．

■参考文献

板倉雅宣（2004）『教科書体変遷史』(第二版）朗文社
岩波書店（1977）『岩波講座日本語3　国語国字問題』岩波書店
木村秀次（2005）「「常用漢字表」と国語施策」『朝倉漢字講座4　漢字と社会』朝倉書店
国語教育研究会編（1947）『新国字宝典』鎌倉文庫
三省堂編修所編（1977）『新しい国語表記ハンドブック』三省堂
白石大二編（1962）『当用漢字・現代かなづかい・送りがなのつけ方』(改訂版）大蔵省印刷局
新聞用語懇談会編（1965）『新聞用語言いかえ集』日本新聞協会
新聞用語懇談会編（1969）『新訂　新聞用語集』日本新聞協会
蘇培成・尹斌庸編（1999）『中国の漢字問題』大修館書店
高辻正巳編（1954）『模範公用文例集』学陽書房
武部良明（1979）『日本語の表記』角川書店
田島　優（1998）『近代漢字表記語の研究』和泉書院
田島　優（2005）「漢字使用の現代」佐藤武義編『概説現代のことば』朝倉書店
田島　優（2005）「文字」「表記」多門靖容・半沢幹一編『ケーススタディ日本語の表現』おうふう
田島　優（2008）「代用字・代表表記（同音の漢字の書きかえ）について」『国語文字史の研

究十』和泉書院
田部井文雄（2006）『「完璧」はなぜ「完ぺき」と書くのか』大修館書店
長尾盛之助（1952）『あらゆる公用文の書き方と実例』大同出版社
野村敏夫（2006）『国語政策の戦後史』大修館書店
林　四郎・松岡榮志（1995）『日本の漢字・中国の漢字』三省堂
広田栄太郎（1959）『用字の技術』東京堂出版
藤原　宏編（1973）『新しい国語表記』ぎょうせい
文化庁（2006）『国語施策百年史』ぎょうせい
文部省（1957）『改訂版　公用文の書き方――資料集――』光風出版
〈ホームページ〉
文化庁「国語施策情報システム」http://www.bunka.go.jp/kokugo/

第 2 章
教育漢字

1.「当用漢字別表」

「当用漢字別表」（図2.1）は，「当用漢字音訓表」と同じく昭和23（1948）年2月16日に内閣告示・訓令として公布された．この表の最初に，

　　　この表の漢字は，当用漢字表の中で，義務教育の期間に，読み書きともにできるように指導することが必要であると認めたものである．

と記されていることから，「教育漢字」とも呼ばれている．「当用漢字表」1850字の中から学校教育で学ぶべき漢字として881字を選んだのである．

　教育漢字881字は次のような基準で選ばれている．

1）日常の社会生活に直接の関係があり，国民に親しみの深いもの

　【　　数　　】一　二　三　四　…　十　百　千　万　億
　【　方　位　】東　西　南　北
　【　季　節　】春　夏　秋　冬
　【行政区画】都　道　府　県　郡　市　区　町　村
　【　人　倫　】父　母　親　子　兄　弟　姉　妹　夫　妻
　【衣食住】衣　服　布　糸　飲　食　米　麦　住　家　屋　居
　【　徳　目　】仁　義　礼　信　忠　孝　誠　恩　愛
　【　色　彩　】青　黄　赤　白　黒　緑
　【　植　物　】木　草　竹　花　葉　根　幹　芽
　【　動　物　】犬　牛　馬　鳥　魚　貝　虫　蚕

図2.1 「当用漢字別表」

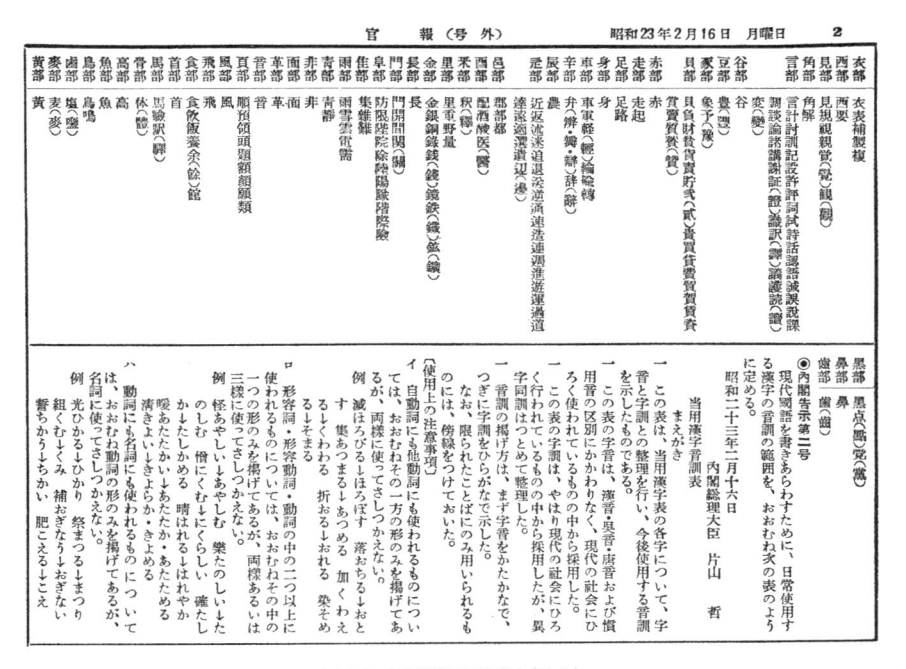

図 2.1 「当用漢字別表」(続き)

【鉱　物】　金　銀　銅　鉄　砂　石　炭

2) 熟語構成の力が強く，それが広い範囲に及んでいるもの

〔例〕不—不快　不義　不況　不明　　最—最高　最近　最後　最新

　　　発—発生　発表　発売　発見　　名—名人　人名　氏名　名誉

　　　他に，流　在　要　用　実　有　友　同　所　など.

3) 広く世に行われている熟語の構成成分で，対照的意義を表すもの

〔例〕上下　左右　大小　遠近　強弱　高低　長短　始終　生死　内外

　　　自他　など

　動植物名は「当用漢字表」において仮名書きをする方針をとったが，この「当用漢字別表」では総称や生活に必要なものの漢字が選ばれている．このようなことから，後の「公用文作成の要領」（昭和 27（1952）年）でも「犬・牛・馬・桑・桜」など「当用漢字表」に入っているものに関しては動植物名でも漢字の使用を認めている．

「当用漢字別表」は教育漢字の一覧表として,『小学校学習指導要領』において運用されていき,昭和33（1958）年の学習指導要領ではこの表に基づいて「学年別漢字配当表」が作成された．しかし，昭和43（1968）年の学習指導要領では備考漢字として「当用漢字別表」以外の当用漢字115字が加えられた．昭和52（1977）年の学習指導要領の段階で，この115字を正式に「学年別漢字配当表」に組み入れたことにより，「当用漢字別表」の存在意義がなくなってしまった．そして，昭和56（1981）年10月1日に告示された「常用漢字表」によって,「当用漢字表」自体がなくなったため,「当用漢字別表」も廃止され，「学年別漢字配当表」（計996字）に吸収された．

2.「学年別漢字配当表」

(1) 昭和33年『小学校学習指導要領』

　教科書に使用できる漢字の数は決められたが，各種検定国語教科書の間に提出漢字字数の違いがあった．また国語の教科書と他の教科の教科書との連絡も必要になった．そこで，文部省は昭和31（1956）年1月に「当用漢字別表」の881字に対して「学年別漢字配当表」（図2.2）を作成し発表した．これは昭和33（1958）年10月の『小学校学習指導要領』に収められ実施された．

　それまでの，例えば昭和26（1951）年の『小学校学習指導要領（試案）』では，読むことの能力として，第1学年では「漢字は，だいたい30字ぐらい読むことができる」とあり，第2学年では130字ぐらい，第3学年では280字ぐらい，第4学年では460字ぐらい，第5学年では680字ぐらい，そして最終の第6学年では「漢字は，だいたい当用漢字別表を中心とした881字程度の文字が読める」とある．また書くことの能力としては，「国語能力表」に各学年の「読める漢字のだいたいが書ける」と記されている．それによれば，学年によって学習する漢字は，第1学年で30字ぐらい，第2学年で100字ぐらい，第3学年で150字ぐらい，第4学年で180字ぐらい，第5学年で220字ぐらい，第6学年で220字ぐらいとなる．そして，どの学年でどの字を学ぶかについては言及されていなかった．「当用漢字別表」の最初のところに「義務教育の期間に，読み書きができるように指導することが必要」と書かれていたように，

学年別漢字配当表
（1年）　一二三四五六七八九十日月火水木金土左右上下大中小目耳口手足人子女先生赤青白山川田森雨花石本正　　　　　　　　（46字）
（2年）　雲円王音何夏家会海外学間気汽休牛京玉空犬見元戸古工光行考校高合谷国黒今作糸思紙字時車秋出春書少色心西声夕切雪千前組早走草村多男池地知竹虫町長鳥朝天冬東道読南入年馬麦半百父風分文米歩母方北名明毛門夜友用来力立林話　　　　　　　　　　　（105字）
（3年）　悪安暗意引運駅園遠県温化科荷歌画回具界開始角活寒感岸岩館記起帰期客究急級球去魚教強橋局近銀苦君兄形計決県研原庫午後語公広交向黄号根才細算止仕市死使始指次寺自事持室実社者弱主取首受終週集住重所暑助昭勝乗場食申身新神深進親図数世星晴船全送太体待台第炭茶着注柱昼追通弟鉄店点電都度刀当投島答頭同動肉波配買売畑発坂板番反美表病品負物聞平返勉毎妹万鳴面野役由遊葉様曜落楽里理流旅両礼和　　　　　　　　　　　（187字）
（4年）　愛案衣以囲位医委育印員院飲泳英塩横加貨芽改械階害覚官関館観願季喜旗器機宮挙共協鏡競業曲極具郡係景軽芸血結建言固湖幸航港告差祭菜最材昨刷察散産残士史司姉歯辞試式失写借守酒種州拾習順初消唱商章照焼城植臣信真成清勢静整席積節線戦選然争相速息族続卒孫他

打対隊代題達短談治置帳調直丁定底停底的転徒努湯登等燈堂童働内熱農反飛悲費鼻必冰秒不夫付府部服福粉別変便包放法望末味脈民命問薬油有勇予洋陽利陸良料緑輪類冷歴列連練路老労録　　　　　　　　　　　（205字）
（5年）　圧易胃移因栄永衛液演央往応億恩仮果河過価課賀快解各格確完漢管慣希寄規紀技義議久求救給居許漁興均区句軍群型経欠件健験限現個護功厚候康講鉱査際在殺雑参賛酸賛氏支示志師似辞識賞舎謝収周修宿祝術準序承省賞常情性政精製責績折接設説浅銭祖素倉想総造象像増則側測帯貸単団築貯張腸低敵適典伝統銅導特毒独任念能破敗倍博版比非肥備筆俵票貧布婦武副復仏兵辺弁保報防貿牧満務無迷綿約輸余容養浴留量領令例　　　　　　　　　　　（194字）
（6年）　異遺壱営益延可我革拡額株刊幹勧歓眼基貴疑絶旧供境勤禁訓系敬潔券兼険検絹悲権減厳己故誤后孝効皇耕構殺混再災妻採済財罪策至私視詞資児釈授需宗衆就従述純処諸除招称証条状職仁推是著誠税吾絶宣専善創蔵俗属存損尊退態断忠著賛提程展覧討得徳届難式認納派拝犯判版否評富複奮陛補墓豊暴未盟訳預欲律率略臨論　　　　　　　　　　　　（144字）
指導上のつごうによっては、若干字をこの表で示した学年の前または次の学年で指導してもよい。

図2.2　昭和33（1958）年の「学年別漢字配当表」

義務教育の期間のうちでも小学校卒業までに「当用漢字別表」の881字を読み書きできるようにすることが目標となっていたのである．

　昭和26年の学習指導要領の漢字学習は，「学年別漢字配当表」と比較すると，高学年になるほどかなり多くなっている．それに対し，配当表では第3学年から第5学年までに多くの漢字を学習し，最終学年の第6学年ですべての漢字を使いこなせるようにするために，この第6学年に配当されている漢字はあまり多くない（表2.1）．

　昭和33年の『小学校学習指導要領』では，第1学年では「学年別漢字配当表の第1学年に配当されている漢字を中心とした40字～50字ぐらいを読み，そのだいたいを書くこと」と書かれており，第1学年に配当されている46字前後を学ぶことになる．この学習指導要領によれば，第2学年では140字～

表 2.1 昭和 26 年の学習指導要領と「学年別漢字配当表」

	昭和 26 年学習指導要領	「学年別漢字配当表」(昭和 33 年)
第 1 学年	30 字ぐらい	46 字
第 2 学年	100 字ぐらい	105 字
第 3 学年	150 字ぐらい	187 字
第 4 学年	180 字ぐらい	205 字
第 5 学年	220 字ぐらい	194 字
第 6 学年	220 字ぐらい	144 字

160 字ぐらい，第 3 学年では 310 字〜350 字ぐらい，第 4 学年では 500 字〜550 字ぐらい，第 5 学年では 680 字〜740 字ぐらいを学習することになる．第 6 学年では「学年別漢字配当表の第 6 学年までに配当されている漢字を中心として 800 字〜881 字ぐらいを読み，そのだいたいを書くこと」とある．

この「学年別漢字配当表」に従えば，第 1 学年で学習する漢字は 46 字，第 2 学年までには 151 字，第 3 学年までには 338 字，第 4 学年までには 543 字，第 5 学年までには 737 字，第 6 学年までには「当用漢字別表」に記載されている 881 字すべてを学習することになる．学習指導要領では「指導上のつごうによっては，若干字をこの表で示した学年の前または次の学年で指導してもよい」とされているが，次の学年のどの字を学習してよいのかについては示されていない．

(2) 昭和 43 年改訂『小学校学習指導要領』

昭和 33 年の『小学校学習指導要領』では読み書き同時学習の形でまとめられたが，昭和 43 (1968) 年の改訂においては読み先習となり，上の学年の漢字を繰り下げて学習してもよいことになった．そこで先行して学習してよい漢字には * が付された．第 6 学年に関しては備考漢字として当用漢字から 115 字が新たに加えられた（図 2.3）．

図中で * が付された漢字は次のものである．

　2 年から 1 年へ（30 字）　円　王　音　学　気　休　空　犬　見　校　糸　字　車　出　夕　千　早　村　男　虫　町　天　入　年　百　文　名　力　立　林

　3 年から 2 年へ（70 字）　引　遠　科　歌　画　回　貝　絵　顔　記　帰

2.「学年別漢字配当表」　　　63

　　　魚　教　強　近　形　計　原　午　後　語　広　交　黄　才　算　止
　　　市　寺　自　室　社　弱　首　場　食　新　親　図　数　星　晴　船
　　　太　体　台　茶　昼　通　弟　店　点　電　刀　当　答　頭　同　買
　　　売　番　聞　毎　妹　鳴　野　曜　楽　里　理
4年から3年へ（78字）　医　育　員　院　飲　泳　横　階　館　宮　業
　　　曲　具　係　軽　血　言　湖　幸　港　祭　歯　詩　式　写　守　酒
　　　州　拾　習　消　商　章　植　整　線　息　族　他　打　対　代　題
　　　短　帳　調　直　丁　定　庭　転　湯　登　等　童　内　農　反　悲
　　　鼻　氷　秒　部　服　福　放　味　命　問　薬　油　有　予　洋　陽
　　　緑　列　路
5年から4年へ（68字）　胃　栄　央　億　課　各　完　漢　管　希　紀
　　　議　求　救　給　漁　区　軍　型　欠　健　験　功　候　康　殺　参

第一学年	一二三四五六七八九十日月火水木金土左右上下大中小目耳口手足人子女先生赤青白山 川田森雨花石本正　　　　　　　　　　　　　　　　　　　　　　　　　　　（46字）
第二学年	＊＊＊　　　　　＊　＊＊　　＊　　　　　＊＊＊　　　　　　　　　＊ 雲円王音何夏家会海外学間気汽休牛京玉空犬見元戸古工光行考校高合谷国黒今作糸思 　　　　　＊　　　　＊　　　　　　＊　　　＊　　　＊　　　＊＊　　　　＊ 紙字時車秋出春書少色心西声夕切雪千前組早走草村多男池地知竹虫町長鳥朝天冬東道 　　＊＊　　＊　　　　＊　　　　　＊　　　　　　　　＊＊＊ 読南入年馬麦半百父風分文米歩母方北名明毛門夜友用来力立林話　　　　　　（105字）
第三学年	＊　　＊　　　　＊＊＊＊　　　　　　　　　　＊＊　＊ 悪安暗意引運駅園遠屋温化科荷歌画回貝界開絵角活寒岩感岸顔記起帰期客究急級球去 ＊＊＊　　　　　　＊　　　＊＊　　　＊＊＊　＊＊　＊　　　　＊　＊＊ 魚教強橋局近銀苦君兄形計決県庫研原庫午後語公広交向黄号根才細算止仕市死使始指次 　　＊＊　　＊　　　＊　　　　　　　　　　＊＊　　　　　　　　＊＊＊＊＊ 寺自事持室実社者弱主取首受終週集住重所暑助昭勝乗場食申身新神深進親図数世星晴 　＊　　＊　＊＊　＊　　　　＊＊＊　　＊　　　＊＊　　　　＊　　　＊＊＊ 船全送太体待台第炭着注柱昼追通弟鉄店点電都度刀当投島答頭同動肉波配買売畑発 　　　　＊　　　　　＊＊　　＊＊　　＊＊＊　　＊＊ 坂板番皮美表病品負物開平返勉毎妹万鳴面野役由遊葉様曜落楽里理流旅両礼和 　　　　　　　　　　　　　　　　　　　　　　　　　　　　　　　　　　　（187字）

図2.3　昭和43（1968）年の「学年別漢字配当表」

第2章 教育漢字

<table>
<tr><td rowspan="2">第
四
学
年</td><td>＊　　＊　＊＊＊＊　　　＊　　　　＊　＊　　　　　　＊
愛案衣以囲位医委育印員院飲泳英塩横加貨芽改械階害覚官関館観願季喜旗器機宮挙共
　＊＊　　　　　＊＊　　　　　　　　　　　　　　　　＊
協鏡競業曲極具郡係景軽芸血結建言固湖幸航港告差祭菜最材昨刷察散産残士史司姉歯
　　　　　　　＊＊　　＊　　　　　＊
詩試式失写借守酒種州拾習順初消唱商章照焼植臣信真成清勢静整席積節線戦選然争相
＊　＊　　　　　　＊　　　　　　　　　　　　　　　　　＊
速息族続卒孫他打対隊代題達短談治置帳調直丁定底停庭的転徒努湯登等燈堂童働内熱
　　　　　　　　　　＊
農反飛悲費鼻必氷秒不夫付府部服福粉別変便包放法望末味脈民命問薬油有勇予洋陽利
　＊
陸良料緑輪類冷歴列連練路老労録　　　　　　　　　　　　　　　　　　　　(205字)</td></tr></table>

<table>
<tr><td rowspan="2">第
五
学
年</td><td>＊　　＊　　　＊　　＊　　　　＊　　　　＊　　　＊＊＊　＊　　＊
圧易胃移因栄永衛液演央往応億恩仮果河過価課賀快解各格確完漢管慣希寄規紀技義議
　　＊　　＊　　　　　　　　　＊　　　　　＊　　　　＊　　　　　　＊＊　＊
久求救給居許漁興均区句軍群型経欠件健験限現個護功厚候康講鉱査際在殺雑参垂酸賛
　＊＊　＊　＊　　　　＊　＊＊　　　　　　　　　　＊＊　　　　　　　　　＊
氏支示志師似辞識質舎謝収周修宿術準序承省賞常情織性政精製責績折接設説浅銭祖
　　　　　　　　　　　　　　　　　　　　　　　　　　　　　　＊＊＊
素倉想総造象増則側属率損退貸退団築張腸低敵適典統銅導特毒独任能破敗倍博
　＊　＊＊
飯比非肥備筆俵票貧布婦武副復仏兵辺編弁保報防貿牧満務無迷綿約輸余要容養浴留
＊　＊＊
量領令例　　　　　　　　　　　　　　　　　　　　　　　　　　　　　　(194字)</td></tr></table>

<table>
<tr><td rowspan="2">第
六
学
年</td><td>＊＊　　　　　＊　＊＊　＊＊＊　　＊＊　　　　＊＊　　＊＊　　＊＊＊　　　＊
異遺壱営益延可我革拡額株刊幹勧歓眼基貴疑逆旧供境勤禁訓系敬潔券憲検絹憲権
　＊　　　　＊　＊　＊＊＊＊＊　＊＊　　　　　＊＊＊　＊　　＊　　　　　＊
厳己故誤后孝効皇耕構穀混再災妻採済財罪策至私視詞資児釈授需宗衆就従述純処諸除
　　　　＊　　　　　　＊＊＊　＊　　　　＊　　　　　　　　　　　＊＊＊＊
招称証条状職仁推是制聖誠税舌絶宣専善創蔵俗属存損尊退態断忠著貯提程展党討得徳
　　　＊＊＊　＊＊＊　　　　＊＊＊＊　　＊　　＊＊
届難弐認納派拝犯判版否評富複奮陛補墓豊暴末盟訳預欲律率略臨論　　　(144字)</td></tr></table>

(備考)
域字羽映沿灰街閣割干巻看簡丸危机揮弓吸泣胸郷筋径警劇穴源呼好紅鋼刻骨困砂座裁冊姿誌磁
射捨尺若樹縦縮熟署将傷障城蒸針垂寸染泉洗奏窓層操臓宅担探段値仲宙庁兆頂潮痛糖乳脳肺
背俳班晩批秘腹閉片宝訪亡忘棒枚幕密模矢郵優幼羊翌乱卵覧裏朗　　　　　　　(115字)

図2.3　昭和43 (1968) 年の「学年別漢字配当表」(続き)

氏 辞 周 宿 省 賞 折 説 浅 倉 想 象 側 帯 単 貯
腸 低 典 伝 毒 念 敗 倍 博 飯 筆 票 標 副 兵 辺
牧 満 約 要 養 浴 量 令 例

6年から5年へ（69字）　営 益 額 刊 幹 歓 眼 基 逆 旧 境
禁 訓 潔 券 険 検 絹 減 故 効 耕 構 混 再 災 妻
採 財 罪 資 児 授 衆 述 除 招 称 証 条 状 職 制
税 舌 絶 善 属 損 退 態 断 提 程 得 徳 犯 判 版
評 富 複 墓 豊 暴 未 預 率 略

当用漢字の中から6年生へ（115字）　域 宇 羽 映 沿 灰 街 閣
割 干 巻 看 簡 丸 危 机 揮 弓 吸 泣 胸 郷 筋 径
警 劇 穴 源 呼 好 紅 降 鋼 刻 骨 困 砂 座 裁 冊
姿 誌 磁 射 捨 尺 若 樹 縦 縮 熟 署 将 笑 傷 障
城 蒸 針 垂 寸 染 泉 洗 奏 窓 層 操 臓 宅 担 探
段 暖 値 仲 宙 庁 兆 頂 潮 痛 糖 乳 脳 肺 背 俳
班 晩 批 秘 腹 閉 片 宝 訪 亡 忘 棒 枚 幕 密 模
矢 郵 優 幼 羊 翌 乱 卵 覧 裏 朗

　この先行してよい漢字を学習していくと，第1学年では76字，第2学年まででは221字，第3学年まででは416字，第4学年まででは611字，第5学年まででは806字，第6学年まででは996字となる．

　読み先習については，例えば小学校1学年の項には「学年別配当漢字表」について次の3項目に見られ，その指導方法を知ることができる．

　別表の学年別漢字配当表（以下，「学年別漢字配当表」という．）の第1学年に配当されている漢字を含めて，70字ぐらいの漢字を読むこと．（「読むこと」）

　学年別漢字配当表の第1学年に配当されている漢字を主として，40字くらいの漢字を書くこと．（「書くこと」）

　学年別漢字配当表の第1学年に配当されている漢字以外の漢字を指導する場合は，第2学年に配当されている漢字のうちから選ぶものとする．その際には，＊印を付した漢字を含めるように考慮するものとする．（「内容の取り扱い」）

表2.2 「読むこと」と「書くこと」

	読むこと	書くこと
第1学年	70字ぐらい	40字ぐらい
第2学年	220字ぐらい	140字ぐらい
第3学年	410字ぐらい	310字ぐらい
第4学年	610字ぐらい	500字ぐらい
第5学年	800字ぐらい	680字ぐらい
第6学年	1000字ぐらい	800字ぐらい

また第6学年では次のように書かれている.

　当用漢字別表の漢字を読み，また，当用漢字別表以外の当用漢字を120字ぐらい読むこと．(「読むこと」)

　当用漢字別表の漢字を主として，当用漢字のうち800字ぐらいの漢字を書くこと．(「書くこと」)

　当用漢字別表の漢字以外の当用漢字を指導する場合は，学年別漢字配当表の備考に示す漢字を含めるように考慮するものとする．(「内容の取り扱い」)

各学年による「読むこと」「書くこと」で要請されている漢字の数を示すと表2.2のようになる.

すなわち，「読むこと」においては先行してよい漢字を読めるように，「書くこと」においては「学年別配当表」の約9割強を書けるようにすることが求められているのである.

(3) 昭和52年改訂『小学校学習指導要領』

昭和52 (1977) 年の改訂では再び読み書き同時学習の形に改められた．＊の付された漢字はそのまま下の学年に繰り入れられ，備考漢字もそのまま第6学年の学習漢字とされた (図2.4)．その結果，教育漢字として備考漢字の115字が増加することになり，小学校で学ぶ漢字の総計は996字となった．約13%の増加である．この段階で「学年別漢字配当表」は教育漢字として881字に規定した「当用漢字別表」から独立した形で進むことになる.

昭和33年の「学年別漢字配当表」では第6学年の学習漢字が第3学年や第4学年，第5学年よりも少なかった．しかしこの配当表では漢字が増加したこ

2.「学年別漢字配当表」

第一学年	一 右 雨 円 王 音 下 火 花 学 気 九 休 金 空 月 犬 見 五 口 校 左 三 山 子 四 糸 字 耳 七 車 手 十 出 女 小 上 森 人 水 正 生 青 夕 石 赤 千 川 先 早 足 村 大 男 中 虫 町 天 田 土 二 日 入 年 白 八 百 文 木 本 名 目 立 力 林 六　　　（76字）
第二学年	引 雲 遠 何 科 夏 家 歌 画 回 会 海 絵 貝 外 間 顔 汽 記 帰 牛 魚 京 教 強 玉 近 形 計 元 原 戸 古 午 後 語 工 広 交 光 行 考 高 黄 合 谷 国 黒 今 才 作 算 止 市 思 紙 寺 自 時 室 社 弱 首 秋 春 書 少 場 色 食 心 新 親 図 数 西 声 星 晴 切 雪 船 前 組 走 草 多 太 体 台 池 地 知 竹 茶 昼 長 鳥 朝 通 弟 店 点 電 冬 刀 当 東 答 頭 同 道 読 南 馬 買 売 麦 半 番 父 風 分 聞 米 歩 母 方 北 毎 妹 明 鳴 毛 門 夜 野 友 用 曜 来 楽 里 理 話　　　（145字）
第	悪 安 暗 医 意 育 員 院 飲 運 泳 駅 園 横 屋 温 化 荷 界 開 階 角 活 寒 感 館 岸 岩 起 期 客 究 急 級 宮 球 去 橋 業 曲 局 銀 苦 具 君 兄 係 軽 血 決 県 研 言 庫 湖 公 向 幸 港 号 根 祭 細 仕 死 使 始 指 歯 詩 次 事 持 式 実 写 者 主 守 取

図 2.4　昭和 52（1977）年の「学年別漢字配当表」

三学年	酒 受 州 拾 終 習 週 集 住 重 所 暑 助 昭 消 商 章 勝 乗 植 申 身 神 深 進 世 整 線 全 送 息 族 他 打 対 待 代 第 題 炭 短 着 注 柱 帳 調 直 追 丁 定 庭 鉄 転 都 度 投 島 湯 登 等 動 童 内 肉 農 波 配 畑 発 反 坂 板 皮 悲 美 鼻 氷 表 秒 病 品 負 部 服 福 物 平 返 勉 放 万 味 命 面 問 役 薬 由 油 有 遊 予 洋 葉 陽 様 落 流 旅 両 緑 礼 列 路 和　　　　（195字）
第四学年	愛 案 衣 以 囲 位 委 胃 印 英 栄 塩 央 億 加 貨 課 芽 改 械 害 各 覚 完 官 漢 管 関 観 願 希 季 紀 喜 旗 器 機 議 求 救 給 挙 漁 共 協 鏡 競 極 区 軍 郡 型 景 芸 欠 結 建 健 験 固 功 候 航 康 告 差 菜 最 材 昨 刷 殺 察 参 散 産 残 士 氏 史 司 姉 試 辞 失 借 種 周 宿 順 初 省 唱 照 賞 焼 臣 信 真 成 清 勢 静 席 積 折 節 説 浅 戦 選 然 争 相 倉 想 象 速 側 続 卒 孫 帯 隊 達 単 談 治 置 貯 腸 低 底 停 的 典 伝 徒 努 燈 堂 働 毒 熱 念 敗 倍 博 飯 飛 費 必 筆 票 標 不 夫 付 府 副 粉 兵 別 辺 変 便 包 法 望 牧 末 満 脈 民 約 勇 要 養 浴 利 陸 良 料 量 輪 類 令 冷 例 歴 連 練 老 労 録　　　（195字）
	圧 易 移 因 永 営 衛 益 液 演 往 応 恩 仮 果 河 過 価 賀 快 解 格 確 額 刊 幹 慣 歓 眼 基 寄 規 技 義 逆 久 旧 居 許 境

図 2.4　昭和 52（1977）年の「学年別漢字配当表」(続き)

2.「学年別漢字配当表」

第五学年	興厚示招舌張非貿 均耕志承絶提肥暴 禁構師称銭程備未 句講資証善敵俵務 訓鉱似条祖適評無 群混児状素統貧迷 経査識情総銅布綿 潔再質織造導婦輸 件災舎職像特富余 券妻謝制増得武預 険採授性則徳復容 検際収政測独複率 絹在修精属任仏略 限財衆製損燃編留 現罪祝税退能弁領 減雑述責貸破保 故蚕術績態犯墓 個酸準接断判報 護賛序設築版豊 効支除 比防 (195字)

第六学年	異看警骨需垂尊糖陛欲 遺勤劇因樹推宅届閉翌 城簡穴砂宗寸担難片乱 壱丸兼座就是探弐補卵 宇危憲裁従聖段乳宝覧 羽机権済縦誠暖認訪裏 映揮源冊熟宣値納亡律 延貴厳至純専仲脳忘臨 沿疑己私処染宙派棒朗 可弓呼姿署泉忠拝枚論 我吸誤視諸洗著肺幕 灰泣后詞将奏庁俳密 街供好誌傷窓兆班盟 革胸孝磁障創潮晩模 拡郷皇射城層賃否矢 閣勤紅捨蒸操痛批訳 割筋降尺針蔵展秘郵 株系鋼釈仁臓党腹優 干径刻若 俗討奮幼 巻敬穀 存 羊 (190字)

図 2.4 昭和52（1977）年の「学年別漢字配当表」（続き）

とによって第3学年から第6学年において学習する漢字の数が平均化するように配慮してある．

　　1年　76字　　2年　145字　　3年　195字　　4年　195字
　　5年　195字　　6年　190字

　この改訂では読み書き同時学習になったため，先の学習指導要領による読み先行で学習した漢字までも書かなければならなくなり，書くことの負担が大きくなった．

　　別表の学年別漢字配当表（以下「学年別漢字配当表」という．）の第1学年に配当されている漢字のうち，70字ぐらいの漢字を読み，その大体を書くこと．（第1学年）
　　学年別漢字配当表の第1学年から第6学年までに配当されている漢字を含めて，1,000字ぐらいの漢字を読み，その大体を書くこと．（第6学年）

　なお，この配当表から漢字の字体が教育の現場で使用されている教科書体に変更されている．そのことによって，学習指導要領に「漢字の指導においては，学年別漢字配当表に示す漢字の字体を標準とすること」と明記された．

(4) 平成元年改訂『小学校学習指導要領』

　平成元（1989）年の改訂では，昭和52年の配当表から10字（壱勧歓兼釈需称是俗弐）が削られ，新たに20字（桜激札皿枝飼松盛昔巣装束誕笛豆梅箱並暮夢）が加えられ，総計は10字追加の1006字になった（図2.5）．このように，小学校で学ぶ漢字は当初の881字から996字，そして1006字へと125字増えたことなる．さらに，配当漢字の学年の見直しが行われ，60字が対象となった．

　昭和56（1981）年10月の「常用漢字表」の告示によって，「当用漢字別表」が廃止された．そのことによって，「当用漢字別表」の漢字を削除することが可能となったのである．昭和33（1958）年に「学年別漢字配当表」が定められてから30年経っており，その間の社会や文化の変化に伴い，時代に適した教育漢字の見直しが必要であった．なお漢字の字種の見直しにあたっては，次の4基準によって選定されている．

　　ア　当該学年の児童の日常生活及び学校生活に必要な用語を表現する漢字

第一学年	一 右 雨 円 王 音 下 火 花 貝 学 気 九 休 玉 金 空 月 犬 見 五 口 校 左 三 山 子 四 糸 字 耳 七 車 手 十 出 女 小 上 森 人 水 正 生 青 夕 石 赤 千 川 先 早 草 足 村 大 男 竹 中 虫 町 天 田 土 二 日 入 年 白 八 百 文 木 本 名 目 立 力 林 六 (80字)
第二学年	引 羽 雲 園 遠 何 科 夏 家 歌 画 回 会 海 絵 外 角 楽 活 間 丸 岩 顔 汽 記 帰 弓 牛 魚 京 強 教 近 兄 形 計 元 言 原 戸 古 午 後 語 工 公 広 交 光 考 行 高 黄 合 谷 国 黒 今 才 細 作 算 止 市 矢 姉 思 紙 寺 自 時 室 社 弱 首 秋 週 春 書 少 場 色 食 心 新 親 図 数 西 声 星 晴 切 雪 船 線 前 組 走 多 太 体 台 地 池 知 茶 昼 長 鳥 朝 直 通 弟 店 点 電 刀 冬 当 東 答 頭 同 道 読 内 南 肉 馬 売 買 麦 半 番 父 風 分 聞 米 歩 母 方 北 毎 妹 万 明 鳴 毛 門 夜 野 友 用 曜 来 里 理 話 (160字)
	悪 安 暗 医 委 意 育 員 院 飲 運 泳 駅 央 横 屋 温 化 荷 界 開 階 寒 感 漢 館 岸 起 期 客 究 急 級 宮 球 去 橋 業 曲 局

図 2.5 平成元 (1989) 年の「学年別漢字配当表」

第三学年	皿祭根号港幸向湖庫県研決血軽係君具苦区銀 州受酒取守主者写実式持事次詩歯指使死仕 神身申植乗勝商消昭助暑所宿重住集習終拾 題第代待対打他速息想送相全昔整世進深真 島豆投度都転鉄笛庭定追調帳丁柱注着談短炭 筆鼻美悲皮板坂反発畑箱倍配波農童動等登湯 薬役問面命味放勉返平物福服部負品病秒表氷 和路練列礼緑両旅流落様陽葉洋羊予遊有油由

(200字)

第四学年	害械改芽課貨果加億塩栄英印胃囲位衣以案愛 救泣求議機器旗喜紀季希願観関管官完覚各街 験健建結欠芸景型径郡軍訓極競鏡協共漁挙給 残散産参察殺刷札昨材最菜差告康航候好功固 象焼唱笑松初順祝周種借失辞治児試司史氏士 巣倉争然選戦浅説節折積席静清省成信臣賞照 伝典的停底低腸兆貯仲置単隊達帯孫卒続側束 不民脈未満末牧望法包変辺別兵粉副府付夫

図 2.5 平成元（1989）年の「学年別漢字配当表」（続き）

	約 勇 要 養 浴 利 陸 良 料 量 輪 類 令 冷 例 歴 連 老 労 録 （200字）
第五学年	圧 移 因 永 営 衛 易 益 液 演 応 往 桜 恩 可 仮 価 河 過 賀 快 解 格 確 額 刊 幹 慣 眼 基 寄 規 技 義 逆 久 旧 居 許 境 均 禁 句 群 経 潔 件 券 険 検 限 現 減 故 個 護 効 厚 耕 鉱 構 興 講 混 査 再 災 妻 採 際 在 財 罪 雑 酸 賛 支 志 枝 師 資 飼 示 似 識 質 舎 謝 授 修 述 術 準 序 招 承 証 条 状 常 情 織 職 制 性 政 勢 精 製 税 責 績 接 設 舌 絶 銭 祖 素 総 造 像 増 則 測 属 率 損 退 貸 態 団 断 築 張 提 程 適 敵 統 銅 導 徳 独 任 燃 能 破 犯 判 版 比 肥 非 備 俵 評 貧 布 婦 富 武 復 複 仏 編 弁 保 墓 報 豊 防 貿 暴 務 夢 迷 綿 輸 余 預 容 略 留 領 （185字）
第六学年	異 遺 域 宇 映 延 沿 我 灰 拡 革 閣 割 株 干 巻 看 簡 危 机 揮 貴 疑 吸 供 胸 郷 勤 筋 系 敬 警 劇 激 穴 絹 権 憲 源 厳 己 呼 誤 后 孝 皇 紅 降 鋼 刻 穀 骨 困 砂 座 済 裁 策 冊 蚕 至 私 姿 視 詞 誌 磁 射 捨 尺 若 樹 収 宗 就 衆 従 縦 縮 熟 純 処 署 諸 除 将 傷 障 城 蒸 針 仁 垂 推 寸 盛 聖 誠 宣 専 泉 洗 染 善 奏 窓 創 装 層 操 蔵 臓 存 尊 宅 担 探 誕 段 暖

図 2.5　平成元 (1989) 年の「学年別漢字配当表」(続き)

| 年 | 値 宙 忠 著 庁 頂 潮 賃 痛 展 討 党 糖 届 難 乳 認 納 脳 派
拝 背 肺 俳 班 晩 否 批 秘 腹 奮 並 陛 閉 片 補 暮 宝 訪 亡
忘 棒 枚 幕 密 盟 模 訳 郵 優 幼 欲 翌 乱 卵 覧 裏 律 臨 朗
論　　　　　　　　　　　　　　　　　　　　　　　（181字） |

図 2.5　平成元（1989）年の「学年別漢字配当表」（続き）

であること．その際，国民としての将来の社会生活に必要な用語を表現する漢字についても考慮すること．
イ　当該学年の国語科及び他教科において必要な学習用語を表現する漢字であること．
ウ　当該学年の児童にとって従来の習得率や定着率からみて無理のない漢字であること．
エ　漢字の字形及び字種について，次の事項を考慮すること．
　（ア）漢字の構成上基本的なものであること．
　（イ）意味上の対応関係からみて適切な漢字であること．
（『新訂 小学校学習指導要領の解説と展開 国語編』による）

1年80字（4字増）
　増加分…貝玉草竹（2年から4字）
2年160字（15字増）
　増加分…園角活岩兄言公細週線直内肉万（3年から14字），姉（4年から1字），羽丸弓矢（6年から4字）　計19字
　減少分…貝玉草竹（1年へ4字）　計4字
3年200字（5字増）
　増加分…委央漢区宿真相想速談倍筆練（4年から13字），羊（6年から1字），皿昔豆箱笛（新規5字）　計19字
　減少分…園角活岩兄言公細週線直内肉万（2年へ14字）　計14字
4年200字（5字増）
　増加分…果訓児祝得特未無（5年から8字），街泣径好笑仲兆（6年から

7字），札松巣束梅（新規5字）　計20字
　　　減少分…勢（5年へ1字），委央漢区宿真相想速談倍筆練（3年へ13字），
　　　　　　姉（2年へ1字）　計15字
　5年 185字（10字減）
　　　増加分…可（6年から1字），勢（4年から1字），桜枝飼夢（新規4字）
　　　　　　計6字
　　　減少分…絹蚕収衆除善（6年へ6字），果訓児祝得特未無（4年へ8字），
　　　　　　歓称（削除2字）　計16字
　6年 181字（9字減）
　　　増加分…絹蚕収衆除善（5年から6字），激盛装誕並暮（新規6字）　計
　　　　　　12字
　　　減少分…羽丸弓矢（2年へ4字），羊（3年へ1字），街泣径好笑仲兆（4
　　　　　　年へ7字），可（5年へ1字），壱勧兼釈需是俗弐（削除8字）
　　　　　　計21字

　学年配当の漢字字数の見直しにおいては，低学年の配当字数を増やし，高学年の配当字数を減らしている．これは，低学年で読み書きの基礎を養い，また早期に多くの漢字を提出することによって，それを繰り返して学習する効果を期待したものである．学習指導要領には漢字の指導について次のように述べられている．

　　ア　学年ごとに配当されている漢字は，原則として当該学年で指導することとするが，必要に応じて1学年前の学年又は1学年後の学年において指導することもできる．
　　イ　当該学年よりも後の学年に配当されている漢字及びそれ以外の漢字を必要に応じて提示する場合は，振り仮名を付けるなど，児童の学習負担が加重にならないように十分配慮すること．

　漢字の字数を低学年で増加させ高学年で減少させたことによって，状況に応じて自由に裁量できるようになっている．また，昭和56（1981）年の「常用漢字表」の告示では，「当用漢字表」で禁止されていた振り仮名使用について触れられていないことによって，授業においても振り仮名の使用が認められたのである．

(5) 平成10年改訂『小学校学習指導要領』

平成10 (1998) 年改訂の『小学校学習指導要領』では「学年別漢字配当表」の変更はなかったが，漢字指導について変更が行われた．第6学年を例に挙げると，次のような違いが見られる（平成10年の改訂では2学年ごとにまとめられている）．

・学年別漢字配当表の第1学年から第6学年までに配当されている漢字を主としてそれらの漢字を読みその大体を書くこと．（平成元年）
・第5学年及び第6学年の各学年においては，学年別漢字配当表の当該学年までに配当されている漢字を読むこと．また，当該学年の前の学年までに配当されている漢字を書き，文や文章の中で使うとともに，当該学年に配当されている漢字を漸次書くようにすること．（平成10年）

平成元年の改訂では読み書き同時学習であったが，平成10年の改訂では当該学年の漢字を読むことが義務づけられ，書くことについては1学年前の漢字が書ければよいとしており，漢字を書くことが読むことに対して下位に置かれるようになった．その背景には，ゆとり教育ならびに小学校でのコンピュータ学習の影響が考えられる．コンピュータの導入によって漢字変換ができればよいという考えも広がってきていた．

なお，平成元年の学習指導要領で付された前後の学年の漢字を学習できる弾力ある運用については，この学習指導要領においても引き続き明記されており，生徒の状況に応じて学校の裁量に任せられる部分が大きくなっている．

(6) 平成20年改訂『小学校学習指導要領』

平成20 (2008) 年の改訂では古典充実など伝統的な言語文化が大きく謳われた．漢字はこれまで「言語事項」で扱われていたが，この改訂では「伝統的な言語文化と国語の特質に関する事項」が新たに設けられ，そこで扱われることになった．「学年別漢字配当表」に関しては変更はなかった．これは現在，常用漢字の見直しが行われていることによる（次章9節参照）．そのため，平成10年のものをほぼ受け継いでいる．変更としては，例えば第5学年，第6

学年の項を挙げると，下線部のようなわずかな箇所である．

> また，当該学年の前の学年までに配当されている漢字を書き，文や文章の中で使うとともに，当該学年に配当されている漢字を漸次書くようにすること．（平成10年）
> また，当該学年の前の学年までに配当されている漢字を書き，文や文章の中で使うとともに，当該学年に配当されている漢字を漸次書き，文や文章の中で使うこと．（平成20年）

(7) 小学校における漢字指導の変化

昭和23 (1948) 年に告示された「当用漢字別表」は，その最初のところに「当用漢字表の中で，義務教育の期間に読み書きともにできるように指導することが必要であるもの」と記されていた．しかし，昭和31 (1956) 年に作成された「学年別漢字配当表」では，先に述べたように小学校の6年間で「当用漢字別表」のすべての漢字の読み書きを学習するように配当されていた．また学習指導要領の改訂によって，漢字の追加や配当の学年変更などが行われた．その変更についてまとめると下記および表2.3のようになる．

> 昭和33 (1958) 年　「学年別漢字配当表」の運用　881字　読み書き同時学習　（その他の当用漢字969字）
> 昭和43 (1968) 年　881字　第6学年に備考漢字として115字追加 (996字)　読み先習　（その他の当用漢字854字）
> 昭和52 (1977) 年　996字　読み書き同時学習　（その他の当用漢字854字）
> 平成元 (1989) 年　1006字　読み書き同時学習　（その他の常用漢字939字）
> 平成10 (1998) 年　1006字　書くことの比重が軽くなる
> 平成20 (2008) 年　1006字　平成10年度のものを継承

表 2.3　学習指導要領改訂による漢字数の変化

学習指導要領	漢字数						
	1年	2年	3年	4年	5年	6年	合計
昭和33年	46	105	187	205	194	144	881
昭和43年	46	105	187	205	194	144	881*
昭和52年	76	145	195	195	195	190	996
平成元年	80	160	200	200	185	181	1006
平成10年	80	160	200	200	185	181	1006
平成20年	80	160	200	200	185	181	1006

*他に備考漢字115字.

　読み書きともにできるようにということで，読み書き同時学習が行われた．しかし学習する漢字が少ないことから備考漢字が示され，それによって読み先習への変更が生じた．そして，その備考漢字が「学年別漢字配当表」に収められたことにより再び読み書き同時学習に戻った．しかし学校教育におけるゆとり教育ならびにコンピュータの普及による影響で書くことの比重が軽くなってきている．このように学習指導要領が改訂されるたびに漢字学習の方針が変更されてきたのである．

3. 中学校における漢字指導

(1) 読むことの指導

　「当用漢字別表」は義務教育期間において読み書きできるように指導すべき漢字の一覧表であった．先に小学校での漢字指導の動きを示したが，このような動きに対して，中学校ではどのように連動していったのか，まず漢字の読みについて見ていく．

　1年　昭和33年　当用漢字別表の漢字の読みに慣れ，その他のおもな当用漢字が読めるように努めること．

　　　　昭和44年　当用漢字別表の漢字および小学校学習指導要領第2章第1節国語の学年別漢字配当表の備考に示す漢字（以下この節において「備考の漢字」という.）の読みに慣れ，さらにその他の当用漢字を250字ぐらいから350字ぐらい

		まで読むこと．
	昭和 52 年	小学校学習指導要領第 2 章第 1 節国語の学年別漢字配当表（以下「学年別漢字配当表」という．）に示す漢字の読みに慣れ，更にその他の当用漢字 250 字ぐらいから 300 字ぐらいまで読むこと．
	平成元年	小学校学習指導要領第 2 章第 1 節国語の学年別漢字配当表（以下「学年別漢字配当表」という．）に示す漢字の読みに慣れ，更にその他の常用漢字のうち 250 字程度から 300 字程度までの漢字を読むこと．
	平成 10 年	小学校学習指導要領第 2 章第 1 節国語の学年別漢字配当表（以下「学年別漢字配当表」という．）に示されている漢字に加え，その他の常用漢字のうち 250 字程度から 300 字程度までの漢字を読むこと．（平成 20 年も同じ）
2 年	昭和 33 年	当用漢字別表以外のおもな当用漢字が読めるようになること．
	昭和 44 年	第 1 学年で学習した当用漢字の読みに慣れ，さらにその他の当用漢字を 300 字ぐらいから 400 字ぐらいまで読むこと．
	昭和 52 年	第 1 学年で学習した当用漢字の読みに慣れ，更にその他の当用漢字を 300 字ぐらいから 350 字ぐらいまで読むこと．
	平成元年	第 1 学年で学習した常用漢字の読みに慣れ，更にその他の常用漢字のうち 300 字程度から 350 字程度までの漢字を読むこと．
	平成 10 年	第 1 学年までに学習した常用漢字に加え，その他の常用漢字のうち 300 字程度から 350 字程度までの漢字を読むこと．（平成 20 年も同じ）
3 年	昭和 33 年	当用漢字別表以外のおもな当用漢字に読み慣れること．また，その他の当用漢字も読めるように努めること．
	昭和 44 年	第 2 学年までに学習した当用漢字の読みに慣れるととも

　　　　　　　に，その他の当用漢字を読むこと．
　昭和 52 年　　第 2 学年までに学習した当用漢字の読みに慣れ，更にその他の当用漢字も読むこと．
　平成元年　　　第 2 学年までに学習した常用漢字の読みに慣れ，更にその他の常用漢字の大体を読むこと．
　平成 10 年　　第 2 学年までに学習した常用漢字に加え，その他の常用漢字の大体を読むこと．（平成 20 年も同じ）

　昭和 31 年に作成された「学年別漢字配当表」によって，義務教育で学ぶべき漢字の学習がすべて小学校で行われることになった．昭和 33 年の学習指導要領では，中学校では「当用漢字別表」以外の当用漢字についておもな当用漢字というだけで漠然としたものであった．

　昭和 44 年においてはおもな当用漢字の数が明確に示された．備考漢字として 115 字を挙げたことにより，数字を出す必要性が生じたのであろう．第 1 学年の段階で 250 ～ 350 字の追加，第 2 学年でさらに 300 ～ 400 字の追加がなされており，2 年間で 550 ～ 750 字の追加になる．「学年別漢字配当表」（備考漢字を含む）以外の当用漢字が 854 字であるから，そのうちの約 64 ～ 88% を習得することになる．

　昭和 52 年の小学校学習指導要領で備考漢字がそのまま「学年別漢字配当表」に組み込まれ，小学校で学習する漢字が 115 字増えた．また読み先習から読み書き同時学習となった．そのためか，昭和 52 年では，第 1 学年で 250 ～ 300 字，第 2 学年で 300 ～ 350 字の追加であり，2 年間で 550 ～ 650 字の追加となっており，昭和 44 年よりも少なくなっている．

　平成元年には再び「学年別漢字配当表」が見直され，10 字追加され 1006 字となったが，「当用漢字表」から「常用漢字表」への移行によって漢字表自体としては 90 字の増加になっている．しかし，学習する漢字の字数は昭和 52 年と同じであり，第 2 学年までの「学年別漢字配当表」以外の漢字の学習の比率は実質的には減少していることになる．平成 10 年（平成 20 年）も基本姿勢は平成元年と同じであり，表現が少し異なっている程度である．

(2) 書くことの指導

　読むことの指導においては，「学年別漢字配当表」以外の当用漢字や常用漢字にまで及び，第2学年までに「当用漢字表」の8～9割，「常用漢字表」の約8割が読めるように求められていた．さらに第3学年までには漢字表の大体が読めるようになることが期待されていた．中学校において，書くことについては下記のような目標が立てられている．

1年　昭和33年　当用漢字別表の漢字の全部が書けるように努め，表記のしかたに注意し，くぎり符号などを正しく使うこと．

　　　昭和44年　当用漢字別表の漢字および備考の漢字のうち，900字程度の漢字を書くこと．なお，それ以外に上記ア（注．読むことにおける，その他の当用漢字250字ぐらいから350字ぐらいまで）で学習した当用漢字についても，必要な場合，適切に用いるように努めること．

　　　昭和52年　学年別漢字配当表の漢字のうち900字程度の漢字を書くこと．なお，それ以外に上記ア（注．読むことにおける，その他の当用漢字250字ぐらいから300字ぐらいまで）で学習した当用漢字についても，必要な場合，適切に用いるように努めること．

　　　平成元年　学年別漢字配当表の漢字のうち900字程度の漢字を書き，文章の中で適切に使うようにすること．

　　　平成10年　学年別漢字配当表の漢字のうち900字程度の漢字を書き，文や文章の中で使うこと．（平成20年も同じ）

2年　昭和33年　当用漢字別表の漢字の全部が書け，表記のしかたに慣れ，くぎり符号などを適切に使うこと．

　　　昭和44年　当用漢字別表の漢字および備考の漢字を主として，1,000字程度の当用漢字を書くこと．なお，それ以外に上記ア（注．読むことにおける，第1学年に学習した漢字に加えその他の当用漢字300字ぐらいから400字ぐらいまで）で学習した当用漢字についても，必要な場合，適切に用いるように努めること．

	昭和52年	学年別漢字配当表の漢字を主として，1,000字程度の漢字を書くこと．なお，それ以外に上記ア（注．読むことにおける，その他の当用漢字300字ぐらいから350字ぐらいまで）で学習した当用漢字についても，必要な場合，適切に用いるように努めること．
	平成元年	学年別漢字配当表の漢字を身に付け，文章の中で適切に使うようにすること．
	平成10年	学年別漢字配当表の漢字のうち950字程度の漢字を書き，文や文章の中で使うこと．
	平成20年	学年別漢字配当表に示されている漢字を書き，文や文章の中で使うこと．
3年	昭和33年	当用漢字別表の漢字を使いこなすこと．
	昭和44年	当用漢字別表の漢字および備考の漢字を主として，1,000字程度の当用漢字を使いこなすこと．なお，それ以外に上記ア（注．読むことにおける，第2学年までに学習した漢字に加えその他の当用漢字）で学習した当用漢字も，必要な場合，適切に用いるように努めること．
	昭和52年	学年別漢字配当表の漢字を主として，1,000字程度の当用漢字について使い慣れること．なお，それ以外に上記ア（注．読むことにおける，第2学年までに学習した漢字に加えその他の当用漢字）で学習した当用漢字についても，必要な場合，適切に用いるように努めること．
	平成元年	学年別漢字配当表に示されている漢字について使い慣れ，漢字を文章の中で適切に使うようにすること．
	平成10年	学年別漢字配当表に示されている漢字を書き，文や文章の中で使うこと．
	平成20年	学年別漢字配当表に示されている漢字について，文や文章の中で使い慣れること．

　書くことにおける中学校卒業段階の最低の目標は，「学年別漢字配当表」に示されている漢字を使いこなせるようになることと考えられる．これは，「学

年別漢字配当表」のもとになった「当用漢字別表」の漢字を義務教育期間に読み書きできるようにするのが目標であったことと呼応している．ただし，読みに関しては先に見たように「当用漢字表」や「常用漢字表」の8割以上を読めることを目標にしているのに対し，書くことにおいては進歩がないように思われる．つまり「学年別漢字配当表」は，読むことに対しては小学校段階の目標，書くことに対しては中学校段階の目標となっているようである．第1学年段階における900字は「学年別漢字配当表」の996字あるいは1006字の約90%を目標にし，第2〜第3学年で100%に近づけるようにしている．なお平成10年は，ゆとり教育の影響と思われるが，第2学年で約95%にしてある．

　昭和43年，昭和52年の小学校の学習指導要領では読み書き同時学習であったことにより，昭和44年，昭和52年の中学校の学習指導要領でも読み書き同時学習を目指していた．この段階では，「学年別漢字配当表」の漢字はあくまでも最低限のものであり，中学校3年間で読めるようになった550〜650字程度の漢字を適切に使えるようになることが求められていた．それに対し，平成元年以降は最低限として「学年別漢字配当表」の漢字が示されているだけであり，それ以上については触れられていないのである．

(3) 教科書の実態

　現在の中学校の学習指導要領では，読むことの指導として，第1学年では「学年別漢字配当表」以外の常用漢字から250字程度から300字程度までの漢字を，第2学年では第1学年で学習した常用漢字に加え300字から350字程度までの漢字を，第3学年では今まで学習した常用漢字に加え，その他の大体を読むことと記されている．教科書ではどのように扱われているのかを，宮城県の中学校で採用されている次の5社の教科書で確認してみる．いずれも2008年版を使用した．

　　　三省堂　　　『現代の国語』1・2・3
　　　東京書籍　　『新編 新しい国語』1・2・3
　　　光村図書　　『国語』1・2・3
　　　教育出版　　『伝え合う言葉』1・2・3
　　　学校図書　　『中学校国語』1・2・3

表 2.4 教科書における学年配当漢字数

	三省堂	東京書籍	光村図書	教育出版	学校図書
1年	313	315	300	313	331
2年	271	318	350	313	351
3年	295	256	229	313	257
資料	60	50	60		

　いずれの教科書も付録として「常用漢字表」を掲載している．「学年別漢字配当表」以外の常用漢字939字の扱いについては教科書によって異なっている．教育出版や学校図書ではすべての漢字を単元の中に出現させている．光村図書は，まれにしか使用しない常用漢字を扱うために学習を広げる資料として「常用漢字表について」という項を設け，なぜ「常用漢字表」にあまり使用しない漢字も含まれているかを説明しながらすべての漢字を掲出している．「本文に提出しなかった漢字」をまとめて掲出する東京図書や，「常用漢字表」に学年を付けていない漢字は中学校3年間の教科書に出現しなかった漢字であることを示す三省堂もある．光村図書の「常用漢字表について」に掲出されている漢字や，東京書籍や三省堂のような本文中に出現しなかったものを「資料」として扱い，それぞれの会社の学年配当漢字数を示すと表2.4のようになる．

　中学校には小学校のような「学年別漢字配当表」がないので，例えば「常用漢字表」の最初の漢字である「亜」を，第1学年で学習する三省堂・光村図書，第2学年で学習する学校図書，第3学年で学習する東京書籍・教育出版のように，教科書会社によって学年配当が異なっている．したがって，学年ごとの全国統一的な漢字の書き取りの試験は行えないことになる．さらに，教科書で扱わない漢字もあるので，高校入試では，小学校で学ぶ「学年別漢字配当表」に示されている漢字以外の書き取りの出題はむずかしくなる．

(4) 教科書における使用度の低い漢字の取扱い

　三省堂や東京書籍の教科書では，中学3年間の教科書の本文に出現しなかった常用漢字については，「資料」として別の扱いがされていた．そこに掲出されている漢字はそれぞれ次のものである．

　　三省堂（60字）　尉　疫　謁　虞　餓　拐　劾　喝　褐　且　棺　艦　侯

拷 宰 嗣 璽 赦 爵 囚 淑 殉 詔 娠 甚 帥 逝 禅 曹
葬 賊 胎 嫡 勅 朕 亭 貞 逓 艇 迭 奴 痘 屯 尼 妊
陪 閥 妃 罷 扶 附 膚 丙 某 濫 吏 痢 虜 隷 賄

東京書籍（50字）　尉 姻 翁 拐 款 恭 勲 繭 酵 拷 宰 桟
嗣 賜 璽 爵 殉 遵 詔 礁 娠 窃 銑 曹 痴 嫡 勅 朕
貞 逓 屯 尼 妊 婆 媒 畔 頒 妃 賓 附 賦 奉 俸 某
剖 盲 耗 窯 虜 賄

　光村図書では先に述べたように，資料の項に「常用漢字表について」を立て，普通にはあまり用いられていないものについて，その理由とともに列挙している（下線の付いた漢字は，この教科書において新出漢字として扱われていないもの）．

・度量衡の単位や数字などを表す漢字
　　斗 升 勺 匁 斤 厘 坪 畝 壱 弐　など

・天皇や皇族，外国の貴族などに用いる漢字
　　朕　妃（皇太子妃）　爵（伯爵　男爵）　璽（玉璽）　詔勅　など

・普通は仮名で書き表す漢字
　　且つ　但し　又　など

・法律や官庁などで用いる専門用語に使われる漢字
　　罷（罷免）　款（約款）　轄（所轄）　嗣（嗣子）　准（批准）
　　姻（婚姻）　嫡（嫡流）　窃（窃盗）　逮（逮捕）　扶（扶養）
　　附（寄附）　猶（猶予）　拐（拐帯）　劾（弾劾）　謄（戸籍謄本）
　　酌（情状酌量）　など

・意味や用法がある程度限られている漢字
　　拷（拷問）　嚇（威嚇）　迭（更迭）　痘（種痘）　謁（謁見）
　　錘（紡錘）　銑（銑鉄）　遵（遵守）　帥（統帥）　硫（硫酸）
　　矯（矯正）　桟（桟橋）　翁（老翁）　侯（王侯）　塑（塑像）
　　搭（搭載）　屯（駐屯）　嬢（令嬢）　痢（赤痢）　抹（抹消）
　　貞（貞淑）　痴（愚痴）　婆（老婆）　儒（儒学）　崎（〜崎）
　　逓（郵逓）　曹（法曹界）　奴隷　妊娠　繭　尼　唐　乙
　　丙　など

教科書の単元に組み込んでいるのは教育出版と学校図書である．教育出版では，「漢字文化についての知識を増やし，日本語における漢字の役割を考える」ことをねらいとして，「漢字工房」を設けている．そこには，「歴史」，「公民・社会・法律」，「理科」や「語の構成」の項が設けられていて，限定された分野や熟語でしか使用しない漢字を紹介している．また，学校図書では「文字を見抜く」や「漢字と語を見抜く練習」というコラムを設けている．そこでは「常用漢字表の話」ということで，「常用漢字表」に例の示されていない漢字として「昭・勺・朕・匁」の4字があることを紹介したり，日本国憲法に出てくる漢字を読ませる問題が出されている．また，「漢字のリレー」などにおいて熟語でしか使用しないような漢字を問題として掲出している．

　このように各教科書においては，『中学校学習指導要領』に示された「常用漢字の大体を読むこと」を満たすために，すべての漢字をなんとか掲出しようといろいろと苦慮している様子がうかがえる．

　なお，中学校を卒業して高等学校に入学するが，高等学校の国語においては「常用漢字に読み慣れ，主な常用漢字が書けるようになること」（平成元年『高等学校学習指導要領』，平成10年も同じ）が目標となっている．平成元年以降の中学校段階における漢字を書くことの状況からすると，「学年別漢字配当表」以外の常用漢字が「学年別漢字配当表」の漢字（1006字）にほぼ近い数（939字）であることから，高等学校での漢字学習は厳しいものと考えられる．しかし，中学校の教科書には新出漢字に筆順が示されており，また授業でも漢字の書き取りを行っているようである．そのような実態からすると，高等学校で特に新しく学習する漢字はないことになる．ただし，漢字の音訓の学習については「音訓の小・中・高等学校段階別割り振り表」があり，高等学校段階と示された音訓だけが新たな学習対象であると考えられる．学習指導要領から見れば高等学校在学時における漢字学習は大変厳しいものと思われるが，大学入学試験における漢字の書き取りは，漢字の字種だけの問題でいえば，ほとんどのものが中学生にも書ける範囲なのである．

郵 便 は が き

料金受取人払

牛込局承認

1146

差出有効期間
2009年
8月31日まで

切手を貼らずこのままお出し下さい

162-8790

東京都新宿区新小川町6-29

株式会社 朝倉書店

愛読者カード係 行

●本書をご購入ありがとうございます。今後の出版企画・編集案内などに活用させていただきますので,本書のご感想また小社出版物へのご意見などご記入下さい。				
フリガナ お名前		男・女	年齢	歳
〒 ご自宅	電話			
E-mailアドレス				
ご勤務先 学 校 名		(所属部署・学部)		
同上所在地				
ご所属の学会・協会名				
ご購読　・朝日　・毎日　・読売 新聞　・日経　・その他(　　　)		ご購読 雑誌	(　　　　　　　)	

| 書名 | 現代日本語の世界 3
現 代 漢 字 の 世 界 | 51553 |

本書を何によりお知りになりましたか

1. 広告をみて（新聞・雑誌名　　　　　　　　　　　　　　　）
2. 弊社のご案内
   （●図書目録●内容見本●宣伝はがき●E-mail●インターネット●他）
3. 書評・紹介記事（　　　　　　　　　　　　　　　　　　）
4. 知人の紹介
5. 書店でみて

お買い求めの書店名　（　　　　　　　市・区　　　　　　　書店）
　　　　　　　　　　　　　　　　　　　町・村

本書についてのご意見

今後希望される企画・出版テーマについて

図書目録，案内等の送付を希望されますか？　　　　・要　・不要
　　　　　　　・図書目録を希望する
ご送付先　・ご自宅　・勤務先
E-mailでの新刊ご案内を希望されますか？
　　　　　・希望する　・希望しない　・登録済み

ご協力ありがとうございます。ご記入いただきました個人情報については、目的以外の利用ならびに第三者への提供はいたしません。

4. 筆順の指導

(1) 筆順の制定

　漢字の筆順は，昭和33（1958）年の『筆順指導の手びき』によって明確に定められた．それまでは，漢字の筆順に関しては統一的なものがなく慣習的に行われてきた．そのために，ある漢字に対して，個人間でもまた書家の間でも異同が見られたりした．しかし教育の現場においては，筆順が不統一であると，筆順が軽視され，その結果，漢字が正しく習得されなくなる嫌いがあった．また漢字の形が整わないなどの弊害も生じていた．

　戦後になって学習指導要領が作成されるようになる．最初の昭和22（1947）年の『小学校学習指導（試案）』では，筆順については「書きかた」において次のように見られる程度である．

　　文字（ひらがな，かたかな，漢字，ローマ字）の形と筆順とが，おのずからわかっていく．（一般目標）

　　字形を正確にその筆順をよく会得させる．（小学校の一，二，三学年の段階）

　次の昭和26（1951）年改訂の『小学校学習指導要領（試案）』になると筆順に関する記述が多くなる．

　　共通的な筆順で，正しく，読みやすく，効果的に書くことができる．（小学校における国語科学習指導の目標）

　　文字に筆順のあることがわかり，筆順によって書けるように導く．（第1学年）

　　習慣によるだいたいの筆順によって大きく書かせる．（第1学年）

　　文字を組み立てる基本の形（へん・つくり・かんむり）がわかり，標準的な筆順で書けるようにする．（第3学年）

　まだ筆順の手びき書のような共通のよりどころがないために，ここでは「標準的な」とか「習慣によるだいたい」というような表現が用いられている．共通のよりどころとして，教育的な観点から，文部省は昭和33年3月に教育漢字881字に対して『筆順指導の手びき』を発行し，統一的な筆順を制定した．この段階で初めて正しい筆順が示されることになったのである．筆順を体系化

するために，この『筆順指導の手びき』は二つの大原則と八つの原則を立てている（原則1のcとdの「耕」の配置に誤りがあり，訂正した）．

大原則1　上から下へ：　上から下へ（上の部分から下の部分へ）書いていく．

　a　上の点画から書いていく（三・言，工など）

$$三（一　二　三）　　工（一　丁　工）$$

　b　上の部分から書いていく（喜，客，築など）

$$喜（亠　吉　青　豆　喜）　　客（宀　安　客）　　築（𥫗　筑　築）$$

大原則2　左から右へ：　左から右へ（左の部分から右の部分へ）書いていく．

　a　左の点画から書いていく（川・順・州，学・挙・魚，帯，脈など）

$$川（丿　丿　川）　　学（丶　丷　⺍）　　帯（一　卄　丗　世）$$

$$脈（丿　亻　⺼）$$

　b　左の部分から書いていく（竹・羽，休・林・語，例・側・湖・術など）

$$竹（ケ　竹）　　休（亻　休）　　例（亻　伢　例）$$

原則1　横画がさき：　横画と縦画とが交差する場合は，ほとんどの場合，横画をさきに書く．

　a　横・縦の順（十・計・古・支・草，土・圧・至・舎・周，士・志・古・喜，七・切，大・太，告・先・任・庭，木・述，寸・寺など）

$$十（一　十）　　土（一　十　土）　　士（一　十　士）$$

$$七（一　七）　　大（一　ナ　大）　　告（丿　⺧　𠂉　生）$$

$$木（一　十　木）　　寸（一　寸　寸）$$

　b　横・縦・縦の順（共・散・港，編・花・荷，算・形・鼻，帯，無など）

共(一 卄 共)　編(冂 冃 冊)　花(一 艹)
算(一 艹)　帯(一 卄 卅 丗)　無(一 無 無)

c　横・横・縦の順（用・通，末・未・妹，耕，夫・春・実など）

用(冂 月 用)　耕(三 丰 耒)　夫(二 チ 夫)

d　横・横・縦・縦の順（耕・囲など）

耕(二 井)

原則2　横画があと：　横画と縦画とが交差したときは，次の場合に限って，横画をあとに書く．

a　田（男・異・町・細など）

田(冂 冂 用 田)

b　田の発展したもの（由・油・黄・横・画，曲・豊・農，角・解，再・構など）

由(冂 巾 由 由)　曲(冂 巾 冊 曲 曲)
角(冂 冂 月 用)　再(冂 币 再 再)

c　王（王・玉・主・美・差・義など）

王(一 丁 干 王)

d　王の発展したもの（進・雑・集・確・観，馬・駅，寒・構，生・麦・表・清・星など）

王※(一 丁 干 手 王)　進(亻 什 汁 隹)　馬(厂 冂 馬 馬)
丯※(一 十 卄 井 丯)　主※(一 十 キ 主)

原則3　中がさき：　中と左右があって，左右が1，2画である場合は，中をさきに書く．（小・少・京・示・宗・糸・細，当・光・常，水・氷・永，緑・暴・衆，業，赤・変・楽・薬，承・率など）

小（亅小小）　当（｜丶ツ）　水（亅オ水）

氷※（亅刁氷）　承※（丁孑承）　業（"　"'　业）

赤（ノ刀かヽ）　楽（白泊冶）　承（孑孑承）

〔例外〕性，火・秋・炭・焼など

忄（丶ｲｲ忄）　火（丶ｲ火）

原則4　外側がさき：「くにがまえ」のように囲む形をとるものは，さきに書く．（国・因，同・円，内・肉・納，司・詞・羽，日，月，目，田など）

国（冂国国）　同（冂同）　内（冂内）　司（コ司）

（注）「区」は次のように書く．「医」も同じ．

区（一ヌ区）

原則5　左払いがさき：左払いと右払いとが交差する場合は，左払いをさきに書く．（文・父・故・支・収・処，人，入，欠，金など）

文（一ナ文）

原則6　つらぬく縦画は最後：字の全体をつらぬく縦画は，最後に書く．（中・申・神・車・半・事・建，書・妻，平・評・羊・洋・達・拝，手・争，里・野・黒，重・動，謹・勤，漢・難など）

中（口中）　書（䒑圭）　平（乊平）

手（三手）　里（曰甲里）　重（亠重重）

謹（艹䒑菫）　漢（艹莫莫）

原則7　つらぬく横画は最後：字の全体をつらぬく横画は，最後に書く．（女・安・努，子・字・存，母・毎・海・慣，舟・船，与など）

女（乂女）　子（了子）

（注）「世」だけは違う．

世（一廿世）

原則8　横画と左払い：　横画が長く，左払いが短い字では，左払いをさきに書く．（右・有・布・希など）

右（ノナ右）

横画が短く，左払いが長い字では，横画をさきに書く．（左・友・在・存・抜など）

左（一ナ左）

　しかし，これらの原則にあてはまらない字があるために，「特に注意すべき筆順」として，「広く用いられる筆順が，二つ以上にあるものについて」と「原則では説明できないもの」とが挙げられている．前者としては，①「上点店」，②耳偏のもの（「取最職厳」），③「必」（図2.6），④「はつがしら」のもの（「発登」），⑤「感」，⑥「馬」，⑦「無」，⑧「興」が挙げられている．これら筆順が二つ以上あるものについては一つの筆順だけをとっている．

　後者としては，「にょう」と「左払い」があり，それぞれ例を挙げている．

　「にょう」には，さきに書く「にょう」(a)と，あとに書く「にょう」(b)がある．

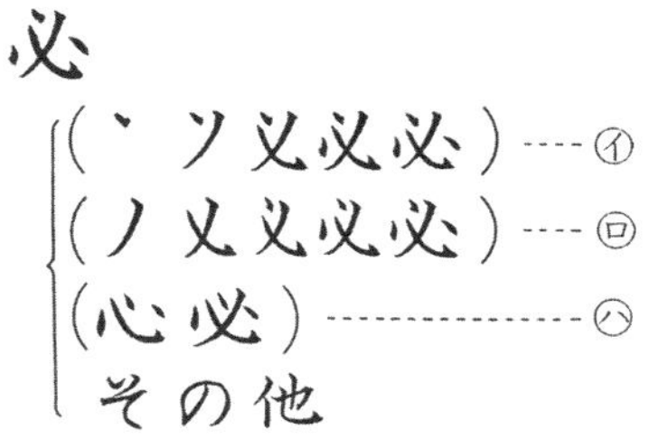

必
　⎧（丶ソ必必必）----㋑
　⎨（ノ必必必必）----㋺
　⎩（心必）------------㋩
　　その他

図2.6　「必」の筆順

(a) 処　起　勉　題
(b) 近　建　直

「左払い」にも，さきに書く左払い(a)と，あとに書く左払い(b)がある．

(a) 九　及
(b) 力　刀　万　方　別

(2) 学校における筆順指導

　筆順は漢字の形からある程度の体系性が求められる．しかし，これまで筆順については問われていなかったので，『筆順指導の手びき』の示す原則に合わない例外となるものや，二通り以上の書き順が存在するものがあった．そこで，『筆順指導の手びき』には次のような「本書使用上の留意点」が記されている．

1　本書に取りあげた筆順は，学習指導上の観点から，一つの文字については一つの形に統一されているが，このことは本書に掲げられた以外の筆順で，従来行われてきたものを誤りとするものではない．
2　本書に示されたものは，楷書体の筆順であるが，行書体では一部筆順のかわるものもある．その場合でも，新字体から著しくかけ離れた形のものは望ましくない．
3　原則では，当用漢字別表（いわゆる教育漢字）のすべてを例としてはあげていないが，他の文字の理論的な面については，原則および一覧表とを考えあわせて類推理解することができる．
4　本書は字体の手びきではない．したがって本書においては字体の問題を解決しようとはしていない．
5　当用漢字別表の漢字以外の当用漢字についても，原則や一覧表によって，適正な筆順を類推することができる．

　この『筆順指導の手びき』は学校教育における漢字指導のためのものであり，この指導を受けずに育った人達の書き順については問題にはしていない．すな

わち，1 では学校教育では書き順を問題にすること，2 は行書体でも学校教育ではこの書き順に従うことを明示しているのである．3 と 5 は，漢字の筆順には体系性があり，この原則ですべての漢字の筆順が処理できることを謳っている．4 は，この段階（昭和 33（1958）年 3 月）ではまだ教科書活字の字体については整理できていないのでこのような表現をとっているが，同年の 8 月に字形統一の通達「小学校用教科書に使用される教科書体活字の字体について」が文部省から出された．

　同年 10 月に改訂された『小学校学習指導要領』では，「文字の形に注意し，筆順に従って書くこと」（第 1 学年）のように単に「筆順」と記されるようになった．『筆順指導の手びき』が出されたことにより，これを基準とすることができたのである．この『小学校学習指導要領』には「学年別漢字配当表」が掲出されている．昭和 33 年は漢字教育にとっては大きな展開の年といえよう．「学年別漢字配当表」の漢字は徐々に増加したが，新たに入った漢字については，この『筆順指導の手びき』の大原則と原則に従って，筆順が示されている．

(3) 許容の書き方

　筆順としては問題ないが，線の方向が問題になる場合がある．昭和 24（1949）年に告示された「当用漢字字体表」は，先に述べたように，字体がわかるように線書き（等線体）で示されている．そのため，明朝体とは異なり，とめの鱗やはらいの細さがないので，どちらから書き始めたのかわからない場合がある．「当用漢字別表」以外の字であるが，明朝体でも一時問題になった「叱」の場合のように，この字の右部分が，右から左へのはらいと，左から右へのとめ「叱」の両方の活字が存在していたのである．

　「当用漢字別表」の漢字では，例えば「考」の下の部分についても問題が生じている．「当用漢字字体表」では右上から左下の線になっているので右からのはらいのように見える．しかし『筆順指導の手びき』によると右から左への横線になっている．この『筆順指導の手びき』が発表される直前に刊行された『当用漢字の筆順辞典』（岩崎書店　昭和 33 年 2 月）ではペン字の部分はどちらから書き始めたかがわからないが，「考」が「老」の部首に属していることからすると，右からのはらいと考えられる（図 2.7 〜 2.11）．

図2.7 「当用漢字字体表」の「考」

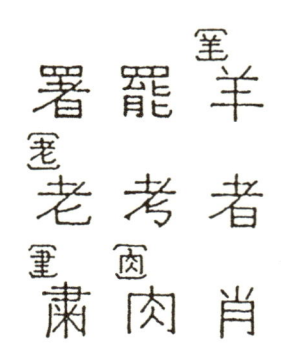

図2.8 『筆順指導の手びき』の「考」

図2.9 『筆順指導の手びき』の「老」

図2.10 『当用漢字の筆順辞典』の「考」

図2.11 『当用漢字の筆順辞典』の「老」

　なお教科書体では右からのはらいにするように，文部省が教科書会社に指導している（板倉 2004）．この字の場合，『筆順指導の手びき』と異なるため，筆順関係の本（久米編 2006 など）を見ると，左から右へも許容の書き方として認めている．このような方向において許容されているものとしては，
　　花　風　死　指　孫　老　混　態　能　比　疑　系　批
があり，いずれも左から右への書き方である．
　親が子どもの書き順を指摘し，逆に子どもに教科書を見せられ，「自分の時代とは筆順が変わった」と言い訳しているということをよく耳にする．しかし，筆順の変更は行われておらず，それは親が『筆順指導の手びき』とは異なる筆順を学んだことによるのであろう．学校で習う前に自分で字を覚えてしまったためであると考えられる．

5. 教科書体―とめる，はねる，はらう―

(1) 教科書用活字の使用

　小学校低学年用の教科書に使われている活字は，教科書体と呼ばれる特別な活字であり，筆写の楷書に近い字体である．昭和10（1935）年の『小学国語読本』巻五で使用された活字が教科書体活字の最初である．この時に初めて教科書用の活字が作成されたのである．昭和24（1949）年2月9日に文部省から「教科用図書検定基準」が告示された．そこには「四年生までの活字は，たとえば文部省活字のように，筆写体に近い活字を使用しているか」という基準が見られる．戦前の教科書は国定であったので教科書体の活字は一種類であったが，戦後は民間の教科書会社の発行になったため，教科書の漢字には様々のものが見られた．そこで，教科書各社はこの文部省活字の基準に沿いながらも会社独自の特徴を出そうと試みた．

　出版社による独自の字形が作られたが，教科によって採用する教科書会社が異なっていることが多く，そのために児童は様々な字形に接することになった．ある場合には1冊の本の中でも字形が異なっていることもあり，児童の学習上の大きな障害になっているということで，小学校の現場から教科書体の字形の統一を求める強い要望が出されていた．そこで，昭和33（1958）年8月21日に，「小学校用教科書に使用される教科書体活字の字体について」という教科書体の字形統一に関する通達が，文部省初等中等教育局長から小学校用教科書発行者宛に出された．この通達では「当用漢字別表」に示されている漢字の教科書体活字の字体は，原則として「当用漢字字体表」の表に示されている形状によるとしている．ただし，別表に示すものについては，以下に示す形によることとした．

　　　別表（ア）人入比北均七切改　の7字
　　　　　　（イ）子手令言　の4字およびこれが部分になっている漢字
　　　　　　（ウ）辶ネ礻酉艹宂儿　が部分になっている漢字

　また「当用漢字別表」以外の当用漢字の字体も，「当用漢字字体表」の表に示されている形によるか，別表に示すものを参考にして修正を加えることが望

ましいとしている．

　ここで初めて文部省が教科書体という名称を用いた．文部省ではすでに昭和27（1952）年1月に「教科書楷書体」という名称で書体見本を「文部省刊行物制作便覧」に掲載している．この通達によって，文部省は各社の教書体見本の調査を行い，とめ，はらい，はね，横線の長短など厳重にチェックを行った．

　「当用漢字字体表」の「まえがき」では「印刷字体と筆写字体とをできるだけ一致させることをたてまえとした」とあるが，使用上の注意事項においては，「点画の長短・方向・曲直・つけるかはなすか・とめるかはね又ははらうか等について，必ずしも拘束しないものがある」としていた．しかし教育の現場では，指導上の混乱を防ぐために，教科書どおり，つまり教科書体を正しいものとしていたが，その教科書において教科書体活字が微妙に違っていた．そのために漢字の書き取りの場合に問題が生じていたのである（図2.12）．

図2.12　教科書体活字の違い（朝日新聞1977年5月1日）

(2) 教科書体標準の提示

　教科書会社において異同がないようにするため，文部省はそれぞれの字形の標準を定めることにした．「学年別漢字配当表」を996字に増加させた昭和52（1977）年7月23日改訂の『小学校学習指導要領』において，その「学年別漢字配当表」に教科書体を採用して標準を示した．なおそれまでの昭和33年と昭和43（1968）年の『小学校学習指導要領』では明朝体で示されていた．これによって，昭和52年の『小学校学習指導要領』には「漢字の指導においては，学年別漢字配当表に示す漢字の字体を標準とすること」と明記されている．ただし，これは教科書体活字の形が最も正しい標準字体という意味ではなく，指導の際の標準ということを示しているのである．昭和56（1981）年10月に内閣告示・訓令として公布された「常用漢字表」にも活字と筆写体との関係が言及されている．そこに示された筆写の際のいろいろな書き方は，「許容される書き方」とか「許容の形」や「許容される字形」などと呼ばれている．漢字検定の採点においても，教科書体を手本として書くことがすすめられているが，このような「許容される書き方」についても正答として認めている．

　なお，昭和52年9月22日に出された文部省告示「義務教育諸学校教科用図書検定基準」において，その実施細則に「当用漢字以外の漢字の字体については，当用漢字として新しく取り上げた字体又はその一部を流用したものは用いないとする」と規定されている．もしこれが他の省庁にも及んだなら昭和56年の「人名用漢字別表」における旧字体の変更は行われなかったし，また昭和58（1983）年のJIS漢字における字体の変更はなかったはずである（第4章5節，第5章2節参照）．

6. 音訓の小・中・高等学校の段階別割り振り表

　昭和23（1948）年に「当用漢字音訓表」が告示され，そして昭和33（1958）年の『小学校学習指導要領』に「学年別漢字配当表」が組み込まれたが，そこでは漢字一字一字について小学校で学習する学年が定められただけで，その漢字に伴う音訓の範囲は「当用漢字音訓表」によるとされ，どの学年（どの段階）で学習するかは示されなかった．そこで，小学校・中学校・高等学校のどの段

階で学ぶべきかを定めたいとの要望が教育の現場から出されていた．

　昭和48（1973）年に「当用漢字音訓表」が改定され「当用漢字改定音訓表」として告示されたが，この音訓表の国語審議会による答申（昭和47（1972）年6月28日）において，その「前文」に次のように記された．

> 　又，ここに言う一般の社会生活における音訓の使用は，義務教育における学習を終えた後，ある程度実社会や学校での生活を経た人々を対象とする．従って，義務教育でどの程度，どの範囲の音訓を学習すべきかは，別途の研究に待つことにした．

　これを受けて，文部省初等中等教育局ではただちに「音訓等調査研究協力者会議」を設置し，調査研究に着手した．まず昭和49（1974）年9月13日に，文部省から

　1　「学年別漢字配当表」の漢字（備考漢字を含めた996字）の音訓のうち中学校・高等学校の段階で学習させてもよいと思われる音訓（案）

　2　「付表」のうち小学校の段階で提出するのが適当と思われるもの（案）

が示された．さらに昭和50（1975）年8月12日には，文部省から

　1　小学校配当漢字（996字）の音訓のうち中学校または高等学校の段階で学習させてもよいと思われる音訓（案）

　2　小学校配当漢字（996字）以外の漢字（854字）の音訓のうち，高等学校の段階で学習させてもよいと思われる音訓（案）

　3　「付表」の語（106語）の，各学校段階における取り扱いについて（案）

が提示された．そして小学校では昭和52（1977）年度から，中学校では昭和53（1978）年度から実施された．

　例えば，「衣」と「操」の音訓は表2.5のように割り当てられた．「付表」の語も，小学校で習う「明日・果物・景色」など，中学校で習う「小豆・時雨・

表2.5　音訓の割り振り例

漢字	配当学年	音	訓
衣	4年	イ（4年）	ころも（中学校）
操	6年	ソウ（6年）	あやつる（中学校）　みさお（高校）

梅雨」など，高等学校で習う「海女・師走・寄席」などと段階が示された．

　平成元（1989）年改訂の『小学校学習指導要領』によって「学年別漢字配当表」の漢字が1006字になったことにより，それに合わせた形で，平成3（1991）年3月に文部省が新たに「音訓の小・中・高等学校段階別割り振り表」を作成した．

■参考文献

板倉雅宣（2004）『教科書体変遷史』（第二版）朗文社
久米　公編（2006）『漢字指導の手引き　第五版』教育出版
近藤政美・濱千代いづみ編（2006）『漢字ハンドブック』和泉書院
三省堂編修所編（1981）『新しい国語表記ハンドブック　第二版』三省堂
三省堂編修所編（1986）『新しい国語表記ハンドブック　第三版』三省堂
三省堂編修所編（1991）『新しい国語表記ハンドブック　第四版』三省堂
三省堂編修所編（2005）『新しい国語表記ハンドブック　第五版』三省堂
武部良明（1979）『日本語の表記』角川書店
塚田清策（1958）『当用漢字の筆順辞典』岩崎書店
永野　賢・市川　孝（1979）『学習指導要領　言語事項用語辞典』教育出版
藤原　宏編（1973）『新しい国語表記』ぎょうせい
古田東朔他（1989）『新訂　小学校学習指導要領の解説と展開　国語編』教育出版
文部省（1958）『筆順指導の手びき』博文堂出版
文部省調査局編（1960）『当用漢字・送りがな・筆順』（月刊「文部時報」別冊）帝国地方行政学会
〈雑誌特集〉
「新しい時代の漢字教育」『日本語学』第19巻9号　明治書院（2000）
「新常用漢字表の作成に向けて」『日本語学』臨時増刊号　第25巻11号　明治書院（2006）
〈ホームページ〉
教育情報ナショナルセンター（NICER）「過去の学習指導要領」http://www.nicer.go.jp/guideline/old/

第3章
「常用漢字表」と漢字

1.「常用漢字表」の成立過程

(1)「当用漢字表補正資料」

「当用漢字表」は,「当用」とあるように,さしあたって用いるための漢字表であり,一時的なものを意味していた.「当用漢字表」の作成に携わっていた人々の多くには,将来的には漢字の数をさらに減らすという考えがあった.しかし,世間ではむしろ漢字が足りないとの意見が強く,国語審議会でも漢字表の見直しについて審議が行われた.

その結果として,昭和 29(1954)年 3 月 15 日に「当用漢字表補正資料」が国語審議会報告として提出された.その報告では,日本国憲法から取り入れた漢字や,書き換えや仮名書きが可能な字を削り,その一方で社会情勢によって必要になった字を加えて,漢字の増減を行わずに,28 字を入れ替えようとした.

1. 当用漢字表から削る字(28字)

 悦 謁 虞 箇 寡 劾 嚇 且 堪 璽 爵 遵 迅 但 丹 脹
 朕 逓 奴 唐 煩 頒 罷 附 又 濫 隷 錬

2. 当用漢字表に加える字(28字)

 渦 涯 殻 矯 渓 洪 桟 酌 汁 尚 宵 壌 据 杉 斉 挑
 釣 亭 偵 泥 披 俸 朴 僕 堀 厄 戻 竜

新聞社ではこの「当用漢字表補正資料」を採用して,

 箇→個 遵→順 附→付 濫→乱

のように，削る漢字に対して代用の当用漢字をあてることにした．そして，
  箇数→個数　遵守・遵法→順守・順法　附則・附属→付則・付属
  濫造・濫用→乱造・乱用
のような書き換えを，『新聞用語言いかえ集』(日本新聞協会編 昭和30 (1955) 年) などに示し，実際に運用した．しかし，文部省がこの「当用漢字補正資料」はあくまでも試案にすぎないという態度をとったため，新聞社における書き換えは当用漢字に対する代用の当用漢字という事態になってしまった．このことによって，新聞記事と公用文や教科書との間に表記の異なりが見られることになった．

(2)「当用漢字表補正案」

　本格的に「当用漢字表」の見直しを行ったのは昭和39 (1964) 年からの第7期国語審議会である．新たな補正案作成において，国立国語研究所が昭和31 (1956) 年に発行された九十種の雑誌について調査した報告書である『現代雑誌九十種の用語用字』や，新聞業界の希望や意見などを資料として検討した．その結果，昭和40 (1965) 年12月9日の「当用漢字表補正案」では，削ってもよいと思われる字31字，当用漢字表に加えてもよいと思われる字47字を選び出した．16字の追加になるが，しかしこの案も実施には至らなかった．

  1. 当用漢字表から削ってよいと思われる字 (31字)
    芋　悦　謁　虞　箇　寡　劾　嚇　且　堪　恭　拷　嗣　璽　爵　遵
    迅　畝　但　丹　朕　脹　遥　迭　煩　頒　罷　附　丙　濫　錬
  2. 当用漢字表に加えてよいと思われる字 (47字)
    淫　唄　拐　涯　垣　喝　姦　矯　渓　洪　溝　皿　傘　肢　蛇　酌
    汁　塾　尚　宵　甚　杉　斉　仙　曹　漕　誰　旦　挑　釣　亭　偵
    泥　賭　棟　洞　漠　肌　泡　朴　僕　堀　枕　厄　悠　戻　賂

(3)「常用漢字表」

　「当用漢字表」の改定とともに動いていた「当用漢字改定音訓表」と「送り仮名の付け方」が昭和48 (1973) 年6月18日に内閣告示・訓令として公布された．そして残っていた「当用漢字表」の検討が本格化した．「当用漢字改定

音訓表」が制限から目安へと方向転換を示したように，漢字表においても制限から使用の目安にするという方針がとられ，漢字の増加を前提に検討が行われた．まず，昭和52 (1977) 年1月21日に1900字の「新漢字表試案」が文部大臣に報告する形で公表された．

1. 新漢字表試案にあって当用漢字表にない字 (83字)

猿 凹 渦 靴 稼 涯 垣 殻 潟 褐 缶 頑 挟 襟 隅 渓
蛍 嫌 洪 溝 昆 崎 皿 傘 肢 遮 蛇 酌 汁 塾 尚 宵
縄 唇 甚 据 杉 斉 逝 仙 栓 挿 槽 藻 駄 濯 挑 眺
釣 塚 漬 亭 泥 棟 洞 凸 把 覇 漠 肌 鉢 披 扉 猫
頻 瓶 雰 塀 泡 俸 褒 朴 僕 堀 磨 岬 妄 厄 癒 悠
羅 竜 戻

2. 当用漢字表にあって新漢字表試案にない字 (33字)

芋 謁 殴 翁 虞 劾 嚇 且 繭 侯 嗣 勺 爵 遵 薪
帥 錘 畝 銑 但 嫡 脹 朕 逓 奴 痘 婆 陪 畔 勾 濫
隷

選定にあたっては，「語や文を書き表すという観点から，その字の使用度数・機能度を主として考え，さらに，使用分野の広さを参考にした」とあり，次の四つの方針が挙がっている．

1　使用度数の高いものを取り上げる．
2　機能度，特に造語力の高いものを取り上げる．
3　使用度数や機能度がさほど高くなくても，概念の表現という点から考えた場合，特に必要と思われるものは取り上げる．
4　すでに略体の慣用されているものは，略体の字で取り上げる．

この試案を一般に公開して，関係各界や広く国民の意見を求めた．寄せられた意見などを参考にして，「常用漢字表案」が昭和54 (1979) 年3月31日に中間答申として公表された．この表には1926字が掲出されている．前回の「新漢字表試案」から，12字が追加され，削除される漢字から14字が復活した．

追加された漢字 (12字)

拐 喝 矯 桟 壌 曹 棚 偵 搭 屯 抹 枠

復活した漢字 (14字)

芋　謁　殴　劾　堪　繭　嗣　遵　嫡　遥　痘　陪　畔　濫

「常用漢字表案」を「当用漢字表」と対比すると，新たに95字が加わり，一方で19字が削除され，つまり全体では76字の追加になっている．

そして，昭和56（1981）年10月1日に「常用漢字表」が内閣告示・訓令として公布されたが，その際には「当用漢字表」の漢字は1字も削除せず，95字の追加だけが認められた．つまり1945字の漢字表として，また熟字訓などをまとめた「付表」は106語から4語増やした110語にした形で示された．最終段階になって，すでに使用されているものを削除すると，削除された字について人々に混乱が生じると判断して，1字も削除しなかったのである．

2. 「常用漢字表」の性格

(1) 漢字使用の目安

「当用漢字表」（昭和21（1946）年11月16日内閣告示・訓令）は，その「まえがき」に「字体と音訓との整理については，調査中である」と記されているように，早急に作られたものであった．後にそれを補う形で「当用漢字音訓表」「当用漢字別表」（ともに昭和23（1948）年2月16日内閣告示・訓令），「当用漢字字体表」（昭和24（1949）年4月28日内閣告示・訓令）が出されている．

この「常用漢字表」は，音訓，字体，語例などを総合的に示した表である．「常用漢字表」が告示されたことによって，「当用漢字表」「当用漢字改定音訓表」「当用漢字字体表」は必要がなくなり，廃止された．また「当用漢字別表」は「学年別漢字配当表」に吸収された．

「常用漢字表」の「前書き」には次の5項が記されている．

> 1　この表は，法令，公用文書，新聞，雑誌，放送など，一般の社会生活において，現代の国語を書き表す場合の漢字使用の目安を示すものである．
> 2　この表は，科学，技術，芸術その他の各種専門分野や個々人の表記にまで及ぼそうとするものではない．
> 3　この表は，固有名詞を対象とするものではない．

> 4 この表は，過去の著作や文書における漢字使用を否定するものではない．
> 5 この表の運用に当たっては，個々の事情に応じて適切な考慮を加える余地のあるものである．

「常用漢字表」の大きな特徴は第1項にある．「当用漢字表」の「まえがき」に，
> 一 この表は，法令・公用文書・新聞・雑誌および一般社会で，使用する漢字の範囲を示したものである．

とあったように，「当用漢字表」が日常使用する漢字の範囲を定めたものであるのに対して，「常用漢字表」は一般の社会生活において現代の国語を書き表す場合の目安を示したものである．「目安」の説明として，答申に「法令・公用文書・新聞・雑誌・放送等，一般の社会生活において，この表を無視してほしいままに漢字を使用してよいというのではなく，この表を努力目標として尊重することが期待されるものである」と記されている．「当用漢字表」が漢字の制限であったのに対し，あくまでも目安へと変更されたことによって，漢字の使用がかなり自由になったのである．

また第2項に対しては「当用漢字表」の「使用上の注意事項チ」が対応する．
> チ 専門用語については，この表を基準として，整理することが望ましい．

「当用漢字表」による漢字制限は，実際のところ公的な世界における文書に対して行われていただけである．専門分野においては，学術用語に影響を及ぼした（第1章3節(7)参照）程度で，学術論文の文章自体に対してはそれほど大きな縛りはかけられなかったと思われる．ただし新聞や一般的な雑誌に書く場合には制約を受け，小説家や学者は嘆いていたようであるが，個人の生活にほとんど関係していなかった．今回はそのような実状に合わせたのである．

(2) 「使用上の注意事項」（「当用漢字表」との違い）

「当用漢字表」の「使用上の注意事項」には他に次のようなことが書かれていた．
> イ この表の漢字で書きあらわせないことばは，別のことばにかえるか，または，かな書きにする．

ロ　代名詞・副詞・接続詞・感動詞・助動詞・助詞は，なるべくかな書きにする．
ハ　外國（中華民國を除く）の地名・人名は，かな書きにする．
ニ　外來語は，かな書きにする．
ホ　動植物の名称は，かな書きにする．
ヘ　あて字は，かな書きにする．
ト　ふりがなは，原則として使わない．

　「常用漢字表」にはこれらのことについてはいちいち記されていないが，そのまま受け継がれているものと，多少の変更が見られるものとがある．そのまま受け継がれているのは，イ・ハ・ニである．イの書き換え・言い換えは，「当用漢字表」のもとで示された「公用文作成の要領」（昭和 27（1952）年）や「同音の漢字による書きかえ」（昭和 31（1956）年）によって定着しているものも多い．仮名書きに関しても，現在も目にするように，新聞では「常用漢字表」をなるべく遵守(じゅんしゅ)しながら漢字と仮名とによる交ぜ書きが行われている．

　　　この時以来，G4，コンセンサス・グループ，AU の立場は基本的に変わらず，改革論議はこう着状態が続く．
　　　　　　　　　　　　　　　　　　　　　（河北新報 2007 年 7 月 6 日朝刊）
　　　特殊な債券の発行を使い，発行日を都合よく改ざんする手口だ．
　　　　　　　　　　　　　　　　　　　　　（朝日新聞 2007 年 7 月 31 日朝刊）

ただし，話題になり使用頻度が高くなった語（拉致，捏造など）は漢字で書くことも多くなってきている（本章 8 節参照）．

　外国の地名や人名，外来語の片仮名表記については「常用漢字表」告示当時にはもうすでに当然になっていた．これは「公用文作成の要領」（昭和 27（1952）年）で片仮名表記されることが明記されており，それが一般的になったからである．なお，外来語の表記の仕方については平成 3（1991）年 6 月 28 日に「外来語の表記」が内閣告示・訓令として公布された．

　「常用漢字表」と「当用漢字表」の「使用上の注意事項」とが異なるように見えるのは，「当用漢字表」の告示された昭和 21 年段階との比較のためである．ロ・ホ・ヘにしても「常用漢字表」の段階で大きく方向転換をしたのではない．ロの代名詞・副詞・接続詞の漢字表記化については，「公用文作成の要領」に

おいて「我・彼・且つ・又・但し・並びに・及び」などの代名詞や接続詞の一部に対しては漢字で書くことも認めていたし，また「送りがなのつけ方」（昭和 34（1959）年 7 月 11 日内閣告示・訓令）においても代名詞や副詞の送り仮名について言及していた．「常用漢字表」においては漢字で書いてよいものは語例として挙げている（果たして，改めて，概して，及び，次いで，君，私，彼，彼ら，彼女，僕など）．ホの動植物名の漢字表記については，「公用文作成の要領」において「当用漢字表」にある漢字については認めている．さらに遡れば，学校教育で学ぶ「当用漢字別表」（昭和 23 年）の中に入っていた（前章 1 節参照）．「常用漢字表」ではこれも語例として挙げている（猿，鯨，猫，蚕，毛虫，蚊，芝，桑，杉，柳など）．ヘの当て字に関しては，昭和 48（1973）年の「当用漢字改定音訓表」において，「「付表」には，漢字二字以上で構成されるいわゆる熟字訓・当て字など，主として一字一字の音訓として挙げ得ないものを語の形で掲げた」とあるように，熟字訓や当て字の一部に対しては漢字表記が認められている．このように「当用漢字表」以降にすでに様々な変更が行われていたのである．

　熟字訓や当て字の使用は，「明日」（ミョウニチ，あす）「白髪」（ハクハツ，しらが）のように，一つの表記が漢語や和語の両者を表すこともあり，振り仮名の使用を容認することにもなる．確かに「常用漢字表」の答申の段階では次のように振り仮名使用を認めていた．

　　　読みにくいと思われるような場合は，必要に応じて振り仮名を用いるような配慮をするのも一つの方法であろう．

しかし「常用漢字表」告示の段階ではこれは削除された．「常用漢字表」で振り仮名の使用が認められるという前提で書かれたと思われる，振り仮名を多用した井上ひさしの『吉里吉里人』が，「常用漢字表」告示の約 1 か月前の 8 月 25 日に刊行された．

　　……旅券法．第一条，この法律は，旅券の発給，効力その他，旅券に関し必要な事項ば定めっごどば目的とすんのっしゃ．

　　　　　　　　（第一章　あんだ旅券は持って居だが）

なお固有名詞については，「当用漢字表」の「まえがき」に「一　固有名詞については，法規上その他に関係するところが大きいので，別に考えることと

した」とあった．固有名詞，特に人名用漢字については，次章で扱うが，国語審議会のもとで，まず昭和26（1951）年5月25日に「人名用漢字別表」が内閣告示・訓令として公布された．その後も，国民の要望によって追加の作業が行われてきた．しかし，「常用漢字表」の「前書き」に「3　この表は，固有名詞を対象とするものではない」と明記しているように，人名用漢字の改訂はこの段階から国語審議会の手から離れることになった．「常用漢字表」の告示と同じ日に人名用漢字を54字追加する「人名用漢字別表第二」が公示されたが，これは法務省の管轄で行われたのである．

3.「常用漢字表」と音訓

「当用漢字表」は，1850字の漢字が決まっているだけで，まだ音訓が定まっていなかった．そのために漢字の配列は部首別になっていた．今回の「常用漢字表」では，「当用漢字表」の1850字についてはすでに「当用漢字音訓表」ならびに「当用漢字改定音訓表」によって音訓が定まっており，また新しく追加する漢字の音訓についても新漢字表の検討の段階で示されていたので，字音による五十音配列が採用された．ただし，同音の場合はおおむね字画の少ないものを先にし，字音を取り上げていないものは字訓によっている．「常用漢字表」では「当用漢字改定音訓表」を受け継ぎ，「例欄」と「備考欄」が設けてある（図3.1）．「例欄」には音訓使用の目安としての使用例が，「備考欄」には異字同訓関係にある語や派生関係の語，また音韻の変化を起したものなど留意すべき事項が示されている．

追加された95字については本章1節に挙げたが，音訓ともに持つ字，音のみの字，訓のみの字に分けると次のようになる．

音訓とも（37字）：猿　渦　靴　稼　殻　挟　矯　襟　隅　蛍　嫌　溝　傘
　　　　　　　　　遮　蛇　酌　汁　宵　縄　唇　甚　逝　挿　藻　挑　眺　釣　泥　棟　洞
　　　　　　　　　扉　猫　泡　裹　磨　竜　戻
音のみ（45字）：　凹　拐　涯　喝　褐　缶　頑　渓　洪　昆　桟　肢　塾
　　　　　　　　　尚　壌　斉　仙　栓　曹　槽　駄　濯　亭　偵　搭　凸　屯　把　覇　漠
　　　　　　　　　鉢　披　頻　瓶　雰　塀　俸　朴　僕　抹　妄　厄　癒　悠　羅

漢　字	音　訓	例	備　考
亜（亞）	ア	亜流，亜麻，亜熱帯	
哀	アイ	哀愁，哀願，悲哀	
	あわれ	哀れ，哀れな話，哀れがる	
	あわれむ	哀れむ，哀れみ	
愛	アイ	愛情，愛説，恋愛	
悪（惡）	アク	悪事，悪意，醜悪	
	オ	悪寒，好悪，憎悪	
	わるい	悪い，悪さ，悪者	
握	アク	握手，握力，掌握	
	にぎる	握る，握り，一握り	
圧（壓）	アツ	圧力，圧迫，気圧	
扱	あつかう	扱う，扱い，客扱い	
安	アン	安全，安価，不安	
	やすい	安い，安らかだ	
案	アン	案文，案内，新案	
暗	アン	暗示，暗愚，明暗	
	くらい	暗い，暗がり	
以	イ	以上，以内，以後	
衣	イ	衣服，衣食住，作業衣	浴衣（ゆかた）
	ころも	衣，羽衣	
位	イ	位置，第一位，各位	「三位一体」，「従三位」は，「サンミイッタイ」，「ジュサンミ」。
	くらい	位，位取り，位する	
囲（圍）	イ	囲碁，包囲，範囲	
	かこむ	囲む，囲み	
	かこう	囲う，囲い	

図3.1　「常用漢字表」

訓のみ（13字）：　垣　潟　崎　皿　据　杉　棚　塚　漬　肌　堀　岬　枠

　追加された95字の音訓数は，音が86，訓が57の143である．「当用漢字改定音訓表」の段階で当用漢字の音訓に対して大きく手を加えたが，今回も少し音や訓を増やした字，訓を減らした字がある．

　　増やした音：　露　ロウ（披露）　　和　オ（和尚）
　　増やした訓：　栄　はえる　　危　あやぶむ　　憩　いこう
　　　　　　　　　香　かおる　　愁　うれえる　　謡　うたう
　　減らした訓：　膚　はだ　　盲　めくら

熟字訓や当て字の類を集めた「付表」では4語の追加があった．

　　おじ　叔父・伯父　　おば　叔母・伯父　　さじき　桟敷
　　でこぼこ　凸凹

「常用漢字表」では音の数2187，訓の数1900（派生形も含む）となり，音と訓を合わせると4087になる（木村 2005）．また付表の語も110語となった（表3.1）．

表 3.1　当用漢字音訓表，常用漢字表の音訓数

	漢字数	音の数	訓の数	音訓の合計	付表の語
当用漢字音訓表（昭和23年）	1850	2006	1116	3122	—
当用漢字改定音訓表A（昭和48年）	1850	2089	1390	3479	106
当用漢字改定音訓表B（昭和48年）	1850	2099	1839	3938	106
常用漢字表（昭和56年）	1945	2187	1900	4087	110

当用漢字改定音訓表Aは派生語形を含まない数，当用漢字音訓表Bは派生語形を含んだ数．

4. 「常用漢字表」と公用文

　「当用漢字表」から「常用漢字表」への移行は，漢字使用の「制限」から「目安」への変更であった．両者ともに，内閣告示・訓令であるため，官公庁はそれに従わなければならない．「当用漢字表」に合わせた「公用文作成の要領」が昭和27（1952）年4月に通知されたが，この「公用文作成の要領」は国語施策が内閣訓令として公示されるたびにそれに合わせて変更される．

　用字に関して見ると，昭和27年の最初の段階では次のようになっている（な

お対比して違いが見られるところを中心に挙げる）．

> (1) 当用漢字表・同音訓表を使用するにあたっては，特に次のことがらに
> 留意する．
> 1　代名詞・副詞・接続詞などのうち，次のようなものは，当用漢字音訓
> 　表によっても書けるが，できるだけかな書きにする．
> 　　たとえば
> 　　　　我→われ　彼→かれ　且つ→かつ　又→また　但し→ただし
> 　　　　並びに→ならびに　及び→および　外→ほか　等
> 注4　接頭語・接尾語
> （「お」は，かなで書くが，「ご」は漢字でもかなでもよい．たとえば，「お
> 願い」「御調査」「ご調査」）

「制限」であった「当用漢字表」のもとではこのように仮名表記が推奨されていたが，「目安」の「常用漢字表」のもとでは常用漢字で書けるものに対しては次のように原則としてその漢字表記を使用することになっている（昭和56（1981）年10月1日付「公用文における漢字使用等について」）．

> 3　常用漢字表の本表に掲げる音訓によって語を書き表すに当たっては，
> 　次の事項に留意する．
> 　（1）　次のような代名詞は，原則として，漢字で書く．
> 　　　例　彼　何　僕　私　我々
> 　（2）　次のような副詞及び連体詞は，原則として，漢字で書く．
> 　　　例　必ず　少し　既に　直ちに　甚だ　再び　全く　最も　専ら
> 　　　　　余り　至って　大いに　恐らく　必ずしも　辛うじて　極めて
> 　　　　　殊に　更に　少なくとも　絶えず　互いに　例えば　次いで
> 　　　　　努めて　常に　初めて　果たして　割に
> 　　　　　概して　実に　切に　　大して　特に　突然　無論
> 　　　　　明くる　大きな　来る　去る　　小さな　我が（国）
> 　　　　ただし，次のような副詞は，原則として，仮名で書く．

> 例　かなり　ふと　やはり　よほど
> (3)　次の接頭語は，その接頭語が付く語を漢字で書く場合は，原則として，漢字で書き，その接頭語が付く語を仮名で書く場合は，原則として，仮名で書く．
> 　　例　<u>御</u>案内　<u>御</u>調査　ごあいさつ　ごべんたつ
> ((4)は違いが見られないので省略)
> (5)　次のような接続詞は，原則として，仮名で書く．
> 　　例　おって　かつ　したがって　ただし　ついては　ところが
> 　　　　ところで　また　ゆえに
> 　　ただし，次の4語は，原則として，漢字で書く．
> 　　　　及び　並びに　又は　若しくは

　「当用漢字表」の「使用上の注意事項」に「代名詞・副詞・接続詞・感動詞・助動詞・助詞は，なるべくかな書きにする」と明記されていた状況を思うと，隔世の感がある．副詞・連体詞は漢字で書くようになったが，当て字表記である「可成」「不図」「矢張」「余程」は認められていない．

　このような漢字で書く状況は「常用漢字表」によって初めて生じたのではない．実は，昭和48（1973）年の「当用漢字改定音訓表」の際にすでに改定されているのである．当て字や熟字訓を認めたのも「当用漢字改定音訓表」であった．「常用漢字表」の際の「公用文作成の要領」においては，新たに常用漢字に加わった「僕」「甚だ」の追加だけである．「当用漢字改定音訓表」の際に，すでに「常用漢字表」の趣旨である「目安」と「よりどころ」が謳われており，それに合わせて行われていたのである．「常用漢字表」のもとは「当用漢字改定音訓表」によって完成されていたといえよう．

5.「常用漢字表」と字体

(1)「常用漢字表」の字体と康熙字典体

　字体に関しては，「常用漢字表」は「当用漢字字体表」の方針を受け継いだ．「当用漢字字体表」が公布されてから23年も経過していることから，新字体

がすでに一般的になっていた．「当用漢字字体表」を尊重して，「常用漢字表」に入っていた字で字体を変えたのは「燈→灯」の1字だけであった．新字体については，「常用漢字表」の「表の見方及び使い方」に，

 5 括弧に入れて添えたものは，いわゆる康熙字典体の活字である．これは明治時代以来行われてきた活字の字体とのつながりを示すために添えたものであるが，著しい差異のないものは省いた．

とあるように，括弧の外の字が新字体であることが示されている．「当用漢字表」より増えた漢字についても「当用漢字字体表」に準じた方法で略体化が行われている．

  螢→蛍（榮・營→栄・営） 壤→壌（孃・讓・釀→嬢・譲・醸）

なお「常用漢字表」で増えた漢字に康熙字典体の漢字を添えてあるのは次の字である（20字）．

殻（殼）　喝（喝）　褐（褐）　缶（罐）　挟（挾）　渓（溪）　蛍（螢）　桟（棧）
縄（繩）　壌（壤）　斉（齊）　挿（插）　塚（塚）　覇（霸）　頻（頻）　瓶（甁）
塀（塀）　褒（襃）　竜（龍）　戻（戾）

これらの変更は，「当用漢字字体表」で育ってきた世代に，ある種の漢字に対して「当用漢字字体」が告示された当時の人々と同じようなとまどいを実感させた．身につけてきた漢字の字体との相違により，新字体に対して違和感が生じたのである．

「常用漢字表」で康熙字典体が施されているのは次の355字である．

亜（亞）　悪（惡）　圧（壓）　囲（圍）　医（醫）　為（爲）　壱（壹）　逸（逸）
隠（隱）　栄（榮）　営（營）　衛（衞）　駅（驛）　謁（謁）　円（圓）　塩（鹽）
縁（緣）　応（應）　欧（歐）　殴（毆）　桜（櫻）　奥（奧）　横（橫）　温（溫）
穏（穩）　仮（假）　価（價）　禍（禍）　画（畫）　会（會）　悔（悔）　海（海）
絵（繪）　壊（壞）　懐（懷）　慨（慨）　概（概）　拡（擴）　殻（殼）　覚（覺）
学（學）　岳（嶽）　楽（樂）　喝（喝）　渇（渴）　褐（褐）　缶（罐）　巻（卷）
陥（陷）　勧（勸）　寛（寬）　漢（漢）　関（關）　歓（歡）　観（觀）　気（氣）
祈（祈）　既（既）　帰（歸）　器（器）　偽（僞）　戯（戲）　犠（犧）　旧（舊）
拠（據）　挙（擧）　虚（虛）　峡（峽）　挟（挾）　狭（狹）　郷（鄕）　響（響）
暁（曉）　勤（勤）　謹（謹）　区（區）　駆（驅）　勲（勳）　薫（薰）　径（徑）

5.「常用漢字表」と字体

茎(莖)	恵(惠)	掲(掲)	渓(溪)	経(經)	蛍(螢)	軽(輕)	継(繼)
鶏(鷄)	芸(藝)	撃(擊)	欠(缺)	研(研)	県(縣)	倹(儉)	剣(劍)
険(險)	圏(圈)	検(檢)	献(獻)	権(權)	顕(顯)	験(驗)	厳(嚴)
広(廣)	効(效)	恒(恆)	黄(黃)	鉱(鑛)	号(號)	国(國)	黒(黑)
穀(穀)	砕(碎)	済(濟)	斎(齋)	剤(劑)	殺(殺)	雑(雜)	参(參)
桟(棧)	蚕(蠶)	惨(慘)	賛(贊)	残(殘)	糸(絲)	祉(祉)	視(視)
歯(齒)	児(兒)	辞(辭)	湿(濕)	実(實)	写(寫)	社(社)	者(者)
煮(煮)	釈(釋)	寿(壽)	収(收)	臭(臭)	従(從)	渋(澁)	獣(獸)
縦(縱)	祝(祝)	粛(肅)	処(處)	暑(暑)	署(署)	緒(緒)	諸(諸)
叙(敍)	将(將)	祥(祥)	称(稱)	渉(涉)	焼(燒)	証(證)	奨(獎)
条(條)	状(狀)	乗(乘)	浄(淨)	剰(剩)	畳(疊)	縄(繩)	壌(壤)
嬢(孃)	譲(讓)	醸(釀)	触(觸)	嘱(囑)	神(神)	真(眞)	寝(寢)
慎(愼)	尽(盡)	図(圖)	粋(粹)	酔(醉)	穂(穗)	随(隨)	髄(髓)
枢(樞)	数(數)	瀬(瀨)	声(聲)	斉(齊)	静(靜)	窃(竊)	摂(攝)
節(節)	専(專)	浅(淺)	戦(戰)	践(踐)	銭(錢)	潜(潛)	繊(纖)
禅(禪)	祖(祖)	双(雙)	壮(壯)	争(爭)	荘(莊)	捜(搜)	挿(插)
巣(巢)	装(裝)	僧(僧)	層(層)	総(總)	騒(騷)	増(增)	憎(憎)
蔵(藏)	贈(贈)	臓(臟)	即(卽)	属(屬)	続(續)	堕(墮)	対(對)
体(體)	帯(帶)	滞(滯)	台(臺)	滝(瀧)	択(擇)	沢(澤)	担(擔)
単(單)	胆(膽)	嘆(嘆)	団(團)	断(斷)	弾(彈)	遅(遲)	痴(癡)
虫(蟲)	昼(晝)	鋳(鑄)	著(著)	庁(廳)	徴(徵)	聴(聽)	懲(懲)
勅(敕)	鎮(鎭)	塚(塚)	逓(遞)	鉄(鐵)	点(點)	転(轉)	伝(傳)
都(都)	灯(燈)	当(當)	党(黨)	盗(盜)	稲(稻)	闘(鬪)	徳(德)
独(獨)	読(讀)	突(突)	届(屆)	難(難)	弐(貳)	悩(惱)	脳(腦)
覇(霸)	拝(拜)	廃(廢)	売(賣)	梅(梅)	麦(麥)	発(發)	髪(髮)
抜(拔)	繁(繁)	晩(晚)	蛮(蠻)	卑(卑)	秘(祕)	碑(碑)	浜(濱)
賓(賓)	頻(頻)	敏(敏)	瓶(甁)	侮(侮)	福(福)	払(拂)	仏(佛)
併(倂)	並(竝)	塀(塀)	辺(邊)	変(變)	弁(辨瓣辯)	勉(勉)	
歩(步)	宝(寶)	豊(豐)	褒(襃)	墨(墨)	翻(飜)	毎(每)	万(萬)
満(滿)	免(免)	黙(默)	訳(譯)	薬(藥)	与(與)	予(豫)	余(餘)

誉（譽）　揺（搖）　様（樣）　謡（謠）　来（來）　頼（賴）　乱（亂）　覧（覽）
欄（欄）　竜（龍）　隆（隆）　虜（虜）　両（兩）　猟（獵）　緑（綠）　涙（淚）
塁（壘）　類（類）　礼（禮）　励（勵）　戻（戾）　霊（靈）　齢（齡）　暦（曆）
歴（歷）　恋（戀）　練（練）　錬（鍊）　炉（爐）　労（勞）　郎（郞）　朗（朗）
廊（廊）　楼（樓）　録（錄）　湾（灣）　　　　　　　　　　（以上　355字）

このうち新たに増えた20字と「灯」の1字を引くと，334字になる．この334字が「当用漢字字体表」段階での新字体採用と思われるが，なお，「表の見方及び使い方」に「著しい差異のないものは省いた」とあるように，「当用漢字字体表」の時のような変更の基準で見ていくと，さらに多くの字が変更されていることになろう．「当用漢字字体表」での漢字の字体の変更数は実ははっきりしないのである．例えば，『国語施策百年史』（文化庁 2006）では「活字字体整理案」の774字中723字が採用されたとし，『日本語の表記』（武部 1979）は当用漢字1850字のうち約600字の字体を改めたのが「当用漢字字体表」であるとする．また『用字の技術』（広田 1959）は，新たに活字を鋳かえる必要のあるもの521字，これまで2種類以上の活字があったうちから1種を選んだものと他の字形を利用したもの数十字，計600余字の新字体が生まれたとする．戸籍関係の世界では，『新　誤字俗字・正字一覧表』（テイハン 2005）によると，「当用漢字字体表」が告示され438字について「当用漢字表」と異なる字体が示されたと理解されている．この438字については，昭和56（1981）年の「人名用漢字許容字体表」が公示されるまでは，人名用漢字として「当用漢字表」に掲げる漢字でも「当用漢字字体表」に掲げる漢字でも，いずれの字体を用いても差し支えないとしている．このように数がはっきりしないのは，「当用漢字字体表」には著しく異なった34字しか示されていないからである．

「常用漢字表」で康熙字典体が示されている355字から「当用漢字表」の131字，「常用漢字表」から増えた20字ならびに「灯」の1字を除いた203字を挙げると，次のようになる．これらが，「当用漢字字体表」において字体が変更されたものとして，「常用漢字表」作成時に認識されたものといえよう．なお，「当用漢字字体表」で著しく異なったものとして挙げられていた34字については＊を付した．ただし34字のうち「述」の旧字体については「常用

5.「常用漢字表」と字体

漢字表」においては掲出されていない.

亜（亞）　悪（惡）　為（爲）　逸（逸）　衛（衞）　謁（謁）　縁（緣）　*応（應）
*桜（櫻）　奥（奧）　横（橫）　温（溫）　*価（價）　禍（禍）　悔（悔）　海（海）
*壊（壞）　*懐（懷）　慨（慨）　概（槪）　*楽（樂）　渇（渴）　巻（卷）　陥（陷）
寛（寬）　漢（漢）　気（氣）　祈（祈）　既（旣）　器（器）　偽（僞）　戯（戲）
虚（虛）　峡（峽）　*狭（狹）　郷（鄕）　響（響）　暁（曉）　勤（勤）　謹（謹）
勲（勳）　薫（薰）　恵（惠）　掲（揭）　鶏（鷄）　*芸（藝）　撃（擊）　*県（縣）
倹（儉）　剣（劍）　険（險）　圏（圈）　検（檢）　*顕（顯）　験（驗）　厳（嚴）
*広（廣）　効（效）　恒（恆）　黄（黃）　*国（國）　黒（黑）　穀（穀）　砕（碎）
殺（殺）　雑（雜）　社（祉）　視（視）　*児（兒）　*湿（濕）　社（社）　者（者）
煮（煮）　寿（壽）　収（收）　臭（臭）　従（從）　渋（澁）　獣（獸）　縦（縱）
祝（祝）　暑（暑）　署（署）　緒（緖）　諸（諸）　叙（敍）　将（將）　祥（祥）
渉（涉）　焼（燒）　奨（獎）　*条（條）　状（狀）　乗（乘）　浄（淨）　剰（剩）
畳（疊）　嬢（孃）　譲（讓）　醸（釀）　神（神）　真（眞）　寝（寢）　慎（愼）
*尽（盡）　粋（粹）　酔（醉）　穂（穗）　瀬（瀨）　静（靜）　*摂（攝）　節（節）
専（專）　戦（戰）　繊（纖）　禅（禪）　祖（祖）　壮（壯）　争（爭）　荘（莊）
捜（搜）　巣（巢）　装（裝）　僧（僧）　層（層）　騒（騷）　増（增）　憎（憎）
蔵（藏）　贈（贈）　臓（臟）　即（卽）　*帯（帶）　*滞（滯）　*単（單）　嘆（嘆）
*団（團）　弾（彈）　痴（癡）　*昼（晝）　*鋳（鑄）　著（著）　*庁（廳）　徴（徵）
聴（聽）　懲（懲）　勅（敕）　鎮（鎭）　*転（轉）　*伝（傳）　都（都）　盗（盜）
稲（稻）　闘（鬭）　徳（德）　突（突）　難（難）　拝（拜）　*売（賣）　梅（梅）
髪（髮）　抜（拔）　繁（繁）　晩（晚）　卑（卑）　*秘（祕）　碑（碑）　賓（賓）
敏（敏）　侮（侮）　福（福）　*払（拂）　*仏（佛）　勉（勉）　歩（步）　墨（墨）
*翻（飜）　毎（每）　免（免）　黙（默）　薬（藥）　与（與）　揺（搖）　様（樣）
謡（謠）　*来（來）　頼（賴）　覧（覽）　欄（欄）　隆（隆）　虜（虜）　緑（綠）
涙（淚）　*塁（壘）　類（類）　暦（曆）　歴（歷）　練（練）　錬（鍊）　郎（郞）
朗（朗）　廊（廊）　録（錄）　　　　　　　　　　　　（以上　203字）

なお，この中には旧字体が「当用漢字表」の字体とは異なっているものがある．「慨」「概」「既」「郷」「闘」「免」「隆」の旧字体がそれに該当する．また，「当用漢字表」の段階で，新字体に旧字体の並記がないまま新字体が採用されてい

る「効」「勅」「殺」「痴」がある．これらは戸籍において問題となっている．戸籍の世界では，「常用漢字表」ならびにそれに伴う「人名用漢字許容字体表」によって，250の字体が使用できなくなった（次章5節参照）．

(2) デザイン差について

「常用漢字表」において字体の変更について一部のものにしか触れていないのは，この漢字表の解説部分に書かれている「(付) 字体についての解説」の「第1　明朝体活字のデザインについて」と関わっている．ここではわずかな差は字体の違いではなくデザイン差によるものとして，次のように説明している．

> 　常用漢字表では，個々の漢字の字体（文字の骨組み）を，明朝体活字のうちの一種を例に用いて示した．現在，一般に使用されている各種の明朝体活字（写真植字を含む．）には，同じ字でありながら，微細なところで形の相違の見られるものがある．しかし，それらの相違は，いずれも活字設計上の表現の差，すなわち，デザインの違いに属する事柄であって，字体の違いではないと考えられるものである．つまり，それらの相違は，字体の上からは全く問題にする必要のないものである．

そして，デザインの差とするものを，大きく三つに分け，さらにその中を小分類して，それぞれについて例を示している（本書では一部だけ例を示す）．

1　へんとつくり等の組合わせ方について
　　1）大小，高低などに関する例，2）はなれているか，接触しているかに関する例
2　点画の組合わせ方について
　　1）長短に関する例，2）つけるか，はなすかに関する例，3）接触の位置に関する例，4）交わるか，交わらないかに関する例，5）その他
3　点画の性質について
　　1）点か，棒（画）かに関する例

帰　帰　班　班　均　均　麗　麗

2）傾斜，方向に関する例，3）曲げ方，折り方に関する例，4）「筆押さえ」等の有無に関する例，5）とめるか，はらうかに関する例，6）とめるか，ぬくかに関する例，7）はねるか，とめるかに関する例

「常用漢字表」の「表の見方及び使い方」の第5項において「著しい差異のないものは省いた」とあるのは，微細な点はあくまでもデザインの差であって字体の問題として扱う必要がないという考えによっているのである．

(3) 活字と筆写体

「字体についての解説」では，さらに「第2　明朝体活字と筆写の楷書との関係について」において，学校教育の現場で問題となっている明朝体活字と筆写の楷書との関係に触れている．学校教育では，すでに昭和52（1977）年改訂の『小学校学習指導要領』で「学年別漢字配当表」に示す漢字（教科書体活字）の字体を標準とすることが明記されていた．「常用漢字表」では明朝体の活字で示したことによって，字によっては手書きに近い教科書体の活字とは大いに異なっていて，国語教育の現場で「常用漢字表」をめぐって問題となる危険性があったからである．そこで，両者の違いは「印刷上と手書き上のそれぞれの習慣に基づく表現の差と見るべきものである」という見解を示している．例として，明朝体活字の特徴と，筆写の楷書でのいろいろな書き方を挙げている（本書では一部だけ例を示す）．

1　明朝体活字に特徴的な表現のあるもの
　　1）折り方に関する例

衣　―　衣　　去　―　去　　玄　―　玄

　　2）点画の組合わせに関する例，3）「筆押さえ」等に関する例，4）曲直に関する例，5）その他
2　筆写の楷書では，いろいろな書き方があるもの
　　1）長短に関する例

2) 方向に関する例

風 ― 風 風　比 ― 比 比
仰 ― 仰 仰

3) つけるか，はなすかに関する例，4) はらうか，とめるかに関する例，
5) はねるか，とめるかに関する例，6) その他

令 ― 令 令　外 ― 外 外 外
女 ― 女 女

6. 「現代仮名遣い」

　昭和61 (1986) 年7月1日に「現代仮名遣い」が内閣告示・訓令として公布された．「現代かなづかい」が「当用漢字表」と同じく昭和21 (1946) 年11月16日に内閣告示・訓令として公布されて以来40年ぶりの改定になる．「現代かなづかい」の制定の際には，歴史的仮名遣いを主張する人々の反対などもあった．そのため，多くの細則が歴史的仮名遣いとの対比の形をとっていた．しかし，「現代かなづかい」が定着している現状では，歴史的仮名遣いとの対照は本文後の付表に対照表を設けることにして，本文では「現代かなづかい」を受け継ぎながら，それをよりわかりやすく簡略化してある．「現代かなづかい」では，そのきまりを4表，細則33，備考10項目として示してあった．この「現代仮名遣い」では，原則に関するもの5項目，特例に関するもの6項目，付記1項目，そして付表として「現代かなづかい」で細則で扱っていた歴史的仮名遣いとの対照が示されている．
　原則は，「語を書き表すのに，現代の音韻に従って」書くことである．また特例とは，「特定の語については，表記の慣習を尊重して」書くこととある．漢字の音や訓については「常用漢字表」の一字一字の音や訓に基づいているが，熟語になった場合，音訓と合わなくなるものも生じている．例えば，語頭の「ち」

や「つ」が熟語の後項成分になった場合，連濁を起して音韻上はジヤズになる．その場合，「現代かなづかい」では「ぢ」や「づ」と表記することが明記されていたが，昭和31（1956）年7月5日の国語審議会報告「正書法について」において語構成意識が取り出された．そこには「現代語としては，語構成の分析的意識のないもの」として次のものが挙げられている．

　　かたず　ぬかずく　みみずく　さしずめ　おとずれ　さかずき　つまずく
　　いなずま　かしずく　ひざまずく　なかんずく　あせみずく　きずな
　　うなずく　しおじ　たび　じ　うでずく　かねずく　ちからずく
　　なっとくずく　きぬずくめ　けっこうずくめ　おのずから　くちずから
　　てずから　（以上　和語）
　　いえじゅう　いちにちじゅう　せかいじゅう　（以上　漢語）

「現代仮名遣い」においては，「5（2）二語の連合によって生じた「ぢ」「づ」」は特例の中に入っており，「ぢ」「づ」と書くのが表記の慣習としている．しかし，国議審議会の「正書法について」の精神を受け継ぎ，なお書きとして「現代語の意識では一般に二語に分解しにくいもの」については現代の音韻に従った「じ」「ず」と書くことを本則とし，慣習的な「ぢ」「づ」と書くことも許容する立場をとっている．次の語が例として挙がっている．

　　せいかいじゅう（世界中）　いなずま（稲妻）　かたず（固唾）　きずな（絆）
　　さかずき（杯）　ときわず　ほおずき　みみずく　うなずく
　　おとずれる（訪）　かしずく　つまずく　ぬかずく　ひざまずく
　　あせみずく　くんずほぐれつ　さしずめ　でずっぱり　なかんずく
　　うでずく　くろずくめ　ひとりずつ　ゆうずう（融通）

また〔注意〕として，「次のような語の中の「じ」「ず」は，漢字の音読みでもともと濁っているものであって，（中略）「じ」「ず」を用いて書く」とあり，例として，

　　じめん（地面）　ぬのじ（布地）　ずが（図画）　りゃくず（略図）

が挙げてある．「地」には，歴史的仮名遣いとして，漢音としてチ，呉音としてヂがあった．呉音のヂを，漢字の音・訓を定めた「当用漢字音訓表」においてジとした．また「図」の歴史的仮名遣いはヅであったが，これも同様に「当用漢字音訓表」においてズにしたのである．濁音のヂやヅで始まる字音仮名遣

いを持つ漢字は「現代かなづかい」の細則に基づいて「当用漢字音訓表」の段階ですでにジとズになっていたのである．

このジとズで大きく問題になっているのは，「世界中」や「融通」といった漢語の場合である．「中」の場合は，「世界中」や「一日中」「家中」のように濁音化（連濁）する場合が多く，ジュウという音があるように思われている．それに対し，「通」の場合，現代語において連濁する語はこの「融通」ぐらいである．他の「貫通」「共通」「交通」「全通」などはツウになっている．また，漢字二字で書いていることから，二語に分解できるという考え方もできよう．その点から，「融通」の場合はユウヅウと書いた方がよいという意見も強い．

7.「表外漢字字体表」

(1)「表外漢字字体表」答申の経緯

「当用漢字表」に入っている漢字は，「当用漢字字体表」によって漢字の字体が整理され，多くの新字体が作成された．そして「常用漢字表」が内閣告示・訓令として公布された際にも，新しく加わった漢字に対して「当用漢字字体表」におけるシステムで字体の変更が行われた．新字体の使用は「当用漢字表」や「常用漢字表」という限られた範囲の漢字においてであり，これらの表に含まれていない漢字（表外漢字）については，使用する場合は康熙字典体を使用するものとされていた．しかし，JIS漢字が略体化のシステムを表外漢字にも適用しており，特に昭和58（1983）年のJIS規格の改正（83JIS）によって「鴎」「醍」「蝋」のような略字体が採用され，康熙字典体である「鷗」「醐」「蠟」が使えないという現象が起こり，それが29字種に及んだ．教育の現場などでは，教科書や辞書の字がワープロでは使えないということになり，どちらが標準であるのかという問題が生じてきた．

平成5（1993）年11月に発足した第20期国語審議会に対して，文部大臣から「新しい時代に応じた国語施策の在り方について」が諮問された．そこで，ワープロなどにおける漢字の字体の問題について検討を始め，

　　現在の社会生活での慣行に基づき，康熙字典体を本則としつつ，略体については現行のJIS規格や新聞などで用いられているものに限って許容し

ていくという方向も考えられる．　　（第20期国語審議会審議経過報告）
という考え方が示された．

　次の第21期国語審議会（平成8（1996）年7月発足）は，これを受けて，表外漢字の字体を中心として，平成10（1998）年6月に「表外漢字字体表試案」をまとめた．そこでは，書籍などで表外漢字がどのように使用されているのかを大手印刷会社3社（凸版印刷，大日本印刷，共同印刷）の資料をもとに分析・整理して，字体検討対象漢字の範囲を定め，検討対象の978字を示した．さらに明朝体活字を調査し，字体とデザイン差との境界を考え，それに基づいて字体・字形上問題があると判断した215字に対し，印刷標準字体を掲げ，そのうち38字に対しては略体として「簡易慣用字体」を示している．

　第22期国語審議会（平成10年12月発足）では，「表外漢字字体表試案」に対する意見をもとに，さらに詳しい実態調査を行っている．頻度数調査について，凸版印刷のデータを辞典類・単行本・月刊誌・古典類の4分類にし，また新聞（読売新聞）についても調査を行っている．明朝体活字については，1820～1946年の活字の字形の調査を行い，字形とその異同の範囲を明らかにしている．

　このような調査をもとに，平成12（2000）年12月8日に国語審議会から「表外漢字字体表」として答申された．その字体表には常用漢字とともに使用されることが比較的多い表外漢字1022字が挙げられ，そのうち22字については簡易慣用字体も併せて示してある．この字体表の基本的な考え方は，康熙字典体を標準字体として，JIS漢字の字体が定着してしまっている一部のものに対しては簡易慣用字体の併用を認めるという立場である（図3.2）．

　一般の生活では「常用漢字表」が漢字使用の目安になっており，この「表外漢字字体表」は「常用漢字表」の外の問題であり，かつ情報機器に関係していることから，国語審議会答申のままで終わり，内閣告示はされなかった．

(2) 新聞における略字体の使用

　新聞に表外漢字の略字体が使用されていることはよく知られている．ただし新聞社によって略字体の使用の状況は異なっている．これは新聞各社が印刷機械の導入にあたってどのような文字セットを選択しているのかによる．朝日新

No.	音訓	印刷標準	簡易慣用	備考
991	レン	攣		
992	ロ	賂		
993	ロ	魯		
994	ロ	濾	沪	簡慣 ＊
995	ロ	廬		
996	ロ	櫓		
997	ロ	蘆	芦	簡慣 ＊
998	ロ	鷺		
999	ロウ	弄		
1000	ロウ	牢		

No.	音訓	印刷標準	簡易慣用	備考
1001	ロウ	狼		
1002	ロウ	榔		
1003	ロウ	瘦		
1004	ロウ	臈		＊臘
1005	ロウ	臘		1004とは別字扱い
1006	ロウ	朧		＊
1007	ロウ	蠟	蝋	
1008	ロウ	籠		＊
1009	ロウ	聾		＊
1010	ロク	肋		

図 3.2 「表外漢字字体表」(一部)
備考欄の＊は，当該の印刷標準体と簡易慣用体にデザイン差と位置づけられる印刷字形があることを示す．

聞社のように明確に意図した略字体を採用している場合や，単に83JISに準拠した文字セットを採用している会社もあるからである．

　朝日新聞社の朝日字体（朝日文字）は特に有名である．国語政策とは別に，朝日新聞では表外漢字にも当用漢字の略体化のシステムを適用したのである．昭和31（1956）年12月までに一通りの略字が揃い，昭和35（1960）年まで改訂が行われた．JIS漢字の昭和58年改正（83JIS）において略字体が大幅に採用されたが，その中には朝日字体と一致するものが多数あった．

　しかし「表外漢字字体表」において康熙字典体を標準字体と位置づけ，またJIS漢字もJIS X 0213の規格においてはその「表外漢字字体表」の答申に合わせたことにより，平成19（2007）年1月30日発売のWindows Vistaからは康熙字典体が打ち出せるようになっていた．これらの状況から，朝日新聞は同年1月15日から朝日字体を廃止することにした（図3.3）．

(3)「表外漢字字体表」の性格

「表外漢字字体表」の「前文」に，

　　一部の印刷文字字体に見られる字体上の問題を解決するために，常用漢

7.「表外漢字字体表」

字体が変わる表外漢字の例

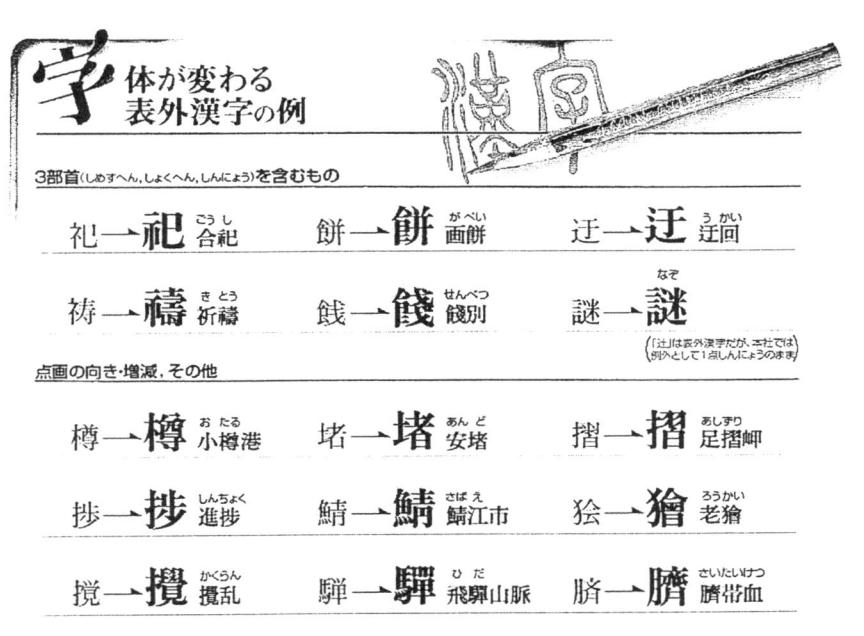

3部首(しめすへん、しょくへん、しんにょう)を含むもの

祀→祀 合祀　餅→餅 画餅　迂→迂 迂回
祷→禱 祈禱　餞→餞 餞別　謎→謎 なぞ
「辻」は表外漢字だが、本社では例外として1点しんにょうのまま

点画の向き・増減、その他

樽→樽 小樽港　堵→堵 安堵　摺→摺 足摺岬
捗→捗 進捗　鯖→鯖 鯖江市　獪→獪 老獪
撹→攪 攪乱　騨→驒 飛驒山脈　脐→臍 臍帯血

図 3.3　朝日字体の廃止（朝日新聞 2007 年 1 月 15 日）

字表の制定時に見送られた「法令，公用文書，新聞，雑誌，放送等，一般社会生活において表外漢字を使用する場合の字体選択のよりどころ」を示そうとするものである．

とあるように，「表外漢字字体表」は「常用漢字表」の一環的な施策の中に位置づけられた．「常用漢字表」が「現代の国語を書き表す場合の漢字使用の目安を示」したものであることから，ある程度の表外漢字の使用を想定しており，この「表外漢字字体表」はその表外漢字の字体の標準を示していることになる．

字体表においては，先に記したように，常用漢字とともに使用されることが比較的多いと考えられる表外漢字1022字を挙げ，その印刷標準字体，すなわち康熙字典体を示し，そのうち22字については簡易慣用字体も併せて示してある．その 22 字とは次のものである．

唖　頴　鴎　撹　麹　鹸　噛　繍　蒋　醤　曽　掻　痩　祷　屏　并　桝
麺　沪　芦　蝋　弯

83JISで問題になった29字（第5章2節参照）のうち，

唖 鴎 麹 鹸 噛 繍 蒋 醤 掻 裃 麺 蝋

の12字が簡易慣用字体として許容されることになった．「表外漢字字体表」はJIS漢字で生じた問題を追認する目的もあったのである．

　3部首（しんにゅう／しめすへん／しょくへん）については，新聞業界の要望により，印刷標準字体である「辶／示／食」の字形の他に印刷文字として「辶／ネ／𩙿」の使用を認めている．これを3部首許容と呼んでいる．

　また筆写の楷書字形については，印刷文字字形との相違が大きいことによって，時には常用漢字における字体の違いに及ぶ場合もあるが，手書き上の習慣に従って筆写することを否定するものではないとして，次のような具体例で示している（本書では一部だけ例を示す）．

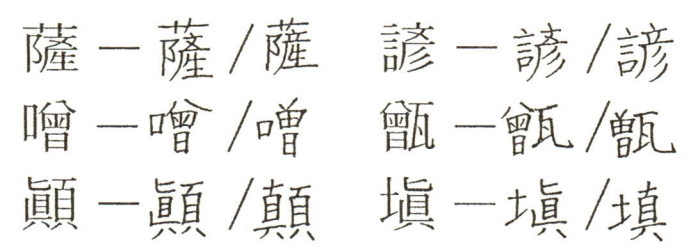

薩 — 薩／薩　　諺 — 諺／諺
噌 — 噌／噌　　甑 — 甑／甑
顛 — 顛／顛　　塡 — 塡／塡

（明朝体字形―明朝体字形に倣ったものの例／手書き上の習慣に従ったものの例）

　JIS漢字などの情報機器との関係について，「情報機器に搭載される表外漢字については，表外漢字字体表の趣旨が生かされることが望ましい」と記している．それを受けて，「表外漢字字体表」をJIS規格に反映させる作業が開始された．そして「表外漢字字体表」の印刷標準字体を印字できるように，平成16（2004）年2月にJIS X 0213の改正を行ったのである．

8.「常用漢字表」と新聞

(1)「常用漢字表」への抵抗

　「常用漢字表」の特色は「漢字使用の目安を示すもの」と言われるが，公文書や新聞の世界ではあくまでも「当用漢字表」と同じく制限となっている．特に新聞においては頻出語を漢字で表したいという要望が強くなった．そこで，

昭和56（1981）年10月1日に「常用漢字表」が告示されるとすぐに，日本新聞協会新聞用語懇談会は，新聞に使用する漢字について，常用漢字でありながら使用しない漢字11字と，表外漢字でありながら使用する漢字6字，表外字音1字を決定した．

　　使用しない漢字（11字）　謁　虞　箇　且　遵　但　脹　朕　附　又　濫
　　表外漢字　　　（6字）　　亀　舷　痕　挫　哨　狙
　　表外字音　　　（1字）　　個（カ）

使用しない漢字11字は，いずれも昭和29（1954）年3月15日に国語審議会が答申した「当用漢字表補正資料」において削る予定の28字に含まれていたものである．日本新聞協会では，この答申が受け入れられるものとして，「箇→個」「遵→順」「脹→張」「濫→乱」といった代用漢字を考えて，同協会の『新聞用語言いかえ集』（昭和30（1955）年）に例示していた．今回の決定はそれを受け継いだものである．その他のものについては，使用頻度の低いものや，副詞として使用されるものであり，それらを除外したのである．「個」に表外字音のカを認めたのは「箇」を使用しないことによる．一方，使用する表外漢字は，その当時の報道において欠かせない漢字であった．

(2) 常用漢字の追加の必要性

日本新聞協会新聞用語懇談会は，平成13（2001）年11月30日には，さらに必要な漢字として表外漢字39字と表外訓の9字種を，読み仮名なしで使用できることを決めた．

　　表外漢字（39字）：　闇（やみ）　鍋（なべ）　牙（ガ，ゲ，きば）
　　　　瓦（ガ，かわら）　鶴（カク，つる）　玩（ガン）　磯（いそ）
　　　　臼（キュウ，うす）　脇（キョウ，わき）　錦（キン，にしき）
　　　　駒（ク，こま）　詣（ケイ，もう・でる）　拳（ケン，こぶし）
　　　　鍵（ケン，かぎ）　虎（コ，とら）　虹（コウ，にじ）　尻（しり）
　　　　柿（シ，かき）　餌（ジ，え，えさ）　腫（シュ，は・れる，は・らす）
　　　　袖（シュウ，そで）　腎（ジン）　須（ス）　誰（だれ）　腺（セン）
　　　　曽（ソ，ソウ）　酎（チュウ）　枕（まくら）　賭（ト，か・ける）
　　　　瞳（ドウ，ひとみ）　頓（トン）　丼（どんぶり，〜どん）　汎（ハン）

　　　　斑（ハン）　釜（かま）　謎（なぞ）　妖（ヨウ）　嵐（ラン，あらし）
　　　　呂（ロ）
　　　表外訓：　証（あか・す）　癒（い・える，い・やす）　粋（いき）
　　　　描（か・く）　要（かなめ）　応（こた・える）　鶏（とり）　館（やかた）
　　　　委（ゆだ・ねる）
　また，単漢字としては採用しないが特定の熟語に限って読み仮名なしで使用できる23語と，読み仮名付きで使う16語を認めた．
　　　熟語（読み仮名なし）：　一揆（いっき）　旺盛（おうせい）
　　　　元旦（がんたん）　公家（くげ）　巻層雲（けんそううん）
　　　　斬新（ざんしん）　獅子（しし）　老舗（しにせ）　庄屋（しょうや）
　　　　席巻（せっけん）　僧侶（そうりょ）　卒塔婆（そとうば／そとば）
　　　　戴冠・戴帽（式）（たいかん・たいぼう）　太夫・大夫（たゆう／たいふ）
　　　　外様（とざま）　奈落（ならく）　刃傷（にんじょう）
　　　　人身御供（ひとみごくう）　蜂起（ほうき）　捕捉（ほそく）
　　　　馬子唄（まごうた）　蜜月（みつげつ）　拉致（らち）
　　　熟語（読み仮名必要）：　迂回（うかい）　冤罪（えんざい）　凱歌（がいか）
　　　　凱旋（がいせん）　葛藤（かっとう）　儀仗兵（隊）（ぎじょうへい）
　　　　杞憂（きゆう）　頸動脈（けいどうみゃく）　合祀（ごうし）
　　　　腫瘍（しゅよう）　真摯（しんし）　脊髄（せきずい）　脊椎（せきつい）
　　　　遡上（そじょう）　蘇生（そせい）　堆積（たいせき）
　そこには「拉致」や「冤罪」「合祀」「真摯」など時代性の見られる熟語がある．これらを決定した理由は，
　①多くの人が読める漢字をなぜ使用しないのかという国民の意見
　②表外字の代わりに採用してきた漢字と仮名による交ぜ書きや書き換えに対する見直しの機運が高まってきたこと
によるとしている．すなわち，ワープロソフトや携帯電話のメールなどによって，表外字が容易に打ち出されるようになり，表内字と表外字の意識がまったくなくなってきたことによる．そのことによって，新聞で使用される交ぜ書きが見栄えの悪いものになってきたのである．
　この方針はあくまでも新聞各社が使用できるものとしての共通認識であり，

新聞社によって必要な表外漢字に対する異なった考えが見られる．例えば，毎日新聞では平成11（1999）年5月1日からすでに表外漢字37字と表外訓2字を読み仮名付きで使用していた．また朝日新聞では，この新聞協会の方針以前から11字の表外漢字を使用しており，これを機にさらに77字に増やしている．そこには新聞協会が熟語として挙げている「冤」「旺」「獅」などもあるが，それ以外に「岡・鎌・串・熊・栗・股・頃・采・鹿・呪」などがある．

9. 情報化時代に対応する漢字政策の在り方

(1) 新しい漢字表の検討

平成17（2005）年3月30日に，文部科学大臣から文化審議会国語分科会に対して，下記の二つの事項について諮問が出された．なお，これまで国語施策を担ってきた国語審議会は平成13（2001）年1月末に廃止され，新たに設置された文化審議会の国語分科会が文部科学大臣の諮問機関となっている．

・敬語に関する具体的な指針の作成について
・情報化に対応する漢字政策の在り方について

敬語については，平成19（2007）年2月2日に「敬語の指針」が答申された．そこでは敬語を，尊敬語，謙譲語Ⅰ，謙譲語Ⅱ，丁寧語，美化語の5類に分ける案が示されている．

一方，漢字政策については，このような情報化に対応する在り方が問われた理由を，その諮問の中で次のように説明している．

①常用漢字表が，果たして，情報化の進展する現在においても「漢字使用の目安」として十分機能しているのかどうか，検討する時期に来ている．
②情報機器の広範な普及は，一方で，一般の文字生活において人々が手書きをする機会を確実に減らしている．漢字を手で書くことをどのように位置付けるかについては，情報化が進展すればするほど，重要な課題として検討することが求められる．

そして，それぞれについて次のような検討を要求している．

①常用漢字表の在り方を検討するに当たっては，JIS漢字や人名用漢字との関係を踏まえて，日本の漢字全体をどのように考えていくかという観点か

ら総合的な漢字政策の構築を目指していく必要がある．その場合，これまで国語施策として明確な方針を示してこなかった固有名詞の扱いについても，基本的な考え方を整理していくことが不可欠となる．

②漢字の習得及び運用面とのかかわり，手書き自体が大切な文化であるという二つの面から整理していくことが望まれる．

　この諮問は「国語分科会で今後取り組むべき課題」（平成17年2月2日）という国語分科会報告に基づいて出されたものであるから，国語分科会漢字小委員会ではすでにある程度の方向性を持って新しい漢字表の作成に向けて作業を進めていたことになる．その報告書に基づけば，下記のような検討にあたっての態度や方針が示されている．

・実態調査については，漢字の出現頻度数調査だけでなく，読み書き能力の調査，固有名詞（特に，人名・地名）の調査も実施する必要がある．

・常用漢字表の見直しについては，現在の文字生活の実態に照らして，日本の漢字をどのように考えていくかを総合的に検討する中で議論する．

・手書きの問題に対しては，《手で書くということは日本の文化として捨ててはいけないものだ》という方向で，基本的な考え方を整理する．

　この報告書を見ずにただ諮問だけを読むと，次のようなことが求められているように読める．①については，「常用漢字表」とは関係なく進められてきたJIS漢字や人名用漢字について，新しい「常用漢字表」（以下「新常用漢字表」とする）ではこれらとの整合性が求められている．これまで国語施策として明確な方針が示されてこなかった固有名詞に対しても，「新常用漢字表」との関わりを持たせることが期待されている．②については，これまでどおり小学校や中学校での漢字の学習の必要性が求められており，このことは教育漢字とも大いに関わってくる．したがって「新常用漢字表」は大学受験などにおける漢字の出題範囲などにも関連してくる．さらに手書きについては，印刷文字字形（明朝体字形）と筆写の楷書字形との相違について人々に広く知らしめる必要がある．また新しく入れられる漢字については筆写が容易なようにこれまでのような略体化が期待されているように思われる．

(2) 新しい漢字表の方向性

平成 20（2008）年 1 月 28 日の文化審議会国語分科会において，その下部組織である漢字小委員会は 2007 年度の審議内容のまとめを報告した．この報告書によって，「新常用漢字表」のおおよその方向性が示された．その基本的性格は次のように記されている．

> 新常用漢字表（仮称）（以下，新漢字表という．）は，現行の常用漢字表と同じく，法令・公用文書・新聞・雑誌・放送等，一般の社会生活で用いる場合の，効率的で共通性の高い漢字を収め，分かりやすく通じやすい文章を書き表すための，新たな漢字使用の目安となることを目指したものである．

さらにその性格を分かりやすくするために，「常用漢字表」の「前書き」（本章 2 節参照）に相当する 5 項が示されている．5 項のうち，「常用漢字表」と異なるのは次の 2 点であり，それぞれにおける「ただし書き」の箇所である．

2　科学，技術，芸術その他の各種専門分野や，個々人の表記にまで及ぼそうとするものではない．<u>ただし，専門分野の語であっても，一般の社会生活と密接な関連を持つ語の表記については，この表を参考とすることが望ましい．</u>

3　固有名詞を対象とするものではない．<u>ただし，固有名詞の中でも特に公共性の高い都道府県名に用いる漢字は，そのすべてを表に入れる．</u>

この 3 の項目によって，「常用漢字表」に入っていない都道府県名に使われている漢字 11 字

茨　栃　埼　梨　阜　阪　奈　岡　媛　熊　鹿

が新たに加わることになる．これらは公共性が高く，また小学校の社会科においては必要な漢字である．

他の特徴として，「準常用漢字（仮称）」「特別漢字（仮称）」「付表 2（仮称）」の設定が考えられている．ただし，「準常用漢字」と「特別漢字」の設定は，新漢字表に入る字種を検討していく過程で，総字数がかなり多くなった場合の措置としている．「常用漢字」と「準常用漢字」との違いは，「常用漢字」の方が使用度が高く基本的な漢字であり，かつ情報機器の助けを借りずに〈手で書くことができる必要のある漢字〉とする．一方「準常用漢字」は，〈情報機器

を利用して書くことができればよい漢字〉と位置づけられている．「特別漢字」は，出現頻度数は低くても，日常生活に必要な漢字としている．

「常用漢字表」の「付表」は，いわゆる当て字や熟字訓など主として一字一字の音訓として挙げにくいものの表である．この「付表2」は，例えば「挨拶」の「挨」と「拶」のように，「挨拶」という特定の熟語しか使わない〈頻度の高い表外漢字の熟語〉や，「元旦」のように表外漢字の「旦」を含む熟語について，その特定の語に限って常用漢字と同様に読める熟語の表であるとする．

(3) **第一次素案公表**（220字，別表54字52語）

平成20年7月15日に，漢字小委員会は「新常用漢字表（仮称）」に入れる可能性の高い漢字として188字からなる字種候補案を承認し公表した．同年5月12日の同委員会の報告で，追加候補の素案として漢字220字からなる「本表」と，熟語として使用される頻度の高い漢字54字52語からなる「別表」を，たたき台として示していた．「本表」においては，候補漢字S（42字），候補漢字A（150字），候補漢字B（27字），候補漢字C（1字）というように，ランク別に候補の漢字を示している（図3.4）．その候補漢字の選定にあたって，委員会の漢字ワーキンググループでは，平成16〜18（2004〜2006）年の3年間の出版物864点について，漢字の使用状況を分析し出現頻度別に漢字の分類を行った．順位対照表の3500位までと，常用漢字で3501位以下の6字（繭・璽・勺・錘・銑・頒）の3506字を素案のための検討対象とした．それと同時に3501〜4011位の漢字で候補となる字があるのかについての確認の作業も実施した．

常用漢字については，2500位以内のものは残す方向で考え，2501位以下のものは個別に検討を加えるという扱いをとった．2501位以下には次の60字が含まれていた．

禍　姻　抄　拷　准　廉　礁　壱　升　卸　耗　謁　坑　弔　賓　痴　嚇
濫　俸　凸　詔　凹　罷　漸　賦　弧　褐　斥　厘　矯　窃　遵　惰　蚕
倹　款　憾　衷　迭　嘱　脹　墾　遡　劾　酪　勿　塑　痘　朕　虞　丙
斤　弐　謄　繭　璽　勺　錘　銑　頒

一方表外漢字については，1500位以内の漢字を「候補漢字S」，1501〜

頃闇須鎌
熊叩嘘覗
鹿尻匂朋
奈脇鶴眉曾
阪狙膝股稽
岡虎頬嬉謎
俺斬亀笠溜
誰弥呂濡撫
藤韓籠噂凄

膳剥鴨狼蒼菩呪諦戚醒阜麓瘍鷲捻媚
鍵駒駕蘇腫宛乞痕箸怨樋肘丼闇虹羞
蹴潰梨枕惚腿樽艶棲磯罵芯溺畿傲冶
塞洩馴胡裾捉雀卿錦痩弄柿挫酎慄玩套
貌袖栗蘭蓋藍拳祀淫戴骸詮臆羨茨桁貪
頷嚙禄貼苛妖瓦唾隙蜜蜂爽嘲梗蔽腺舷
揃喋葛賭掻鬱吊昧瞳蔑巾餌牙腎栃萎遡
拭翔湧駿蝶嵐叱壺歪釜窟埼頓柵瞭喩秤
臀摑鍋淵顎爪崖勃餅蒙詣靴憧僅畏臼籠

串辣沃
醬糊截
麵綴聘
遜脊誼
冥顛彙
斑賤媛
煎箋哨
堆疼毀
采塡汎

綬

図 3.4 新常用漢字表（仮称）に入れる可能性のある候補漢字の素案（朝日新聞 2008 年 5 月 13 日）
上から出現頻度の高い順に 4 グループに分けて示された.「闇」は「音」の形が異なる 2 種がある.

2500 位のものを「候補漢字 A」, 2501 ～ 3500 位のものを「候補漢字 B」として, 個別に検討することにした. ただし, 常用漢字の異体字（「嶋」,「國」など）は最初から除外対象とした. 以上の作業において, 個別に検討する漢字の範囲を確定し, 各ランクで検討の対象となった漢字については,

（1）候補漢字 S：基本的に新漢字表に加える方向で考える

（2）候補漢字 A：基本的に残す方向で考えるが, 不要なものは落とす

（3）候補漢字 B：特に必要な漢字だけを拾う

の方針で検討を行った. 拾う条件として次のものが挙げられている.

1）常用漢字表作成時の選定方法を参考とする

2）新聞常用漢字にある「表外漢字（40 ～ 70 字）」の扱い

3）ポイントを設定して, それの高いものを拾うか　など

「常用漢字表」作成時の選定基準とは次のようなものである. ①使用度数, ②漢字の機能度（語構成力など）, ③固有名詞に関するもの（当用漢字表に「別に考えることとした」とある）, ④漢字の表す意味からの分類（語彙の体系性）,

⑤品詞，⑥漢字の用法（一字漢語，一音節和語，同音類義字，同訓異字，当て字），⑦漢字の構成（画数，構成要素になるか）．

このようにして選ばれたのが，先に示した候補漢字 S 42 字，候補漢字 A 150 字，候補漢字 B 27 字，そして 3501 位以下からの候補漢字 C 1 字である．同年 1 月 28 日の報告にあった府県名 11 字もここに含まれている．なお，候補漢字 C は「綬」1 字だけであるが，これは同じく 1 月 28 日の報告にあった「特別漢字（仮称）」に該当するのであろう．「特別漢字（仮称）」は，出現頻度数は低くても日常生活に必要なものと位置づけられている．この字は「紫綬褒章」「紺綬褒章」「紅綬褒章」などに使用されており，国民や国家にとって必要な漢字と判断されたのであろう．なお「俺」については「公の場で使う言葉ではない」という反対意見もあり，意見が分かれた．

「別表」に入れる可能性のある候補漢字 54 字 52 語も段階別に示された．

　　候補漢字 S（7 字 7 語）：　那（刹那・旦那）　旦（元旦）　沙（沙汰）
　　　　椅（椅子）　挨（挨拶）　拶　庄（庄屋）
　　候補漢字 A（24 字 23 語）：　喉（咽喉）　拉（拉致）　汰
　　　　唄（小唄・長唄など）　妬（嫉妬）　毅（毅然）　嫉
　　　　璧（完璧・双璧）　伎（歌舞伎）　曖（曖昧）　綻（破綻）　咽
　　　　侶（伴侶・僧侶）　揆（一揆）　諜（諜報）　躇（躊躇）　躊
　　　　憐（可憐）　踪（失踪）　狼（狼狽）　萌（萌芽）　惧（危惧）
　　　　撥（撥音）　謳（謳歌）
　　候補漢字 B（23 字 22 語）：　刹（名刹）　旺（旺盛）　蔓（蔓延）
　　　　璃（浄瑠璃）　捏（捏造）　摯（真摯）　憚（忌憚）　饉（飢饉）
　　　　倦（倦怠）　屏（屏風）　恍（恍惚）　氾（氾濫）　諧（俳諧）
　　　　斡（斡旋）　膠（膠着）　恣（恣意）　疇（範疇）　謗（誹謗）
　　　　乖（乖離）　誹　憬（憧憬）　捗（進捗）　訃（訃報）

このように追加する一方で，出現頻度が低いという理由で常用漢字から外す対象となったのは，「銑・錘・勺・斤・匁・脹」の 6 字である．

日本新聞協会は，表外漢字であっても新聞においては使用する漢字として，昭和 56（1981）年に 6 字，平成 9（1997）年に 39 字を決定していた．漢字小委員会ではこれらを拾う条件としている．この 45 字はいずれも素案の 220 字

含まれている．45字について出現頻度順に見ていくと，Sランクに12字，Aランクに30字，Bランクに3字という内訳になっている．新聞協会が決めた45字は必要があって入れられたことがわかる．

表には，「音」の箇所の異なる2種の字体の「闇」や，すでに「常用漢字表」に入っている「靴」の異体字が候補に挙げられている．常用漢字の異体字は最初から除外対象としたのであるが，このような事態が生じたのは文字コードとは異なる基準によって出現頻度調査が行われた結果であろう．なお，「音」の一画目が縦になっているのがSランクに，横になっているのがAランクに入っている．朝日新聞の記事（図3.4）では逆になっている．このような問題の他に，この素案を認めた場合次のような問題も生じてこよう．

・昭和31（1956）年の「同音漢字の書きかえ」において代用漢字が提案されたものがある．それらとの表記の揺れが生じる．

　〔例〕「闇夜」と「暗夜」「顛倒」と「転倒」「臆測」と「憶測」

・同訓異字を増やすことになる．

　〔例〕きる「切る・斬る」　とぶ「飛ぶ・翔ぶ」　とらえる「捕える・捉える」

(4) 決定追加案（188字）

平成20年5月26日の漢字小委員会では，220字の素案について引き続き検討を行った．字体の異なる複数の漢字を新しい漢字表に入れることはないため，次の素案で見直すことになった．すなわち，この段階で本表の候補漢字は2字減り218字になった．また，「俺」については依然として意見が分かれ結論には至らなかった．

6月16日に，漢字小委員会は第二次素案として188字を公表した．第一次素案に入っていた「別表」は，よりわかりやすい漢字表にするという方針によって，その作成は見送られた．結局，この案が7月15日の同委員会で了承された（図3.5）．

第二次素案作成にあたり，漢字ワーキンググループは次のような判断基準で作業を行った．

藤　誰　俺　岡　頃　奈　阪　韓　弥
那　鹿　斬　虎　狙　脇　熊　尻　旦
闇　籠　呂　亀　頬　膝　鶴　匂　沙
須　椅　股　眉　挨　拶　鎌　凄　謎
稽　曾　唆　拭　貌　塞　蹴　鍵　膳
袖　潰　駒　剥　鍋　湧　葛　梨　貼
拉　枕　顎　苛　蓋　裾　腫　爪　嵐
鬱　妖　藍　捉　宛　崖　叱　瓦　拳
乞　呪　汰　勃　昧　唾　艶　痕　諦
餅　瞳　唄　隙　淫　錦　箸　戚　蒙
妬　蔑　嗅　蜜　戴　痩　怨　醒　詣
窟　巾　蜂　骸　弄　嫉　罵　璧　阜
埼　伎　曖　餌　爽　詮　芯　綻　肘
麓　憧　頓　牙　咽　嘲　臆　挫　溺
侶　丼　瘍　僅　諜　柵　腎　梗　瑠
羨　酎　畿　畏　瞭　踪　栃　蔽　茨
慄　傲　虹　捻　臼　喩　萎　腺　桁
玩　冶　羞　惧　舷　貪　采　堆　煎
斑　冥　遜　旺　麺　璃　串　塡　箋
脊　緻　辣　摯　汎　憚　哨　氾　譜
媛　彙　恣　聘　沃　憬　捗　訃

図 3.5 新常用漢字表（仮称）に入れる可能性の高い漢字（朝日新聞 2008 年 7 月 16 日）

＜入れると判断した場合の観点＞
①出現頻度が高く，造語力（熟語の構成能力）も高い
　→　音と訓の両方で使われるものを優先する（例：闇，溺）
②漢字仮名交じり文の「読み取りの効率性」を高める
　→　出現頻度が高い字を基本とするが，それほど高くなくても，漢字で表記した方が分かりやすい字（例：謙遜の「遜」，堆積の「堆」）
　→　出現頻度が高く，広く使われている代名詞（例：誰，俺）
③固有名詞の例外として入れる
　→　都道府県名及びそれに準じる字（例：畿，韓）
④社会生活上よく使われ，必要と認められる
　→　新聞，雑誌等の出現頻度が低くても，必要な字（例：元旦の「旦」）
＜入れないと判断した場合の観点＞
①出現頻度が高くても，造語力（熟語の構成能力）が低く，訓のみ，あるいは訓中心に使用（例：濡，覗）
②出現頻度が高くても，固有名詞（人名・地名）中心に使用（例：鷹，鴨）

③造語力が低く，仮名書き・ルビ使用で，対応できると判断（例：醬，顚）
　④造語力が低く，音訳語・歴史用語など特定分野で使用（例：菩，捺）

　このような基準によって第一次素案の218字から63字が削られた．Aランクから「闇」と「靴」の異体字が前回の委員会で削除されたことにより，Aランクから「嗅」「瑠」の2字が新たに加えられた．また別表の作成を見送ったため，別表の54字から31字を入れることにした．その結果，候補漢字として188字が選ばれた（218－63＋2＋31＝188）．候補漢字から外されたのは次のものである．

　　候補漢字S：　叩　噓　噂　濡　笠　嬉　朋　覗　撫　溜
　　　（以上10字）
　　候補漢字A：　鷹　揃　顎　摑　翔　喋　嚙　洩　禄　栗　馴　駕　鴨
　　　　　　　　淵　駿　賭　蘭　胡　蘇　狼　蝶　掻　惚　蒼　腿　菩　吊　雀　樽
　　　　　　　　壺　祀　卿　歪　棲　釜　磯　樋　柿　鷲　媚　寵　秤　遡　套
　　　（以上44字）
　　候補漢字B：　醬　疼　賤　顚　糊　毀　誼　截　（以上8字）
　　候補漢字C：　綬　（1字）
　別表の54字から候補漢字に選ばれた31字は次のものである．
　　那　旦　沙　椅　挨　拶　喉　拉　汰　唄　妬　嫉　璧　伎　曖　綻　咽
　　侶　諜　踪　惧　旺　璃　摯　憚　氾　諧　恣　憧　捗　訃

　第一次素案において外す可能性の高い常用漢字6字（銑・錘・勺・斤・匁・脹）から，「斤」は食パンを数える時に使用されるという理由で復活した．「新常用漢字表」の暫定案としては，常用漢字（1945字）と追加候補漢字（188字），そして外す常用漢字（5字）となり，つまり総字数2128字という案である．

　追加される可能性のある字を見ていくと，歌舞伎の「伎」が入り，浄瑠璃の「璃」が第一次素案にありながら，「瑠」がなかったために第二次素案で急遽候補漢字に上がった．新しい学習指導要領が伝統文化の学習を謳っていることから，歌舞伎も浄瑠璃も漢字で表記できることが望まれているのであろう．新聞で使用されている表外漢字では「賭・釜・磯・柿」の4字が外された．これらはいずれもAランクの字であるが，訓のみ，あるいは訓中心であることから

候補から外されたものと思われる．また人名用漢字との関係で見ていくと，人名用漢字と重なっていない字は以下の62字だけである．意味的に名前に使用しがたい字が多い．

斬 狙 尻 籠 膝 股 喉 潰 刹 拉 顎 苛 腫 鬱 叱 乞 呪
唾 痕 淫 妬 蔑 嗅 怨 骸 弄 嫉 罵 璧 餌 綻 咽 嘲 挫
溺 丼 瘍 踪 諜 慄 傲 喩 萎 腺 羞 惧 貪 麺 箋 脊 緻
辣 摯 憚 氾 諧 彙 恣 聘 沃 捗 訃

人名用漢字と重なっている126字にしても，1字1音の万葉仮名的に使用される「奈・弥・那・沙・須・梨・汰・璃」などを除くと，人名用漢字として使用できるものも数が限られてくる．選ぶ基準として両者ともに出現頻度順を重視していることから考えれば，両者の重なりが大きいことは当然なこととも思われる．しかし，新しい漢字表では，「固有名詞を対象とするものではない」という方針を立てていた．それにもかかわらず188字中126字が重なっているということは，人名用漢字とは一体何だろうかという疑問が生じてくる（次章8節参照）．

この第二次素案は平成20年7月15日の漢字小委員会で承認された．問題になっていた「俺」も追加案として認められたのである．そして，7月31日に開催された文化審議会国語分科会で，この「新常用漢字表」について審議し，漢字小委員会の暫定案を了承した．

字種選定の次の作業として，8～10月にかけて音訓の検討，同年11月～平成21（2009）年1月にかけて字体の検討に入る．そして年度末の2月に「新常用漢字表」の試案を作成し公表する．2009年度の予定は，この試案に対してまず春（3月頃）にパブリックコメント，すなわち国民からの意見を募集し，寄せられた意見をもとに修正を行う．修正したものについて秋（10月頃）に再びパブリックコメントを募集して修正を行い，年度末の平成22（2010）年2月に文化審議会が文部科学大臣に答申を行うことになっている．そして同年秋頃に内閣によって「新常用漢字表」が告示されるという段取りである．

■参考文献

朝日新聞社出版局図書編集室編（1986）『朝日新聞の漢字用語辞典』朝日新聞社

木村秀次（2005）「「常用漢字表」と国語施策」『朝倉漢字講座4　漢字と社会』朝倉書店
国語研究会監修（2001）『［第6次改訂］　現行の国語表記の基準』ぎょうせい
三省堂編修所編（1981）『新しい国語表記ハンドブック　第二版』三省堂
三省堂編修所編（1986）『新しい国語表記ハンドブック　第三版』三省堂
三省堂編修所編（1991）『新しい国語表記ハンドブック　第四版』三省堂
三省堂編修所編（2005）『新しい国語表記ハンドブック　第五版』三省堂
自治大臣官房文書課編（1995）『常用漢字表による公用文作成の手引（第2次改訂版）』第一法規出版
武部良明（1979）『日本語の表記』角川書店
田部井文雄（2006）「「完璧」はなぜ「完ぺき」と書くのか』大修館書店
テイハン（2005）『新　誤字俗字・正字一覧表』　テイハン
長尾盛之助編（1952）『あらゆる公用文の書き方と実例』大同出版社
日本加除出版出版部（1984）『公用文作成と常用漢字』日本加除出版
野村敏夫（2006）『国語政策の戦後史』大修館書店
林　四郎・松岡榮志（1995）『日本の漢字・中国の漢字』三省堂
広田栄太郎（1959）『用字の技術』東京堂
藤原　宏編（1973）『新しい国語表記』ぎょうせい
文化庁（2006）『国語施策百年史』ぎょうせい
前田富祺・野村雅昭編（2005）『朝倉漢字講座4　漢字と社会』朝倉書店
〈雑誌特集〉
「日本の漢字を考える」『しにか』第10巻7号　大修館書店（1999）
「どのように「表外漢字字体表」は答申されたか」『人文学と情報処理』31号　勉誠社（2001）
〈ホームページ〉
文化庁「国語施策情報システム」http://www.bunka.go.jp/kokugo/

第4章
人名用漢字

1. 旧戸籍法

　名前に使用されている漢字を見ると，その人が昭和あるいは平成の何年以降の生まれかがわかる．「苺さん」「林檎さん」「煌さん」「漣さん」なら平成16（2004）年9月14日以降の生まれ，「雛子さん」「鞠子さん」「昴さん」「鴻さん」なら平成2（1990）年3月19日以降，「楓さん」「茉莉子さん」「遼さん」「翔さん」なら昭和56（1981）年9月19日以降，「藍さん」「茜さん」「喬さん」「悠さん」なら昭和51（1976）年7月17日以降，「嘉子さん」「玲子さん」「敦さん」「亨さん」なら昭和26（1951）年5月12日以降の生まれとなる．ただし，昭和22（1947）年までに生まれた人には当てはまらない．というのは，昭和23（1948）年1月1日から名前に使用できる漢字が制限されたからである．そして，時代によって名前に使用できる人名用漢字が徐々に増加されており，名前の漢字によってその漢字使用の許された時代がわかるのである．人名用漢字は下記のように増加してきた．

　昭和23（1947）年1月1日施行　戸籍法施行規則第60条
　　　　　　　　　　　　　　　　　　　当用漢字の1850字のみ
　昭和26（1951）年5月25日内閣告示　「人名用漢字別表」　92字の追加
　昭和51（1976）年7月30日内閣告示　「人名用漢字追加表」　28字の追加

昭和 56(1981)年 10 月 1 日	戸籍法施行規則改正	
	「人名用漢字別表第二」	54 字の追加
平成 2 (1990)年 4 月 1 日	戸籍法施行規則改正	118 字の追加
平成 9 (1997)年 12 月 3 日	戸籍法施行規則改正	「琉」の追加
平成 16(2004)年 2 月 23 日	戸籍法施行規則改正	「曽」の追加
平成 16(2004)年 6 月 7 日	戸籍法施行規則改正	「獅」の追加
平成 16(2004)年 7 月 12 日	戸籍法施行規則改正	「毘」「瀧」「駕」の追加
平成 16(2004)年 9 月 27 日	戸籍法施行規則改正	
	「漢字の表」	488 字と許容字体 205 字の追加

　なお，これらの漢字制限は出生届によるものであり，芸名やペンネームなどについては制限されるものではない．したがって，芸能人にあやかって同じ名前を付けようとしても無理な場合も生じてくる．芸能人や作家，評論家などでは，意識的に人名用漢字以外の漢字を使用する場合も見受けられる．例えば，最近では「雨宮処凛」「椎名林檎」や「川本湊」などがあるが，「凛」も「檎」も「湊」も平成 16 年の戸籍法施行規則改正で初めて人名用漢字として認められたのである．

　戦前においては人名は旧戸籍法（大正 3 (1914) 年）に従っていた．旧戸籍法では子の名に用いる文字に関する特別の規定としては，「略字又ハ符号ヲ用ヰス字画明瞭ナルコトヲ要ス」(第 28 条第 1 項，第 55 条)とあるだけであった．出生届に記載する漢字については漢字として通用している範囲のものならどのような漢字を使用してもよかった．また異体字の使用も許されていた．仮名の場合においても変体仮名の使用が認められていたのである．ただし，ローマ字などの外国文字の使用や，同一戸籍内の生存者と同一名を付けることは禁じられていた．この旧戸籍法以前から禁じられていたのは，歴代天皇の御諱や御名を熟字のまま使用することである．明治 6 (1883) 年 3 月 28 日の太政官布告第 118 号に次のように規定されている．

　　御歴代御諱並御名ノ文字自今人民一般相名乗候儀不及憚事
　　但熟字ノ儘相用候儀ハ不相成候事

例えば，表 4.1 のような熟字の名前は付けることができなかったのである．

表 4.1　御諱・御名例

御諱	醍醐	冷泉	後白河	後鳥羽	明治	大正	昭和
御名	敦仁	憲平	雅仁	尊成	睦仁	嘉仁	裕仁

この点を除き名前の漢字の規制はなく，その使用は緩やかであった．

2. 昭和 21 年「当用漢字表」

　戦後多くの法律が改正され，戸籍法も全面的な改正が行われた．昭和 22（1947）年 12 月 22 日に公布され，昭和 23（1948）年 1 月 1 日から施行されることになった新しい戸籍法では，「当用漢字表」（昭和 21（1946）年 11 月 16 日告示）を受けて，子の名に付ける漢字も制限された．戸籍法において名前に関するところを抜き出すと，まず「戸籍法第四十九条」に「出生の届出は，十四日以内にこれをしなければならない」とある．これは旧戸籍法と変わっていない．名前は届けた当日に受理されるので，新しい人名用漢字が使用できるのは 13 日前に生まれた子からとなる．

　次の「戸籍法第五十条」には，第一項に「子の名には，常用平易な文字を用いなければならない」とあり，また第二項には「常用平易な文字の範囲は，命令でこれを定める」とある．第二項の命令とは「戸籍法施行規則第六十条」（昭和 22 年 12 月 29 日司法省令）のことである．これには次のように記されている．

　　一　昭和二十一年十一月内閣告示第三十二号当用漢字表に掲げる漢字
　　二　片かな又は平がな（変体がなは除く）

「当用漢字表」の「まえがき」には，「固有名詞については，法規上その他に関係するところが大きいので，別に考えることとした」とあるが，戸籍に関しては「当用漢字表」が示す漢字の範囲をそのまま利用したことになる．昭和 23 年 1 月 1 日以降に新生児の戸籍を届け出る際には，その子の名に使用できる漢字が「当用漢字表」にある 1850 字に限定されたのである．この時点ではまだ「当用漢字字体表」（昭和 24（1949）年 4 月 28 日告示）が出来上がっていなかったので，「当用漢字表」に採用された「栄」「学」「実」「豊」など 131 字についてだけ新字体での受理となった．翌年の昭和 24 年に「当用漢字字体

図 4.1 出生届と戸籍（左：株式会社タツノ提供）

表」が告示され多くの字体が改められたが，すでに「当用漢字表」で採用された131字以外のものについては，人名において旧字体と新字体の漢字の使用が許されていた．つまり，「応・應」「桜・櫻」「静・靜」などの両者が使用できたのである．なお，法務省の認識では「当用漢字字体表」においては，438字について「当用漢字表」と異なる字体が示されているという．

　出生届ではこのように使用できる漢字が「当用漢字表」の1850字に制限されたが，その漢字の読み方については特に制限されていない．当用漢字の音訓を定めた「当用漢字音訓表」が「戸籍法」施行の約1か月半後の昭和23年2月16日に告示されることになるが，この制限は名前の読み方には影響を与えなかった．それというのも，「出生届」には読み方を示す欄はあるが，「よみかたは，戸籍には記載されません．住民票の処理上必要ですから書いてください」と記されているように，読み方はあくまでも住民票の処理のためであり，戸籍においては関係しないからである．漢字の読み方について問題としないのは「戸籍法」の伝統によるものである（図4.1）．

3. 昭和26年「人名用漢字別表」

　「当用漢字表」の1850字は漢字を覚えるとなると多いと感じられるが，しかし実際に人名で使用しようとするとその数はかなり減少してしまう．例えば，昭和37（1962）年に出版された『愛児の名づけ方』（内田 1962）には名前に用いない字を当用漢字の中から挙げている．

乏 亡 侮 倒 借 傲 偽 凶 匁 墓 墳 妨 尿 届 峠 廊 廃
弊 弔 弱 忌 恥 悔 悲 悼 悪 惰 悩 愚 慌 惨 慢 憎 憤
扱 拷 捕 掛 損 敗 敵 暗 朕 枯 架 某 械 棺 死 殺 毒
汗 汚 渇 滅 犯 疫 疲 疾 病 症 痘 痛 痢 痴 療 癖 盗
禁 禍 罪 罰 葬 貧 賄 賊

　ここには76字が挙がっているので，1850字から76字を引くと1774字となる．この76字は昭和26（1951）年12月に文部省から刊行された『名まえとその文字』（文化庁 1974）において，「名づけ文字としての当用漢字表」の備考に「名まえには用いない」と注記されたものを集めたものと思われる．こ

の本では75字に注記されており，「死」に対しては「名まえには避けたい」とある．それ以外にも使用しがたい字が多い．その一方で，人名によく使用されてきた「彦・之・奈」が「当用漢字表」には入っていない．これまでその家で代々使用してきた漢字が使用できない場合や，また「当用漢字表」を知らないためにせっかく命名した名前が受理されないなど，人名用漢字について大きな不満が生じてきた．そこで，漢字を増やす方向で国語審議会で検討が行われることになった．審議会の方針としては，「当用漢字表」とは別に人名用の漢字として加えるものを別表とするという案に落ち着いた．そこで，従来人名に使われることの多かった漢字を資料として審議し，92字の漢字を人名に用いても差し支えないものとして認めた．

　それが以下の92字からなる「人名用漢字別表」（昭和26年5月25日内閣告示・訓令）である．

伊　郁　胤　寅　亦　艶　嘉　亥*　鶴　巌*　亀*　毅　磯　橘　匡　亨　欣
欽　錦　駒　圭　桂　馨　彦*　虎　吾　弘　互　宏　晃　浩*　哉　杉　之
巳　只　爾　淳　庄　昌　尚*　丞　穣*　辰　晋　甚　須　瑞　斉*　靖*　仙
惣　聡*　乃　琢　智　丑　猪*　暢　肇*　蔦　蝶　鯛*　悌　禎*　桐　藤　敦
奈　楠　稔　輔　朋*　卯　睦　磨*　麿*　弥*　也　酉　祐*　熊　蘭*　鯉*　龍*
亮　綾　玲　鎌*　呂　禄*　鹿

　　　　　　　　　　（*は「当用漢字字体表」に準じた字体に改められたもの）

これらの漢字の中には「当用漢字字体表」に準じて字体が改められたものがある．「巖→巌」「龜→亀」「穰→穣」「齊→斉」「聰→聡」「彌→弥」などが新字体となった．旧字体での届でも受理して差し支えないとされたが，なるべく新字体の文字によって出生届を出させるよう指導することになっていた．また「亙」については俗字の「亘」でも，「龍」についても「竜」でも差し支えないとされた．「当用漢字表」の1850字にこの92字を加えた1942字の漢字が人名に使用できるようになった．しかし現代の感覚からすると，古いと感じられるものが多く含まれている．

4. 昭和51年「人名用漢字追加表」

(1)「人名用漢字別表」から「人名用漢字追加表」へ

「人名用漢字別表」によって92字の追加が行われたが、さらに漢字の追加を求める要求が多かった。そのため、戸籍事務の窓口に要望として寄せられていた漢字を集めて、その中から追加漢字を選ぶことにした。そして、「人名用漢字別表」の告示から25年後の昭和51 (1976) 年7月30日に「人名用漢字追加表」が内閣告示・訓令として公布された。今回の追加は28字であった。

　　阿　允　葵　杏　喬　旭　絢　冴　紘　沙　紗　梓　隼　渚　梢　翠　茜
　　瞳　那　鮎　芙　耶　佑　悠　藍　梨　瑠　怜

なお、この「人名用漢字追加表」は国語審議会の了解を得ただけで審議を経ていないので、「当用漢字字体表」に準じた字体の変更は行われていない。ただし、字体を変更した「冴」「渚」「梢」「翠」「那」も受理して差し支えないとされている。

この表を見ると、「阿」「沙」「紗」「那」「芙」「耶」「梨」「瑠」といった1字1音の漢字が採用されている。昭和40 (1965) 年頃から、「菜津美」「亜美」「麻衣」など、女性の名前において、漢字を1字1音の万葉仮名的に利用した名前が増えてきた。その原因について渡辺三男は次の2点を挙げている。

　　1　敗戦後、日本人の感覚が西欧的になり、名前にもそれが影響していること。
　　2　伝統的にとらわれない若い両親が、個性的な名前を模索していること。
　　(毎日新聞昭和40年12月5日「変わって来た名前」／円満字二郎『人名用漢字の戦後史』の要約による)

このような状況から、新たに要望の多かった漢字を採用したのである。この「人名用漢字追加表」によって、使用できる漢字が1970字となり、「当用漢字表」より120字多くなった。

(2) 万葉仮名的表記と暴走族

「漢字で書くと暴走族の当て字みたいなのですが」と前置きして、自分の子

どもの名前を紹介する人がいる．1字1音による万葉仮名的表記は，1970年代から1980年代に一世を風靡した暴走族に見られた特徴といってもよいであろう．一般の人々にとっては，万葉仮名というよりも暴走族の表記といった方が馴染みがある．暴走族の当て字としては，「夜露死苦（よろしく）」「仏恥義理（ぶっちぎり）」「鬼魔愚零（きまぐれ）」「愚流怖（グループ）」などが有名である．またそれぞれのグループの名前などにも当て字表記が好まれた．暴走族の表記は，難しい字や意味のよくない漢字を使用するのを特徴としている．その他に，旧字体を用いることも多く，他の人々とは異なることを強調しているように見受けられた．このような暴走族の当て字は，人名における1字1音表記が流行していたこととも関連づけられよう．

5. 昭和56年「人名用漢字別表第二」

(1) 戸籍法施行規則の改正

　国語審議会は，「常用漢字表」の作成にあたり，その方針を漢字使用の「制限」から「目安」へと変更した．それに伴い，人名用漢字についても「制限」をやめるかどうかが問題となり，結局意見がまとまらず，人名用漢字については法務省に委ねることになった．「常用漢字表」（昭和56（1981）年10月1日内閣告示・訓令）の前書きには，「3　この表は，固有名詞を対象とするものでない」と明記されている．

　この当時，漢字のタイプライターがかなり一般的になり，戸籍もタイプで処理するようになってきていた．人名用漢字の制限が撤廃されると，タイプにない漢字は手書きをしなくてはならなくなり，誤字が発生する危険性も生じてくる．そのことによって，法務省としても漢字の制限はあくまでも行うことにして，ただし使用できる漢字を増やす方向でまとまった．

　「常用漢字表」は「当用漢字表」に入っている漢字を1字も削らず，さらに95字増やして1945字にした．その追加の95字の中にはすでに人名用漢字として認められていたものがあった．「尚・甚・杉・斉・仙・磨・竜（龍）」の7字は昭和26（1951）年の「人名用漢字別表」に，「悠」は昭和51（1976）年の「人名用漢字追加表」に入っていた．「常用漢字表」と同じ漢字が重複して

記載されることになるため，この 8 字を削除し，さらに 54 字を追加した 166 字からなる「人名用漢字別表第二」を作成した．この人名用漢字の追加は法務省によるものなので，これまでの内閣告示とは異なり，戸籍法施行規則の改正として公布された．

「常用漢字表」と同日の昭和 56 年 10 月 1 日付けで，戸籍法施行規則が次のように改正されることになった．

　　第六十条　戸籍法第五十条第二項〔常用平易な文字の範囲〕の常用平易な
　　　　文字は，左に掲げるものとする．
　　　一　常用漢字表（昭和五十六年内閣告示第一号）に掲げる漢字（括弧書
　　　　きが添えられているものについては，括弧の外のものに限る．）
　　　二　別表第二に掲げる漢字
　　　三　片仮名又は平仮名（変体仮名を除く．）

「常用漢字表」に追加された漢字で新たに人名用として使用できるようになったものは，次の 87 字（95 字－8 字）である．

　　猿　凹　渦　靴　稼　拐　涯　垣　殻　潟　喝　褐　缶　頑　挟　矯　襟
　　隅　渓　蛍　嫌　洪　溝　昆　崎　皿　桟　傘　肢　遮　蛇　酌　汁　塾
　　宵　縄　壌　唇　据　逝　栓　挿　曹　槽　藻　駄　濯　棚　挑　眺　釣
　　塚　漬　亭　偵　泥　搭　棟　洞　凸　屯　把　覇　漠　肌　鉢　披　扉
　　猫　頻　塀　瓶　雰　泡　俸　褒　朴　僕　堀　抹　岬　妄　厄　癒　羅
　　戻　枠

これらは常用漢字として選ばれたものであるので，人名としてはなかなか使いにくいものが多い．人名用漢字として新たに加わったのは次の 54 字である．

　　伍　伶　侑　尭　孟　峻　嵩　嶺　巴　彬　惇　惟　慧　斐　旦　昂　李
　　栗　楓　槙　汐　洵　洸　渥　瑛　瑶　璃　甫　皓　眸　矩　碧　笹　緋
　　翔　脩　苑　茉　莉　萌　萩　蓉　蕗　虹　諒　赳　迪　遥　遼　霞　頌
　　駿　鳩　鷹

「尭・瑶・遥・槙」は，それぞれ人名用漢字として使用するために「堯・瑤・遙・槇」の字を略体化したものである．しかしこれらは JIS 漢字にはなかったので，昭和 58（1983）年に改正された 83JIS において新たに加えられた．

(2)「人名用漢字許容字体表」

この改正にあたって附則として「人名用漢字許容字体表」が作成された．漢字の使用にあたっては1字種1字体が望ましいとしながらも，これまで使用してきた字体をこの際に一気に否定することは問題であるとして作成されたのである．

戸籍法施行規則第60条の附則に，
> 2　当分の間，子の名には，この省令による改正後の戸籍法施行規則第六十条各号に掲げる文字のほか，附則別表に掲げる漢字を用いることができる．

とある．この「人名用漢字許容字体表」は「常用漢字表」から選び出された漢字の旧字体195字と，「人名用漢字別表二」から選び出された漢字の旧字体10字の205字からなる字体表である．

亞　惡　爲　逸　衞　謁　緣　應　櫻　奧　橫　溫　價　禍　悔　海　壞
懷　樂　渴　卷　陷　寬　漢　氣　祈　器　僞　戲　虛　峽　狹　響　曉
勤　謹　勳　薰　惠　揭　鷄　藝　擊　縣　儉　劍　險　圈　檢　顯　驗
嚴　廣　恆　黃　國　黑　穀　碎　雜　社　視　兒　濕　社　者　煮　壽
收　臭　從　澁　獸　縱　祝　暑　署　緖　敍　將　祥　涉　燒　獎
條　狀　乘　淨　剩　疊　孃　讓　釀　神　眞　寢　愼　盡　粹　醉　穗
瀨　齊　靜　攝　節　專　戰　纖　禪　祖　壯　爭　莊　搜　巢　裝　僧
層　騷　增　憎　藏　贈　臟　卽　帶　滯　單　嘆　團　彈　晝　鑄　著
廳　徵　聽　懲　鎭　轉　傳　都　燈　盜　稻　德　突　難　拜　賣　梅
髮　拔　繁　晚　卑　祕　碑　賓　敏　侮　福　拂　佛　勉　步　墨　飜
每　默　藥　與　搖　樣　謠　來　賴　覽　欄　龍　虜　綠　淚　壘　類
曆　歷　練　鍊　郞　朗　廊　錄　　　　（以上　常用漢字表関係 195 字）
亙　嚴　彌　渚　猪　琢　祐　禄　禎　穰（以上　人名用漢字関係 10 字）

人名用漢字としては「当用漢字表」に掲げられた旧字体ならびに「常用漢字表」で新しく加えられた字の旧字体は認めないことになっている．ただし，もともと人名用漢字に入っていて常用漢字として扱われるようになった「斉」と「竜」の旧字体である「齊」と「龍」は許容の字体として認められている．また，「当用漢字表」に入っていて「常用漢字表」で字体が変更された「灯」の旧字

体「燈」も認められている．

「常用漢字表」には355字の旧字体が示されているが，そのうち「当用漢字表」の旧字体131字と，「常用漢字表」に新しく加わった漢字の旧字体20字のうち先の2字を除いた18字とを合わせて，149字が人名用漢字として使用できないことになる．355字から149字を除外すると206字になる．つまり「人名用漢字許容字体表」において「常用漢字表」関係の旧字体は195字であるから，次の11字の旧字体が表に入っていないことになる．

　　慨（慨）　概（概）　既（旣）　郷（鄉）　効（效）　殺（殺）
　　痴（癡）　勅（敕）　闘（鬪）　免（免）　隆（隆）

11字のうち「慨」「概」「既」「郷」「闘」「免」「隆」の7字については，「当用漢字表」の字体が「常用漢字表」の旧字体と異なっていることによる．

　　　　　旧字体　　　　慨　概　旣　鄉　鬪　免　隆
　「当用漢字表」の字体　慨　概　旣　郷　鬪　免　隆

また，「効」「勅」「殺」「痴」の4字については「当用漢字表」の字体が現在と同じ字体になっており，「常用漢字表」に示されている旧字体ではないことによる．「当用漢字表」の字体と旧字体とが異なっている7字に対しては，戸籍の業務においては

　　　　当用漢字表（昭和21年内閣告示第32号）の字体のうち常用漢字表に
　　　においては括弧に入れて添えられなかった従前正字として取り扱われてきた
文字として，戸籍に使用できる字とされている．

(3) 使用できなくなった字体

「常用漢字表」において「当用漢字表」で示されていた字体が旧字体として挙げられなかったものは，「人名用漢字許容字体表」にも挙げられないため，それらは戸籍では使用できなくなった．この改正によって使用できなくなった字体を図4.2に掲げる．

この表には「常用漢字表」関係では250の字体が示されている．すなわち，これらが「当用漢字字体表」において「当用漢字表」とは異なっている字体が示されたものの一部であり，「常用漢字表」では旧字体を挙げるまでもないと考えられたものである．人名用漢字関係では，昭和26（1951）年の「人名用

5. 昭和56年「人名用漢字別表第二」　　149

　この表は，従来人名用として用いることができると考えられていた字体で，改正省令（昭56・10・1法務省令第51号）附則別表「人名用漢字許容字体表」に掲げられなかったために用いることができなくなった字体の一覧表です．
　括弧外の字体が人名用として用いることができなくなった字体で，括弧内は通用字体です．

違（違）	餓（餓）	喫（喫）	顧（顧）	咲（咲）	術（術）
遺（遺）	灰（灰）	逆（逆）	呉（呉）	册（冊）	瞬（瞬）
飲（飲）	害（害）	虐（虐）	娯（娯）	産（産）	巡（巡）
羽（羽）	慨（慨）	急（急）	誤（誤）	姿（姿）	遵（遵）
運（運）	概（概）	教（教）	耕（耕）	資（資）	所（所）
鋭（鋭）	隔（隔）	郷（郷）	港（港）	飼（飼）	肖（肖）
益（益）	割（割）	近（近）	構（構）	諮（諮）	消（消）
悦（悦）	轄（轄）	遇（遇）	講（講）	次（次）	勝（勝）
閲（閲）	寒（寒）	契（契）	購（購）	舎（舎）	硝（硝）
延（延）	間（間）	啓（啓）	告（告）	捨（捨）	城（城）
沿（沿）	緩（緩）	迎（迎）	酷（酷）	斜（斜）	情（情）
援（援）	還（還）	潔（潔）	込（込）	勺（勺）	飾（飾）
煙（煙）	館（館）	券（券）	査（査）	爵（爵）	侵（侵）
遠（遠）	環（環）	肩（肩）	鎖（鎖）	弱（弱）	浸（浸）
鉛（鉛）	顔（顔）	兼（兼）	彩（彩）	周（周）	進（進）
翁（翁）	既（既）	遣（遣）	採（採）	終（終）	刃（刃）
虞（虞）	起（起）	憲（憲）	菜（菜）	習（習）	迅（迅）
過（過）	飢（飢）	謙（謙）	歳（歳）	週（週）	尋（尋）
画（画）	帰（帰）	戸（戸）	削（削）	述（述）	衰（衰）

図 4.2　「人名用として使えなくなった字体一覧表」(日本加除出版出版部，1984 より)

遂 (遂)	賊 (賊)	逃 (逃)	徴 (徴)	崩 (崩)	隆 (隆)
成 (成)	率 (率)	唐 (唐)	鼻 (鼻)	飽 (飽)	旅 (旅)
青 (青)	尊 (尊)	透 (透)	姫 (姫)	縫 (縫)	礼 (礼)
清 (清)	妥 (妥)	糖 (糖)	評 (評)	房 (房)	連 (連)
盛 (盛)	退 (退)	謄 (謄)	負 (負)	望 (望)	廉 (廉)
晴 (晴)	逮 (逮)	闘 (闘)	浮 (浮)	帽 (帽)	炉 (炉)
聖 (聖)	隊 (隊)	騰 (騰)	婦 (婦)	沒 (没)	(以上常用漢字)
誠 (誠)	達 (達)	道 (道)	敷 (敷)	盆 (盆)	
精 (精)	脱 (脱)	導 (導)	譜 (譜)	麻 (麻)	冴 (冴)
請 (請)	誕 (誕)	内 (内)	服 (服)	摩 (摩)	彦 (彦)
税 (税)	暖 (暖)	乳 (乳)	覆 (覆)	魔 (魔)	梢 (梢)
籍 (籍)	遅 (遅)	忍 (忍)	丙 (丙)	脈 (脈)	浩 (浩)
雪 (雪)	逐 (逐)	認 (認)	平 (平)	迷 (迷)	翠 (翠)
説 (説)	彫 (彫)	派 (派)	柄 (柄)	免 (免)	
絶 (絶)	調 (調)	配 (配)	幣 (幣)	耗 (耗)	聡 (聡)
扇 (扇)	朕 (朕)	迫 (迫)	弊 (弊)	躍 (躍)	艶 (艶)
船 (船)	追 (追)	博 (博)	辺 (辺)	諭 (諭)	藤 (藤)
遷 (遷)	墜 (墜)	薄 (薄)	返 (返)	輸 (輸)	蘭 (蘭)
選 (選)	通 (通)	縛 (縛)	遍 (遍)	勇 (勇)	那 (那)
全 (全)	坪 (坪)	半 (半)	舗 (舗)	猶 (猶)	鎌 (鎌)
前 (前)	呈 (呈)	伴 (伴)	簿 (簿)	遊 (遊)	靖 (靖)
送 (送)	逓 (逓)	判 (判)	包 (包)	要 (要)	鯛 (鯛)
掃 (掃)	適 (適)	畔 (畔)	邦 (邦)	養 (養)	麿 (麿)
遭 (遭)	迭 (迭)	飯 (飯)	抱 (抱)	曜 (曜)	亀 (亀)
造 (造)	途 (途)	妃 (妃)	胞 (胞)	翌 (翌)	(以上人名用漢字)
速 (速)	冬 (冬)	避 (避)	砲 (砲)	翼 (翼)	

図 4.2 「人名用として使えなくなった字体一覧表」(続き)

漢字別表」では 92 字が追加され，それに対し「当用漢字字体表」に準じた字体の変更が行われたが，旧字体の使用も認められた．また，昭和 51（1976）年の「人名用漢字追加表」では 28 字の追加がなされたが，字体の変更は行われなかった．ただし「当用漢字字体表」に準じた字体の使用も許容された．

この「人名用漢字別表第二」では，「当用漢字字体表」（戸籍では「常用漢字表」とする）に準じた字体の変更が昭和 51 年の「人名用漢字追加表」の漢字にも及んだ．「人名用漢字許容字体表」では，「人名用漢字別表」と「人名用漢字追加表」の旧字体に対し 10 の字体は認めたが，それに入らなかった 15 字種 16 字体は使用できなくなったのである．

なお，「人名用漢字許容字体表」に関して附則では「当分の間」「用いることができる」となっていたが，平成 16（2004）年の戸籍法施行規則改正によって「人名用漢字許容字体表」のすべての字体が人名用漢字として認められたため，この字体表は廃止された．

6. 平成 2 年改正「人名用漢字別表第二」

人名用漢字の追加を望む意見が依然として多いことから，法務省は全国の市町村の受付窓口を対象に要望の多い漢字の調査を行った．そして，平成 2（1990）年 4 月 1 日にさらに 118 字が追加されることになった（合計 284 字）．

伎 伽 侃 倖 倭 偲 冶 凌 凛 凪 捺 於 旺 昴 晏 晟 晨
暉 曙 朔 凱 勁 叡 叶 唄 啄 奎 媛 嬉 宥 峻 嵐 嵯 巽
彗 彪 恕 憧 拳 捷 杜 柊 柚 柾 栞 梧 椋 椎 椰 椿 楊
榛 槻 樺 檀 毬 汀 汰 洲 湧 滉 漱 澪 煕 燎 燦 燿 爽
玖 琳 瑚 瑳 皐 眉 瞭 碩 秦 稀 稜 竣 笙 紬 絃 綜 綸
綺 耀 胡 舜 芹 茄 茅 莞 菖 萱 蒔 蒼 蓮 蕉 衿 袈 裟
詢 誼 諄 邑 醇 采 雛 鞠 颯 魁 鳳 鴻 鵬 麟 黎 黛

新しく追加された漢字の特徴として挙げられるのは画数の多さである．また「魁」「鳳」「鴻」「鵬」「麟」など関取のしこ名に見られるような，雄大な意味の漢字も目立ち，個性的な漢字が求められていたようである．この改正によって，「漱石・啄木・芭蕉」といった作家や詩人・俳人の名前にあやかることも可能

となった．しかしこれらの漢字は一般的に使用することもあまり多くなく，また手書きで書くこともあまりない字といえよう．このような漢字に対する要望が多いことは，その当時のワープロの普及の影響の現れともいえよう．

7. 氏又は名の記載に用いる文字の取扱いに関する整理通達
（平成 2 年 10 月 20 日付法務省民二第 5200 号通達）

(1) 戸籍における誤字・俗字の処理

　法務省は，平成 2（1990）年 10 月 20 日に通達を出した．それは，平成 3（1991）年 1 月 1 日から，婚姻などによって新戸籍を編製するときなどに，今まで誤字や俗字で書かれていた氏または名の記載において，それに対応する正字に直すことにするというものである．昭和 62（1987）年に行った戸籍のコンピュータ化の研究の調査結果によると，戸籍の約 30％に誤字や俗字が存在しているという．戸籍の記載は手書きによって処理されていたために，草書や行書などの崩し字を使用したものもあり，それを他の戸籍に移す際に戸籍事務担当者の書き癖，誤解によって誤った字形に書き写されたことなどが原因と考えられる．

　このような誤字や俗字に関しては，以前は本人からの変更（戸籍の世界では「更正」という）の申し出があった場合には対処していたが，この通達によって申し出がなくても事務的に処理できることとなった．ただし，別表 1 の 15 字の俗字や，別表 2 の通用字体に準じて整理した字体（140 字）は使用してもよいとされた．

　別表 1 の俗字（15 字．括弧内は康熙字典体）

　　鈎（鉤）　舘（館）　槗（橋）　桒（桑）　髙（高）　嵜（埼）　﨑（埼）　昇（昇）
　　舩（船）　兎（兔）　渕（淵）　栁（柳）　寳（寶）　濵（濱）　邉（邊）

　別表 2　通用字体に準じて整理した字体表（140 字）

　　唖（啞）　逢（逢）　穐（龝）　鯵（鯵）　飴（飴）　溢（溢）　迂（迂）　欝（鬱）
　　厩（廏）　噂（噂）　餌（餌）　焔（焰）　襖（襖）　鴬（鶯）　鴎（鷗）　迦（迦）
　　晦（晦）　蛎（蠣）　撹（攪）　葛（葛）　鞄（鞄）　竃（竈）　噛（嚙）　潤（潤）
　　潅（灌）　翰（翰）　諌（諫）　翫（翫）　徽（徽）　祇（祇）　侠（俠）　卿（卿）
　　饗（饗）　僅（僅）　躯（軀）　櫛（櫛）　屑（屑）　祁（祁）　繋（繫）　頚（頸）
　　倦（倦）　捲（捲）　鹸（鹼）　諺（諺）　巷（巷）　麹（麴）　甑（甑）　榊（榊）

薩（薩）　鯖（鯖）　錆（錆）　讃（讃）　繍（繡）　酋（酋）　薯（薯）　藷（藷）
哨（哨）　廠（廠）　蒋（蔣）　醤（醬）　鞘（鞘）　蝕（蝕）　逗（逗）　摺（摺）
蝉（蟬）　撰（撰）　煽（煽）　賎（賤）　噌（噌）　曽（曾）　遡（遡）　掻（搔）
痩（瘦）　遜（遜）　騨（驒）　腿（腿）　蛸（蛸）　辿（辿）　樽（樽）　歎（歎）
箪（簞）　潴（瀦）　捗（捗）　槌（槌）　鎚（鎚）　掴（摑）　辻（辻）　鄭（鄭）
擢（擢）　溺（溺）　填（塡）　顛（顚）　堵（堵）　屠（屠）　賭（賭）　砺（礪）
梼（檮）　涛（濤）　祷（禱）　瀞（瀞）　遁（遁）　謎（謎）　灘（灘）　楢（楢）
迩（邇）　祢（禰）　嚢（囊）　這（這）　蝿（蠅）　剥（剝）　箸（箸）　溌（潑）
醗（醱）　叛（叛）　樋（樋）　逼（逼）　桧（檜）　謬（謬）　瀬（瀨）　蔽（蔽）
瞥（瞥）　庖（庖）　蓬（蓬）　頬（頰）　鱒（鱒）　迄（迄）　侭（儘）　麺（麵）
儲（儲）　餅（餅）　薮（藪）　鑓（鑓）　愈（愈）　猷（猷）　莱（萊）　漣（漣）
煉（煉）　榔（榔）　篭（籠）　蝋（蠟）

(2) 戸籍に使用できる字

婚姻などによって新戸籍を編製する場合に，氏または名の記載に用いることのできる文字は次のようになっている．氏の漢字については「人名用漢字許容字体表」で規制できないのでなかなか厄介である．

①正字として取り扱う字
　　ア　常用漢字表の通用字体
　　イ　戸籍法施行規則別表第二（人名用漢字別表に掲げる字体）
　　ウ　康熙字典体（俗字及び譌字を除く．）
　　エ　国字で前記アからウまでに準ずる字体
②運用上そのまま移記するものとされている字体
　　ア　基本通達別表1「氏又は名の記載に用いることのできる俗字表」に掲げる俗字
　　イ　基本通達別表2の「通用字体に準じて整理した字体表」に掲げる字体
　　ウ　昭和21年告示の「当用漢字表」の字体のうち常用漢字表においては括弧に入れて添えられなかった従前正字として取り扱われてきた文字

エ　昭和58年3月22日付け法務省民二第1500号及び同日付け法務省民二第1501号民事局長通達による更正・訂正手続きによって戸籍に記載された氏又は名の文字

②のアの別表1の俗字は，先に見たように比較的多く使用されているものであり，社会的に通用していることによって通用の字体扱いにされているのである．イの字体も先に示したが，これらはすべてJIS漢字の第1水準に登録されていることから社会的に通用する字体であると判断しているのである．なお本人の申し出があれば括弧内の康熙字典体からこの字体へ更正することも認めることとした．しかし後に「表外漢字字体表」の答申により，この処理が問題になってくる（本章9節参照）．ウに該当するのは「慨」「概」「既」「郷」「闘」「免」「隆」の7字である．これらは昭和21年の「当用漢字表」が告示された際の字体であり，「当用漢字字体表」では「慨」「概」「既」「郷」「闘」「免」「隆」が新字体として採用された．しかし「常用漢字表」では旧字体として「当用漢字表」の際の字体とは異なる字体が示された．そのため，「常用漢字表」と同じ日に公示された「戸籍法施行規則改正」における「人名用漢字許容字体表」にはこれらの字体が入れられていなかった．このままではこれまで使用してきた字体が使用できない状況になるために，戸籍では「当用漢字字体表」が告示されるまでは正しい字体であり，また「常用漢字表」が告示されるまでは使用できた字体ということで認めているのである．エは，その通達によって，戸籍の「氏名欄又は名欄がシメスヘン，シンニョウおよびショクヘンを部分にもつ」漢字の場合，その漢字の偏を「辶」「ネ」「食」とする字体に更正したい申し出があった時には認めることにしていた．別表2にはこれと重なっているものも多い．

戸籍においてはこのように多くの字体を認めていたので，正字に更正する場合，①の正字自体に幅があり，複数の字体に対応する場合も生じてくる．その場合には，通用字体，すなわち「常用漢字表」に掲げる字体，その場合括弧が添えられているものには括弧の外の字体を，または「人名用漢字別表」に掲げる字体を用いることにしている．

平成6（1994）年11月16日付けの通達によって多少の変更が行われた．従来の戸籍を，磁気ディスクをもって調製する戸籍に移記する場合の文字の扱いについて，次のような変更点が示された．漢和辞典に俗字などとして登載され

ている文字や，偏の「靑」が「青」と記載されているものも認められるようになり，許容の字体が多くなった．

8. 平成 16 年「漢字の表」

(1)「人名用漢字別表第二」から「漢字の表」へ

　平成 2（1990）年「戸籍法施行規則」改正後にも，子どもの名前の漢字使用を認めるように訴えた裁判によって，平成 9（1997）年 12 月 3 日に「琉」，平成 16（2004）年 2 月 23 日に「曽」，6 月 7 日に「獅」，7 月 12 日に「毘」「瀧」「駕」が追加された（合計 290 字）．

　このような裁判を起こしてまでも人名用漢字の追加が求められていることから，平成 16 年 3 月から法制審議会人名漢字部会が開催された．そこでは，市町村窓口に寄せられた要望や，書籍や新聞・雑誌に使用されている漢字の出現度数などを参考として，人名にふさわしいかどうかの基準では判断せずに，使用頻度や平易かどうかの基準によって，587 字の原案（見直し案）が作成された．そのために，そこには「糞」「屍」「蚤」「呪」「痔」「膿」「尻」「牢」といった人名には使用されないような字までも候補に挙げられてきた．委員会は，この見直し案に対して法務省のホームページを使って一般の国民から意見を募集した（平成 16 年 6 月 11 日～7 月 9 日）．その意見の大半は名前にふさわしくない漢字の削除を求めるものであった．そこで 7 月 24 日に，「癌」「呪」「淫」「姦」「怨」「糞」「妾」「屍」「痔」の 9 字が削除された．さらに 8 月 13 日には次の 79 字が削除された．

腫 腺 膝 顎 脊 尻 叩 喉 狙 鼠 疹 股 斬 腿 潰 蛋 痕
覗 膿 咽 呆 乞 歪 洩 萎 塵 賭 唾 狐 妬 苛 吊 仇 嫉
餌 悶 怯 髭 剃 叱 厭 綻 狗 蔑 弄 垢 牢 挫 娼 溺 廓
罵 讐 爺 吠 贋 蛙 姑 狠 煽 禿 蟻 蜘 狸 蝕 噛 蕩 誹
蛭 賂 搔 脆 牝 骸 咳 妓 囊 嘘 剥

　また，国民から要望のあった漢字として「掬」が見直し案に追加された．委員会が人名用漢字を検討している間に認められた「獅」は，人名用漢字に追加される予定にあり，見直し案には含まれていなかった．「駕」「毘」「瀧」は見直

し案の中から先に7月12日に人名用漢字に追加された．その結果，見直し案の漢字は488字となった．そして9月27日に「戸籍法施行規則等の一部を改正する省令」が公布された．「子の名に用いることのできる漢字一覧（制定年度別）」（図4.3）からわかるように，488字の追加はこれまでの人名用漢字の歴史からいうと今までにない劇的な増加である．

串 乎 云 些 仔 佃 俣 俄 俠 侫 侶 俺 倶 倦 僅 傭 儲
兎 兜 其 冥 冨 凄 凉 凛 凧 凰 函 刹 劉 劫 勃 匂 勾
勿 甘 卜 卿 厨 廊 叉 叢 呑 吻 哨 哩 喧 喰 喋 嘩 嘗
噌 噂 圃 圓 坐 坦 埼 埴 堆 埜 堰 堺 堯 堵 塙 塞 墳
壕 壬 夷 奄 套 妖 娃 姪 姥 娩 宋 宛 宕 寓 實 寵 尖
尤 屑 岡 峨 峯 崖 嶋 巳 巷 巾 帖 幌 幡 庇 庚 庵 廟
廻 弛 徠 忽 恢 恰 惚 悉 惹 惺 憐 戊 或 戚 戟 戴 托
按 拶 拭 挨 捉 挺 挽 掬 捲 捻 捧 掠 揃 摑 摺 撒 撰
撞 播 撫 擢 孜 斑 斡 斯 昊 昏 昧 晄 晒 晦 曖 曝 曳
曾 魯 杖 杭 杵 枕 杷 枇 栃 柑 柴 柵 柿 柘 柏 桧 桔
桁 栖 桃 梗 梛 梯 桶 梶 梁 椅 棲 椀 楯 楚 楕 楢 榊
榮 榎 槇 槍 槌 樫 樟 樋 樽 橙 檜 檎 櫂 櫛 歎 此 殆
汝 汎 汲 沌 杳 沫 洛 浬 淀 淋 淵 湘 湊 湛 溢 溜 漕
漣 濡 瀬 灘 灸 灼 烏 焔 焚 煌 煎 煤 煉 燕 燭 爪 斧
牒 牙 牟 牡 牽 犀 狼 玩 珂 珈 珊 珀 琥 琶 琵 瓜 瓢
瓦 甥 畏 畠 畢 畿 疋 疏 痩 盃 聲 砦 砥 砧 硯 碓 碗
磐 祇 祢 禮 禰 禱 禽 禾 秤 稟 稽 穿 窄 窟 窪 窺 竪
竺 竿 笈 笠 筈 筑 箕 箔 箸 篇 篠 簞 簾 籾 粥 粟 糊
紐 絆 綴 縞 徽 繫 繍 纂 纏 羚 羨 而 耽 肋 肘 肴 脇
腔 腎 膏 膳 臆 臥 臼 舷 舵 芥 芯 芭 芦 苔 苺 茨 茸
荻 莫 菅 萄 菩 萠 菜 菱 葛 萱 葺 董 萬 葡 葦 蓋 蓑
蒐 蒲 蒙 蔭 蔣 蓬 蔓 喬 蕨 蕃 蕪 蔽 蘭 薙 蕾 薬 薩
蘇 蜂 蜜 蝦 螺 蟬 蟹 蠟 袖 袴 裡 裾 裳 襖 訊 訣 註
詣 詮 詫 諏 誰 謂 諺 諦 謎 讃 豹 貌 貫 貼 賑 跨 蹄
蹟 蹴 輯 輿 轟 辻 迂 迪 迦 這 逞 逗 逢 遁 遡 遜

8. 平成16年「漢字の表」 157

子の名に用いることのできる漢字一覧（制定年別）
① 昭和26年（九五字＝九二字＝常用漢字表にあるもの：尚 甚 杉 斉 仙 磨 竜）
丑 丞 乃 之 也 亘 亥 亦 亨 亮 伊 匡 卯 只 吾 呂
鯛 薦 玲 晋 毅 琢 智 嘉 瑞 暢 圭 朋 睦 虎 奈 磨 亀 蝶 磯 桂 宏 旦 彦 多 禾 祐 桐 黄 巌 巳 弘 庄 亮 弥 伊 匡 卯 只 敦 昌 吾 艶 猪 呂
鯛 薦 玲 晋 毅 琢 智 嘉 瑞 暢 鹿 蘭 虎 朋 睦 磨 亀 蝶 磯 桂 宏 旦 多 禾 輔 祐 桐 黄 巌 辰 郁 楠 槙 橘 巳 亦 西 錦 饗 欽 綾 毅 弥 鎌 靖 惣 造 彦 須 聡 淳 悌 熊 馨 肇 敦 爾 駒 胤 昌 吾 鯉 艶 猪 呂

② 昭和51年（二七字＝二八一字＝常用漢字表にあるもの：悠）
絢 佑 允 耶 冴 芙 茜 怜 旭 杏 梓 隼 鮎 梨 沙 渚 瑠 瞳 紗 紘
絢 翠 耶 冴 芙 喬 怜 茜 藍 那 阿 梓 隼 鮎 葵 梨 沙 渚 瑠 瞳 紗 紘

③ 昭和56年（五四字）
逞 笹 李 伍 伶 侑 尭 孟 崇 嵩 鎮 巴 彬 惇 椎 慧 斐 旦 昂
逞 笹 李 霞 緋 栗 楓 槙 游 鳩 苑 汐 峻 鷹 沫 桐 莉 渥 萌 荻 莢 彬 蓉 瑠 惇 路 璃 椎 甫 皓 嬉 斐 眸 昶 炬 迪 日 遥 碧 昂

④ 平成2年（一一八字）
鳳 蒼 笙 椰 睦 伎 晨 伽 鳶 榛 椛 紋 綜 燕 彪 凱 惣 倭 冶
鴻 連 袖 椿 楊 燿 槙 燕 玖 凱 惣 樺 憧 勁 憩 汪 凌 凛 凱 於
鵬 蕉 紋 榛 燕 玖 綺 琳 撃 叡 樫 耀 糊 挙 叡 捷 汀 杜 叶 唄 凛
麟 柘 桑 黎 裂 玖 綺 琳 撃 叡 樫 糊 遙 韃 芹 眉 汝 柊 琢 捺
黎 玖 琳 樺 憧 勁 憩 諠 糊 毬 捷 汀 杜 叶 唄 凛 酉 茄 瞭 奎 捺 於
黛 婆 綺 琳 樺 憧 勁 憩 諠 胡 遙 韃 芹 眉 汝 柊 琢 捺 醇 芹 眉 汝 柊 琢 捺 於 采 芽 頓 湧 征 媛 哈 於
諠 胡 遙 韃 芹 眉 汝 柊 琢 捺 醇 茄 瞭 奎 捺 采 芽 頓 湧 征 媛 旺 雛 莞 況 茉 梧 有 卵
鞠 薔 稀 澪 梧 椋 婆 晟
颯 童 綾 澪 椋 婆 晟
魁 蒔 椎 竣 熙 嵐 晟

⑤ 平成9年（一字）
琉

⑥ 平成16年2月（一字）
曽

⑦ 平成16年6月（一字）
獅

⑧ 平成16年7月（三字）
駕 毘 瀧

⑨ 平成16年9月（四八八字）
省略

図4.3 「子の名に用いることのできる漢字一覧（制定年別）」（日本加除出版企画部, 2005より）

遙 祁 鄭 酎 醐 醒 醍 醬 釉 釘 釜 釧 鋒 鋸 錐 錆 錫
鍋 鍵 鍬 鎧 閃 閏 閤 闇 阪 陀 阜 隈 隙 雀 雁 雫 鞄
鞍 鞘 鞭 韓 頁 頃 頓 顔 頬 顚 餅 饗 馴 馳 駕 驍 櫓
鰯 鱒 鱗 鳶 鴨 鵜 鷗 鷲 鷺 麒 麓 鼎

　今回の追加により，人名用漢字は290字から778字となった．さらに人名用漢字の中に，異体字関係にあるものも含まれることになった．従来から使うことの認められていた「人名用漢字許容字体表」の漢字205字も正式な人名用漢字として扱われるようになり，それによって「人名用漢字許容字体表」は廃止され，実質的には人名用漢字は983字となった．常用漢字1945字と合わせると，2928字の漢字が子どもの名前に使用できるようになったのである．
　この大幅な追加によって，名付けにあたってこれまでとは違う多くの漢字が使用できるようになったと思われがちであるが，実際に名前に使用できそうな漢字の数はそう多くはない．これは，この人名用漢字の改定にあたって，印刷物における使用頻度や，漢字の平易性が求められたことによる．

(2) 人名用漢字としての異体字・旧字体
　この改正では，原則としては1字種1字体を維持しながらも，同一字種について2字体が「常用平易」であると判断される場合にはこれを認めるという方針がとられた．2字体を認めるのが相当と判断されたのは，次のものである．
①常用漢字の異体字（19字）
　　榮　圓　薗　堺　駈　藁　埼　實　蹟　嶋　盃　阪　冨　峯　萬　埜　裡　凉　禮
②今回の改正前の人名用漢字の異体字（7字．人名用漢字―異体字で示す）
　　凛―凜　尭―堯　晃―晄　曽―曾　槙―槇　萌―萠　遥―遙
③今回の改正により新たに2字体を採用する漢字（3組6字）
　　檜と桧　棲と栖　襧と祢
このような提案がなされたのは次の理由によるものである．
・昭和21（1946）年の「当用漢字表」で新字体が採用されたものに対しては旧字体の使用は許されていなかったこと
・この改正においては平成12（2000）年に答申された「表外漢字字体表」

の印刷標準字体を選定したこと

人名用漢字の表の名称がこの改正では「人名用漢字別表第二」から「漢字の表」に変更されている．この「漢字の表」は二つに分けられ，「一」の表は774字，「二」の表は209字からなっている．「二」の表は，

・新たに選定された常用漢字の異体字（19字）のうち「表外漢字字体表」に掲げられていない13字（榮　圓　薗　駈　實　嶋　盃　冨　峯　萬　埜　凉　禮）

・すでに「人名用漢字別表二」に掲げられている1字（瀧）

・常用漢字に関する許容字体195字

別表第二　漢字の表（第六十条関係）

一

丑丞串乃之乎也云亘亙些亦
亥亨亮仔伊伎伍伽佃佑伶侃
侑俄侠俣俐侶倭俺倶倦倖偲
僅傭儲允兎兜其冥冴冶凄凌
凜凛凧凪凰凱函刹劉劫勁勃
勾勺勿匡廿卜卯卿厨厩叉叡
叢叶只吾吞吻呂哉哨啄唄哩
喬喧喰喋嘩嘉嘗噌噂圃圭坐
尭堯坦埼埴堆堰堺堵塙塞塡
壕壬夷奄奈奎套妖娃姪姥娩
媛嬉孟宏宋宛宕宥寅寓寵尖
尤屑岡峨峻崖崚嵐嵯嵩嶺巌
巖已巳巴巷巽巾帖幌幡庄庇
庚庵廟廻弘弛弥彌彗彦彪彬
徠忽怜恢恰恕悌惟惚悉惇惹
悍惣慧憧憐戊或戚戟戴托按
拶拭挨拳捉挺挽掬捲捷捺捻
捧掠揃摑摺撒撰撞播撫擢孜
敦斑斐斡斧斯於旦旭旺昂昊
昏昌昧昴晏晃晄晒晋晟晦晨
智暉暢曖曙曝曳曽曾朋朔杏
杖杜李杭杵枕杷枇柑柴柵柿
柘柊栃柏柾柚桧檜栞桔桂桁
栖桐栗梧梗梓梢梛梯桶梶椛
梨梁椅棲椎椋椀楯楚楕椿楠
楓椰楢楊榎樺榊榛槙槇槍槌
樫槻樟樋橘樽橙檎檀櫂櫛櫓
欣欽歎此殆毅毘毬汀汝汐汎
汲沙汰沌沓沫洸洲洵洛浩浬
淵淳渚渚淀淋渥湘湊湛湧溢
滉溜漱漕漣澪濡瀕灘灸灼烏
焔焚煌煎煤煉熙熊燕燎燦燭
燿爪爽爾牒牙牟牡牽犀狼猪
猪獅玖玩珂珈珊珀玲琢琢琉
瑛琥琶琵琳瑚瑞瑶瑳瑠璃瓜

瓢瓦甥甫畏畠畢畿疋疏瘦皐
皓眉眸睦瞳瞥瞭矩砦砥砧硯
硅碗碩碧磐磯祇祢禰祐祐禄
祿禎禎禱禽禾秦秤稀稔稟稜
稽穣穰穿窄窟窪窺竣竪竺竿
笈笹笙笠筈筑箕箔箸篇篠簞
簾籾粥粟糊紘紗紐絃紬絆絢
綺綜綴緋綾綸縞徽繋繍纂纏
羚羨翔翠耀而耶耽聡肇肋肘
肴胤胡脇脩腔腎膏膳臆臥臼
舜舷舵艶芥芹芯芭芙芦苑茄
苔苺茅茉茨茸茜莞荻莫莉菅
菫葛萄菩萌萠莱菱葦葛葵萱
葺萩董葡蓋蓑蒔蒐蒼蒲蒙蓉
蓮蔭蒋蔦蓬蔓蕎蕨蕉蕃蕪蔽
薙蕾蕗藁薩藤藍蘇蘭虎虹蜂
蜜蝦蝶螺蟬蟹蠟衿袖袈袴裡
裾裟裳襖訊訣註詣詢詮詑誼
諏諄誰諒謂諺諦謎讃豹貌貰
貼賑赳跨蹄蹟蹴輔輯輿轟辰
辻迂迄辿迪迦這逞逗逢遥遙
遁遡遜遼邑那祁郁鄭酉酎醇
醐醒醍醬采釉釘釜釧鋒鋸錦
錐錆錫鍋鍵鍬鎧鎌閃閏閤閣
阜阪阿陀隈隙隼雀雁雛雫霞
靖鞄鞍鞘鞠鞭韓頁頃須頌頓
頗頰顛颯餅饗馨馴馳駕駒駿
驍魁魯鮎鯉鯛鰯鱒鱗鳩鳶鳳
鴨鴻鵜鵬鶴鷗鷲鷺鷹鹿麒麓
麟麿黎黛鼎亀

注　「｜」は、相互の漢字が同一の字種であることを示したものである。

図 4.4　「漢字の表」（有斐閣『六法全書』平成19年度版Ⅱより）

で構成されている．なお新たに選定された常用漢字の異体字のうち，「表外漢字字体表」に掲げられている6字（堺・藁・埼・蹟・阪・裡）は，常用漢字の異体字以外の漢字として，漢字の表の「一」に掲げられている．これらは「表外漢字字体表」ではそれぞれ「界・稿・崎・跡・坂・裏」の異字体として扱われているが，別字意識が生じていると判断されるとして，印刷標準字体として掲げられていることから，ここでは別字種であると判断されたのである．

　一方，「一」の表は，
- 新たに選定された常用漢字の異体字以外の漢字475字（ここには堺・藁などの6字を含む），
- 「瀧」を除く従来の人名用漢字289字
- 人名用漢字に関する許容字体10字（亙　巌　彌　渚　猪　琢　祐　祿　禎　穣）

からなる．1字種について2字体が採用された漢字9組18字（上記の②と③から「棲と栖」の1組を除いたもの）および従来の許容字体に関する10組20字についてはハイフン「―」によって同一字種であることが示してある．なお「栖」と「棲」とは「表外漢字字体表」においては別字意識が生じていると判断され，いずれも「表外漢字字体表」に掲げられていることから，この「漢字の表」（図4.4）ではこの2字は別字種として扱われている．

9. 氏又は名の記載に用いる文字の取扱いに関する整理通達の一部改正通達（平成16年9月27日付法務省民一第2665号通達）

　平成16（2004）年9月27日に「戸籍法施行規則」が改正され，人名に使用できる漢字が大幅に増加した．その中には，平成2（1990）年の通達において，基本通達別表1として挙げられていた俗字や，基本通達別表2で「常用漢字表」に準じて整理された字体から，人名用漢字として採用されたものがある．別表1（15字）からは「兎」が，別表2（140字）からは「桧」「祢」「讃」がとられている．また別表2の「曽」がすでに2月23日に人名漢字として認められているので，別表の変更が必要となった．そこで，この5字を除き，新たに「綛」と「麩」の2字を加え，別表1と別表2とを合わせた152字からなる別表とすることにした．なお，別表1，2の字体のもとになっている康熙字典体からは，

次の75字が人名用漢字として採用されている．

逢 溢 迂 噂 焔 淵 襖 鴎 迦 晦 葛 鞄 徽 祇 侠 卿 饗
僅 櫛 屑 祁 繋 倦 捲 諺 巷 榊 薩 錆 繍 哨 蒋 醤 鞘
逗 摺 蝉 撰 噌 遡 痩 遜 辿 樽 歎 簞 槌 掴 辻 鄭 擢
填 顚 堵 祷 祐 謎 灘 楢 這 箸 樋 瀬 蔽 瞥 蓬 頬 鱒
迄 儲 餅 籾 漣 煉 蝋

平成12（2000）年12月に「表外漢字字体表」が答申され，「常用漢字表」に入っていない漢字1022字の印刷字体が示され，「常用漢字表」以外の漢字は基本的には康熙字典体を採用することになった．そこで，基本通達別表2の「常用漢字表」に準じて整理した字体との齟齬(そご)が生じていた．康熙字典体から別表2の整理した字体への変更は従来どおり認めることとし，新たに別表2の整理した字体から再び康熙字典体の漢字に更正することも認めることにした．ただし，それは別表2の字体のもとになっている康熙字典体がこの「戸籍法規則改正」によって人名用漢字として採用された75字に限られた．別表2のそれ以外の字体については，いったん「常用漢字表」に準じた字体に変更したものは康熙字典体に戻すことはできないとした．また，この改正によってハイフンが施された19組38字についても他方の字体への更正はできなくなった．

亘―亙 凜―凛 尭―堯 厳―巖 弥―彌 晃―晄 曽―曾 桧―檜
槙―槇 渚―渚 猪―猪 琢―琢 祢―禰 祐―祐 禄―祿 禎―禎
穣―穰 萌―萠 遥―遙

10．最近の名付け

（1）読み仮名と漢字の関係

近頃の子どもの名前は読めないのが当然だと言われている．最近の名付けの傾向としては，音の響きと漢字の画数が重視されているようである．まず音の響きのよい呼び方を決め，その意味に合う漢字で画数のよいものを選び，さらに他の子とは重ならない独自性を求めているようである．

七音（どれみ）　月愛（るな）　一二三（わるつ）　騎士（ないと）
雪月花（せしる）　航海（わたる）　青空（そら）　大地（りく）

など独特な呼び方に加え，独特な表記を用いた，いわゆる熟語全体で読みに対応するようなものが目に付くようになってきた．また熟語ではなく漢字一字一字に対応しているように見えるものにおいても，漢字の音や訓が守られていない事態が生じている．それらの読み方と漢字の用法を対応させると，次のような場合が見受けられる．

　1　音訓交用：　夢花（ゆめか）　夏輝（なつき）　文伽（ふみか）
　　　　　　　　朱里（あかり）
　2　音の一部の使用：　凛空（りく）　海龍（かいり）　茉音（まお）
　　　　　　　　彩永（さえ）
　3　訓の一部の使用：　葵葉（あおば）　遼斗（はると）　心音（ここね）
　4　連声音・連濁音の使用：　佳音（かのん）　好人（ごうと）
　5　添え字：　音都（おと）　力輝（りき）　海維（かい）　華奈（はな）

1の音訓交用は，姓においても，菅野（かんの），今野（こんの），門間（もんま），加山（かやま）など普通に見られ，固有名詞においては特別なことではないといえよう．名前において，止め字として「子」「美」が定着したことは，音訓交用表記を増やす一因となった．

　　優子（ゆうこ）　亜希子（あきこ）　純子（じゅんこ）　玲子（れいこ）
　　菜津美（なつみ）　雅美（まさみ）　智美（ともみ）　など

また万葉仮名的な1字1音的表記の人気も，音訓交用表記を増やす原因になっている．

　　日香里（ひかり）　麻奈実（まなみ）　真理絵（まりえ）　美樹（みき）
　　未来（みく）　美智香（みちか）　悠里枝（ゆりえ）　など

万葉仮名自体，音仮名も訓仮名も存在していたのであるから，万葉仮名的に表記すると交用表記はやむを得ないことかもしれない．

2と3はそれぞれ音と訓の一部の利用である．このような状況から察すると，音と訓というものが理解できていないともいえる．訓の一部の利用としては，「優美（まさみ）」「叶弥（かなや）」「淳美（あつみ）」のような動詞や形容詞の語幹が利用されることは以前からあったが，名詞や形容動詞の語幹の一部が用いることはあまりなかった．

4のような音の字を「のん」と読むのは，「観（かん）」と「音（おん）」が

結合して観音(かんのん)となる,いわゆる連声によって生じたものである.同様に,「好」の音「こう」が「ごう」となるのは,「相好(そうごう)」のようないわゆる連濁によって生じた音である.それらをそのまま使用することは漢字の音を理解していないことになる.

5の後ろの字は読み方からいえば必要のない単なる飾りになっている.これらは,漢字二字の名前にしたいという希望によるものか,あるいは画数の関係によるものかと考えられる.

(2) 漢字表記による独自性

「ないと」や「どれみ」のような外来語的な特殊な名前も増えてきたが,その一方で人気のある名前は毎年あまり変わっていない.明治安田生命の「2006年名前ランキング」の男女別の第3位までを2005年度のランキングとともに示すと,

	男子	女子
第1位	ハルト (2005年度2位)	ハルカ (2005年度 4位)
第2位	ユウト (4位)	ミユ (3位)
第3位	ユウキ (6位)	モモカ (8位)

となり,音の響きとしては数年にわたって同じ音が好まれている.そうなると,同じ名前の人が多くなるために,個性を出そうとして,その音に対してどのような漢字をあてるかが問題になってくるようである.例えば,ハルトに対して「悠斗」「陽斗」「遥斗」「晴翔」などの漢字表記によって,その子の特徴を出そうとする.そのために,場合によっては上記のような漢字の音や訓を無視する事態も生じてきているのである.

そのような例として,近年話題にあがったものがある.「稀星」の読み方「きらら」をめぐって,富山県立山町と富山市との対応が異なったという記事が出た(朝日新聞2007年8月18日朝刊).立山町は,「漢字からおよそ連想できない読み仮名は再考を促すように市町村にお願いしている」という法務省の方針に従って,「星では『らら』と読めないが,いいか」という趣旨を説明し,

再考を促した．立山町の住民は富山市へ出生届を提出することもできるので，富山市に提出し，受理されたというものである．この場合，キララという呼び方が決まり，キには「稀」が当てられたが，ララには適切な漢字がないために，キララの意味に合い，画数の合う漢字「星」を当てたものと考えられる．先に述べたように，戸籍には読み方を記載しないことから，読み方については言及されない．これを逆手にとって，近年の命名においては，

　　一心（いっさ）　太星（だいや）　志桜（しおん）　来瞳（くるみ）
　　愛琉（うるる）　準透（しゅんと）

などのように，漢字を単なる記号のように扱って，音や訓などを無視したものが多く見られる．ある使い方が好まれると，その使い方を多くの人が真似をして，人名の世界において新しい音や訓が生じているように感じられることがある．ただし，これらは音や訓の一部によるものが多い．

　　愛（あ・な）……愛佳里（あかり）　愛友花（あゆか）　乃愛（のあ）
　　　　百合愛（ゆりあ）　心愛（ここな）　聖里愛（せりな）
　　翔（と）……晴翔（はると）　陽翔（はると）　春翔（はると）
　　　　大翔（はると）　愛翔（まなと）　裕翔（ゆうと）
　　音（お・のん・の）……茉音（まお）　美音（みお）　愛音（あのん）
　　　　花音（かのん）　玲音（れのん）　奈音葉（なのは）

　（注）人名の用例は河北新報（2007年4月〜9月）の「お誕生日おめでとう」を中心に扱った．

(3) 旧字体の新鮮さ

　旧字体の名前は，「市川團十郎」や「市川左團次」，「三遊亭圓生」や「橘家圓太郎」のような代々襲名していくような伝統芸能の世界に見られるものと思われていたが，近年では「倖田來未」や「森山未來」「氣志團」のような旧字体のタレントやグループを目にするようになった．旧字体の「惠」を使用する芸能人には，「羽田惠理香」「中井貴惠」「高橋惠子」など多くの人がいる．若者にとって旧字体は新鮮に映るようである．簡体字を使用する中国においても康熙字典体は新鮮に映り権威があるように感じられるそうである．人名において旧字体の使用はこれまで見てきたように認められているが，今の若い人にとっ

ては旧字体と新字体の対応関係を知らない場合が多い．
　　晏稟（あんり）　凱都（がいと）　瑳翼（さすけ）　爽楓（さやか）
　　颯羅（そら）　蓮瑠（はる）　耀琉（ひかる）　凛響（りおん）
のような漢字の画数の多いことが気にならない．また他の子とは異なる個性的
漢字の使用を好む現代の名付けにおいては，209字の旧字体の使用が可能であ
ることが広く知られれば，旧字体がこれから好んで活用されるかもしれない．

■参考文献

阿辻哲次（2005）『「名前」の漢字学』青春出版社
内田　篤（1962）『愛児の名づけ方』金園社
円満字二郎（2005）『人名用漢字の戦後史』岩波新書
佐藤　稔（2007）『読みにくい名前はなぜ増えたか』吉川弘文館
三省堂編修所編（1981）『新しい国語表記ハンドブック　第二版』三省堂
三省堂編修所編（1986）『新しい国語表記ハンドブック　第三版』三省堂
三省堂編修所編（1991）『新しい国語表記ハンドブック　第四版』三省堂
三省堂編修所編（2005）『新しい国語表記ハンドブック　第五版』三省堂
管野和夫ほか（2007）『六法全書　平成19年度版Ⅱ』有斐閣
武部良明（1979）『日本語の表記』角川書店
テイハン（2005）『新　誤字俗字・正字一覧表』テイハン
日本加除出版企画部（2005）『最新　人名用漢字と誤字俗字関係通達の解説』日本加除出版
日本加除出版出版部（1984）『公用文作成と常用漢字』日本加除出版
文化庁（1974）『覆刻　文化庁　国語シリーズ　Ⅵ漢字』教育出版
〈雑誌特集〉
「日本の漢字を考える」『しにか』第10巻7号　大修館書店（1999）

第5章
JIS 漢字

1. JIS 漢字とは

　コンピュータや電子メールで使用する文字には一文字一文字に「文字コード」が定められている．よく目にするのは区点コードと JIS コード（16 進コード）であり，例えば「優」は区点コード 4505，JIS コード 4D25 となっている．最近の漢和辞典にはこの区点コードと JIS コードを表示しているものも多い．その「文字コード」は日本工業規格（Japanese Industrial Standard, JIS）によって規定されている．文字コードのうち，特に漢字については JIS 漢字と呼ばれている．JIS 漢字は，現在第 1 水準漢字から第 4 水準漢字まであり，第 1 水準漢字 2965 字，第 2 水準漢字 3390 字，第 3 水準漢字 1249 字，第 4 水準漢字 2436 字であり，すべて合わせると 1 万 40 字の漢字を含むこととなる．常用漢字が 1945 字であることと比較すると，その数の多さがわかるであろう．「常用漢字表」も，その前身である「当用漢字表」もともに固有名詞については除外していた．そのために，人名については別に人名用漢字が必要となった．人名用漢字の制限が及ぶのは名だけであり，姓の漢字については触れていない．また，地名の漢字についても漢字政策の枠外であった．しかし，コンピュータ処理においては地名や人名などの固有名詞の方がむしろ重要である．姓や地名に使用されている漢字を処理できるように，JIS 漢字が定められているのである．なお，JIS 漢字は経済産業省（旧省名は通商産業省）が管轄している．

　第 1 水準漢字と第 2 水準漢字だけであった規格を JIS X 0208 といい，第 3

水準漢字と第4水準漢字を含んだ規格をJIS X 0213という．なお，JIS X 0208は昭和62（1987）年2月28日まではJIS C 6226と呼ばれていた．JIS X 0208の正式名称は「7ビット及び8ビットの2バイト情報交換用符号化漢字集合」といい，一方のJIS X 0213は「7ビット及び8ビットの2バイト情報交換用符号化拡張漢字集合」という．

2. JIS X 0208

(1) 78JIS

JIS漢字については現在JIS X 0208からJIS X 0213への移行期にあたっている．すなわちWindowsでいえば，XPからVistaへの移行期である．JIS X 0208（昭和62（1987）年2月末まではJIS C 6226）という規格は日本語ワープロが発表された昭和53（1978）年に制定されたものである．昭和58（1983）年，平成2（1990）年，平成5（1997）年と3回改正が行われてきた．その制定年号によって，78JIS，83JIS，90JIS，97JISのように略称されている．最終版の97JISでは，非漢字（漢字以外の記号，アルファベットおよび外国文字などの総称）524字と漢字6355字（第1水準2965字，第2水準3390字）の合わせて6879字を収録している．

最初の78JISは昭和53年1月1日に制定された．この78JISでは，非漢字453字，漢字6349字（第1水準2965字，第2水準3384字）の6802字であった．第1水準と第2水準の区分けは，第1水準は使用頻度が高い基本的なもの，第2水準は拡張的なものという基準による．すなわち，第1水準は「当用漢字表」の1850字，「人名用漢字追加表」の120字が核になっている．78JIS制定のために，昭和49（1974）年から調査研究が行われてきた．漢字の選定にあたっては，行政管理庁漢字表に加え，「情報処理学会標準コード用漢字表（試案）」「日本生命収容人名漢字」「国土行政区画総覧」の4つの漢字表のいずれかに含まれる漢字6349字をすべてJIS漢字の原案に盛り込むことにした．そして当用漢字と人名用漢字の他に参考にした37の漢字表に多く現れる漢字ならびに都道府県名および市区町村名に使用されている漢字などを第1水準として，第1水準に入らなかったものを第2水準とし，さらに調整を行って，第1水準漢字

2965 字，第 2 水準漢字 3384 字を制定した．

78JIS 当時においては，第 1 水準漢字しか搭載していないワープロが多く，第 1 水準か第 2 水準かは大きな問題であった．

(2) 83JIS

78JIS は昭和 58 年 9 月 1 日に改正され，83JIS になった．大幅な改定が行われたため，78JIS を俗に「旧 JIS 漢字」と呼び，83JIS を「新 JIS 漢字」と呼んでいる．常用漢字 1945 字と人名用漢字の 166 字が参照され，JIS 漢字として入っていなかった漢字 4 字（堯・槇・遥・瑤）を追加し，また 246 字の字形の変更が行われた（図 5.1）．字形の変更のうち，36 字については昭和 56（1981）年の「常用漢字表」の告示と「人名用漢字別表二」における人名用漢字の追加によるものであった．他のものについては，24 ドットプリンターで読みやすくするために，第 1 水準の漢字に「当用漢字字体表」における通用字体のシステムを援用したのである．「当用漢字字体表」では，

　區→区　賣→売　眞→真　壽→寿　國→国　狹→狭　單→単

の字体の変更が行われた．これに基づいて，83JIS では

　鷗→鴎　潰→涜　顚→顛　禱→祷　摑→掴　頰→頬　蟬→蝉

などの略字体が採用された．これを「拡張新字体」という．さらに，次の 22 字に関しては第 1 水準と第 2 水準との入れ替えを行った．

　鯵―鰺　鉱―礦　砿―礪　諌―諫　賎―賤　鴬―鶯　靭―靱　桧―檜
　撹―攪　竜―籠　竈―竈　潅―灌　頚―頸　迩―邇　蕊―蘂　侭―儘
　靭―靱　薮―藪　壷―壺　涛―濤　梼―檮　蝿―蠅

これらは，78JIS で作成させたデータを 83JIS を搭載した機械で呼び出すと，漢字の字体が異なってしまうのである．83JIS が活用され始めた当初はそのような混乱が生じていた．なお，「堯―尭」「槇―槙」「遥―遙」「瑤―瑶」の 4 組に関しては，人名用漢字として追加されたため，左側の字体が「当用漢字字体表」のシステムによって新たに作られたのである．「尭」「槙」「遥」の 3 字体は第 1 水準に入れられ，もともと第 1 水準にあった右側の字体が第 2 水準に移された．一方「瑤」の場合，「瑶」が第 2 水準にあったために，「瑤」を第 1 水準に入れることができず，「瑶」も第 2 水準に置かれた．その結果，第 2 水準が

2. JIS X 0208

啞→唖 (3022)	俠→侠 (3622)	捌→捌 (3B2B)
逢→逢 (3029)	卿→卿 (362A)	錆→錆 (3B2C)
芦→芦 (3032)	僅→僅 (364F)	珊→珊 (3B39)
飴→飴 (303B)	軀→躯 (366D)	屢→屡 (3C48)
溢→溢 (306E)	喰→喰 (3674)	遮→遮 (3C57)
鰯→鰯 (3073)	櫛→櫛 (367B)	杓→杓 (3C5D)
淫→淫 (307C)	屑→屑 (367D)	灼→灼 (3C5E)
迂→迂 (312A)	祁→祁 (3737)	繡→繍 (3D2B)
欝→欝 (3135)	慧→慧 (3745)	酋→酋 (3D36)
厩→厩 (3139)	稽→稽 (374E)	曙→曙 (3D6C)
噂→噂 (313D)	繋→繋 (3752)	渚→渚 (3D6D)
餌→餌 (3142)	荊→荊 (3755)	薯→薯 (3D72)
焰→焔 (316B)	倦→倦 (3771)	藷→藷 (3D73)
襖→襖 (3228)	嫌→嫌 (3779)	哨→哨 (3E25)
鷗→鴎 (322A)	捲→捲 (377E)	廠→廠 (3E33)
迦→迦 (3260)	鹼→鹸 (3834)	梢→梢 (3E3F)
恢→恢 (327A)	諺→諺 (3841)	蔣→蒋 (3E55)
拐→拐 (327D)	巷→巷 (392B)	醬→醤 (3E5F)
晦→晦 (3322)	昂→昂 (3937)	鞘→鞘 (3E64)
概→概 (3335)	溝→溝 (3942)	蝕→蝕 (3F2A)
喝→喝 (3365)	麹→麹 (396D)	逗→逗 (3F60)
葛→葛 (336B)	鵠→鵠 (3974)	翠→翠 (3F69)
鞄→鞄 (3373)	甑→甑 (3979)	摺→摺 (4022)
嚙→噛 (337A)	采→采 (3A53)	逝→逝 (4042)
澗→澗 (3442)	冴→冴 (3A63)	蟬→蝉 (4066)
翰→翰 (344D)	榊→榊 (3A67)	撰→撰 (4071)
瓲→瓲 (3465)	柵→柵 (3A74)	栓→栓 (4072)
徽→徽 (352B)	薩→薩 (3B27)	煎→煎 (4079)
祇→祇 (3540)	鯖→鯖 (3B2A)	煽→煽 (407A)

図 5.1　83JIS で字形を変更したもの (246 字)

詮→詮（4127）　擢→擢（4527）　挽→挽（4854）
噌→噌（4139）　溺→溺（452E）　扉→扉（4862）
遡→遡（414C）　塡→塡（4536）　樋→樋（4875）
掻→掻（415F）　顚→顚（453F）　柊→柊（4922）
痩→痩（4169）　堵→堵（4548）　稗→稗（4923）
遜→遜（423D）　屠→屠（454B）　逼→逼（492F）
騨→騨（424D）　莵→莵（4551）　媛→媛（4932）
腿→腿（425C）　賭→賭（4552）　謬→謬（4935）
黛→黛（4263）　塘→塘（4564）　廟→廟（4940）
啄→啄（426F）　禱→祷（4578）　瀕→瀕（494E）
濯→濯（4275）　鴇→鴇（463E）　頻→頻（4951）
琢→琢（4276）　潰→涜（4642）　蔽→蔽（4A43）
蛸→蛸（427D）　瀞→静（4654）　瞥→瞥（4A4D）
巽→巽（4327）　噸→噸（4655）　娩→娩（4A5A）
辿→辿（4329）　遁→遁（465B）　庖→庖（4A79）
棚→棚（432A）　頓→頓（465C）　泡→泡（4B22）
鱈→鱈（432D）　那→那（4661）　蓬→蓬（4B29）
樽→樽（432E）　謎→謎（4666）　頬→頬（4B4B）
箪→箪（433D）　灘→灘（4667）　鱒→鱒（4B70）
註→註（4370）　栖→栖（466A）　迄→迄（4B78）
瀦→瀦（4375）　禰→禰（4729）　麺→麺（4C4D）
凋→凋（437C）　囊→嚢（4739）　儲→儲（4C59）
捗→捗（443D）　牌→牌（4757）　餅→餅（4C5F）
槌→槌（4448）　這→這（4767）　籾→籾（4C62）
鎚→鎚（444A）　秤→秤（4769）　鑓→鑓（4C7A）
塚→塚（444D）　剝→剥（476D）　愈→愈（4C7C）
摑→掴（444F）　箸→箸（4824）　癒→癒（4C7E）
辻→辻（4454）　潑→溌（482E）　猷→猷（4D32）
鄭→鄭（4522）　醱→醗（4830）　耀→耀（4D54）

図5.1　83JISで字形を変更したもの（246字）（続き）

莱→萊 (4D69)　爨→爨 (6026)　跚→跚 (6C69)
遼→遼 (4E4B)　玽→玽 (605F)　跟→跟 (6C74)
漣→漣 (4E7A)　甄→甄 (612B)　輓→輓 (6D4E)
煉→煉 (4E7B)　甍→甍 (6130)　迪→迪 (6D6C)
蓮→蓮 (4F21)　甕→甕 (6131)　遘→遘 (6E29)
榔→榔 (4F31)　皓→皓 (622B)　霎→霎 (6E57)
蠟→蠟 (4F39)　硼→硼 (626F)　靁→靁 (7045)
兔→兔 (513D)　稱→稱 (634A)　靠→靠 (7051)
冉→冉 (5147)　穐→穐 (6354)　頤→頤 (7075)
晃→晃 (514B)　箙→箙 (6439)　闥→闥 (722D)
冤→冤 (514D)　粐→粐 (6464)　鮟→鮟 (723C)
哘→哘 (5330)　粮→粮 (646E)　鯏→鯏 (724E)
唳→唳 (533A)　綛→綛 (6539)　麭→麭 (7351)
嘲→嘲 (535E)　縈→縈 (653B)　龜→龜 (737D)
噱→噱 (536B)　綟→綟 (6546)
垉→垉 (5444)　翔→翔 (6646)
嬀→嬀 (553D)　舮→舮 (6764)
寃→寃 (5563)　芍→芍 (6769)
屏→屏 (5622)　苒→苒 (6772)
悗→悗 (5824)　莫→莫 (6834)
捩→捩 (5960)　荵→荵 (683B)　
搆→搆 (596C)　蔗→蔗 (6874)
攢→攢 (5A39)　蛛→蛛 (6961)
斃→斃 (5A4D)　蜋→蜋 (6A27)
枦→枦 (5B45)　蟒→蟒 (6A3D)
枴→枴 (5B4A)　褊→褊 (6A6F)
梛→梛 (5B6B)　覲→覲 (6B32)
棺→棺 (5B74)　諞→諞 (6B66)
涇→涇 (5E50)　譁→譁 (6B76)

図 5.1　83JIS で字形を変更したもの (246 字) (続き)

172 第5章　JIS　漢　字

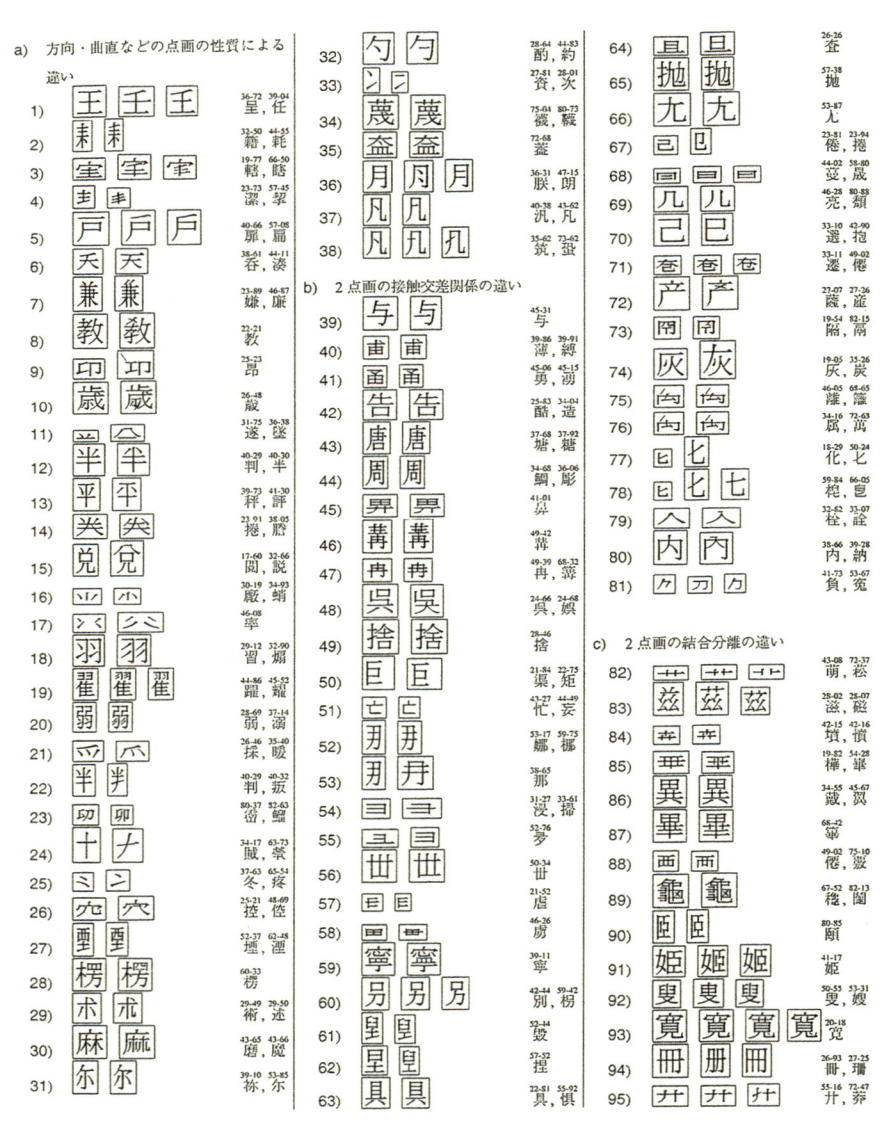

図 5.2　漢字の字体の包摂規準（一部）

4 字増え 3388 字になった．

(3) 90JIS・97JIS

83JIS は平成 2 年 9 月 1 日に改正され，90JIS になった．平成 2 年 4 月の人名用漢字 118 字の追加により，JIS 漢字になかった「凜」と「熙」の 2 字が追加された．これによって，第 2 水準が 83JIS よりも 2 字増え，現在と同じ 3390 字になった．また人名用漢字別表に追加された 118 字などに対応させるために字形の変更も行われた．

さらに平成 9 年 1 月 20 日に改正が行われたが，文字符号の変更はなかった．今回の改正は，JIS X 0208 がどのような審議を経て制定されてきたのか，またどのような変更が行われてきたかをたどること，それと JIS 漢字と一般に用いられる漢字の字体との対応を明らかにすることに主眼が置かれた．一字一字の漢字の出典を明らかにすることによって，実際には存在しない文字が JIS 漢字に含まれていることなどがわかってきた．また「常用漢字表」や「人名用漢字表」に記載がないにもかかわらず，例示の字形が変更されたものに対する説明として，「包摂」という規準が立てられ，そこでは 185 の包摂規準が示された（図 5.2）．

「包摂」とは，つまり字形の違いがわずかなものは同一の区点位置を与えることであり，例えばしんにゅうの 1 点や 2 点，またくさかんむりの 3 画か 4 画かは同一のものとするのである．

特に次に挙げる 29 字に関しては，他の包摂規準に適応できないため，「過去の規格との互換性を維持するための包摂規準」という特別な包摂規準で説明された．

唖 焔 鴎 噛 侠 躯 鹸 麹 屡 繍 蒋 醤 蝉 掻 騨 箪 梱
填 顛 祷 涜 嚢 溌 醗 頬 麺 莱 蝋 攅

3. JIS X 0213

平成 9（1997）年の改正を担当したメンバーは，JIS X 0208 に足りない文字を含むような新しい規格の開発に取り組んだ．資料として，小学校から高等

学校までの全教科書，電話帳や地名に関する漢字のデータを調査し，さらに「人名用漢字許容字体」などを考慮し，平成 12（2000）年 1 月 20 日に新たに非漢字 659 字，第 3 水準漢字 1249 字と第 4 水準漢字 2436 字の 4344 字を追加した JIS X 0213 を制定した．この規格は，以前の JIS X 0208 で規定する 6879 文字（非漢字 524 字，第 1 水準漢字 2965 字，第 2 水準漢字 3390 字）の符号化漢字集合を拡張しており，非漢字 1183 文字と漢字 10040 字の合わせて 11223 文字からなる文字の集合を運用するものである．特に第 3 水準漢字と第 4 水準漢字は拡張漢字と呼ばれている．

　追加された中で非漢字のものとしては，くの字点，二重亀甲括弧（〘 〙），半濁点付きのか行（ガ行），「ヴ」「ヵ」「ヶ」に対応する平仮名，濁点付きのワ行など，これまで要望の多かったものが入れられている．第 3 水準漢字には，97JIS で「過去の規格との互換性を維持するための包摂規準」で説明された 29 字のもとの字体や，「人名用漢字許容字体」，常用漢字に対する康熙字典体など，漢字施策で問題となっていたものが含まれている．第 3 水準・第 4 水準ともに配列は『康熙字典』の部首順によっている．

　平成 12（2000）年 12 月 8 日に答申された「表外漢字字体表」は，JIS 漢字における略体漢字に対処するために審議してきたことのまとめである．つまり，「一般の書籍類で用いられている字体とワープロ等で用いられている字体との間に字体上の不整合が生じた」（答申による）ことに対処するために行われたのである．「表外漢字字体表」は，表外漢字のうち使用されることの多い 1022 字について，その印刷標準字体を示した．また，その 1022 字のうち 22 字については簡易慣用字体も示している．22 字の簡易慣用字体とは次のものである．

　　唖 頴 鴎 撹 麹 鹸 噛 繍 蒋 醤 曽 掻 痩 祷 屏 并 桝
　　麺 沪 芦 蝋 弯
　このうち，
　　唖 鴎 麹 鹸 噛 繍 蒋 醤 掻 祷 麺 蝋
の 12 字は，前の規格である JIS X 0208 ではこの字体でしか使用できないものであった．すなわち，特別な包摂規準で説明されていた 29 字のうち 12 字が簡易慣用字体として認められたのである（第 3 章 7 節参照）．

この「表外漢字字体表」を受けてJISの改正作業が行われたが，JIS X 0208にまでこれを適用すると市場に混乱を起こすとして，このJIS X 0213の規格だけにとどめたのである．この改正の目的は，JISの例示字形を「表外漢字字体表」の印刷標準字体に改め，JISの規格を国語施策と合致させることであった．168字の例示字形を，拡張新字体から康熙字典体へと変更した（図5.3）．また，その作業において「表外漢字字体表」の1022字のうち，10字については日本の国内規格ではカバーできないことがわかり，その10字の追加を行った（図5.4）．そして，2004（平成16）年2月にJIS X 0213を改正した．

Windows Vistaは，平成19（2007）年1月に発売され，JIS X 0213を搭載したことにより，「表外漢字字体表」に対応した漢字字体を打ち出せるようになった．Vistaでは「表外漢字字体表」にそった印刷標準字体，XPではそれ

面区点位置	改正後字形	改正前字形	面区点位置	改正後字形	改正前字形	面区点位置	改正後字形	改正前字形	面区点位置	改正後字形	改正前字形
1-16-9	逢	逢	1-19-2	晦	晦	1-22-91	櫛	櫛	1-26-71	榊	榊
1-16-18	芦	芦	1-19-10	蟹	蟹	1-22-93	屑	屑	1-27-7	薩	薩
1-16-27	飴	飴	1-19-75	葛	葛	1-23-9	粂	粂	1-27-10	鯖	鯖
1-16-78	溢	溢	1-19-83	鞄	鞄	1-23-23	祁	祁	1-27-12	錆	錆
1-16-81	茨	茨	1-19-88	釜	釜	1-23-68	隙	隙	1-27-13	鮫	鮫
1-16-83	鰯	鰯	1-20-45	翰	翰	1-23-81	倦	倦	1-27-33	饕	饕
1-16-92	淫	淫	1-20-69	翫	翫	1-23-94	捲	捲	1-28-61	杓	杓
1-17-10	迂	迂	1-21-11	徽	徽	1-24-3	牽	牽	1-28-62	灼	灼
1-17-25	厩	厩	1-21-32	祇	祇	1-24-16	鍵	鍵	1-29-22	酋	酋
1-17-29	噂	噂	1-21-66	汲	汲	1-24-33	諺	諺	1-29-61	楯	楯
1-17-34	餌	餌	1-21-68	灸	灸	1-25-11	巷	巷	1-29-82	薯	薯
1-18-8	襖	襖	1-21-72	笈	笈	1-25-28	梗	梗	1-29-83	諸	諸
1-18-64	迦	迦	1-22-10	卿	卿	1-25-49	膏	膏	1-30-5	哨	哨
1-18-71	牙	牙	1-22-34	饗	饗	1-25-84	鵠	鵠	1-30-68	鞘	鞘
1-18-86	廻	廻	1-22-47	僅	僅	1-25-89	甑	甑	1-30-83	杖	杖
1-18-90	恢	恢	1-22-84	喰	喰	1-26-21	叉	叉	1-31-10	蝕	蝕

図 5.3 JIS の改正 1

面区点位置	改正後字形	改正前字形	面区点位置	改正後字形	改正前字形	面区点位置	改正後字形	改正前字形	面区点位置	改正後字形	改正前字形
1-31-54	訊	訊	1-37-7	擢	擢	1-41-46	瀬	瀬	1-50-91	咥	咥
1-31-64	逗	逗	1-37-14	溺	溺	1-41-64	斧	斧	1-51-62	嘲	嘲
1-32-2	摺	摺	1-37-38	兎	兎	1-42-35	蔽	蔽	1-51-83	囀	囀
1-32-81	撰	撰	1-37-40	堵	堵	1-42-45	瞥	瞥	1-55-49	徘	徘
1-32-89	煎	煎	1-37-43	屠	屠	1-42-46	蔑	蔑	1-57-8	扁	扁
1-32-90	煽	煽	1-37-50	賭	賭	1-42-51	篇	篇	1-59-89	棘	棘
1-32-92	穿	穿	1-38-52	瀞	瀞	1-42-58	娩	娩	1-60-84	橙	橙
1-32-93	箭	箭	1-38-59	遁	遁	1-42-60	鞭	鞭	1-64-36	狡	狡
1-33-7	詮	詮	1-38-70	謎	謎	1-42-89	庖	庖	1-65-17	甕	甕
1-33-25	噌	噌	1-38-71	灘	灘	1-43-9	蓬	蓬	1-65-20	甦	甦
1-33-44	遡	遡	1-38-74	楢	楢	1-43-80	鱒	鱒	1-65-54	疼	疼
1-34-23	揃	揃	1-39-9	禰	禰	1-43-88	迄	迄	1-67-14	祟	祟
1-34-29	遜	遜	1-39-55	牌	牌	1-44-57	儲	儲	1-67-62	竈	竈
1-34-60	腿	腿	1-39-71	這	這	1-44-63	餅	餅	1-68-7	筵	筵
1-34-93	蛸	蛸	1-39-73	秤	秤	1-44-66	籾	籾	1-68-32	簞	簞
1-35-9	辿	辿	1-39-93	駁	駁	1-44-76	爺	爺	1-71-7	腱	腱
1-35-14	樽	樽	1-40-4	箸	箸	1-44-90	鑓	鑓	1-71-59	艘	艘
1-35-23	歉	歉	1-40-32	叛	叛	1-44-92	愈	愈	1-71-74	芒	芒
1-35-80	註	註	1-40-52	挽	挽	1-45-18	猷	猷	1-73-42	虔	虔
1-35-85	瀦	瀦	1-40-80	誹	誹	1-46-90	漣	漣	1-73-71	蠅	蠅
1-36-29	捗	捗	1-40-85	樋	樋	1-46-91	煉	煉	1-74-4	蠅	蠅
1-36-40	槌	槌	1-41-3	稗	稗	1-46-92	簾	簾	1-75-35	訝	訝
1-36-42	鎚	鎚	1-41-15	逼	逼	1-47-17	榔	榔	1-80-43	靄	靄
1-36-52	辻	辻	1-41-21	謬	謬	1-47-64	屢	屢	1-80-55	鞦	鞦
1-36-82	挺	挺	1-41-31	豹	豹	1-49-45	冤	冤	1-81-57	騙	騙
1-37-2	鄭	鄭	1-41-32	廟	廟	1-50-55	叟	叟	1-82-77	鴉	鴉

図 5.3 JIS の改正 1（続き）

面区点位置	字形
1-14-1	俱
1-22-70	倶
1-47-52	𠮟
1-28-24	叱
1-84-7	噓
1-17-19	嘘
1-94-91	屛
1-54- 2	屏
1-94-93	瘦
1-33-73	痩
1-15-94	剝
1-39-77	剥
1-47-94	吞
1-38-61	呑
1-94-90	姸
1-53-11	妍
1-94-92	幷
1-54-85	并
1-94-94	繫
1-23-50	繋

図 5.4　JIS の改正 2

以前の拡張新字体での印刷となり，ワープロ資料においては当分の間，両者の混合状態が続いていく．

■参考文献

加藤弘一（2000）『電脳社会の日本語』文春新書
小池和夫（2007）『異体字の世界』　河出文庫
三省堂編修所編（1981）『新しい国語表記ハンドブック　第二版』三省堂
三省堂編修所編（1986）『新しい国語表記ハンドブック　第三版』三省堂
三省堂編修所編（1991）『新しい国語表記ハンドブック　第四版』三省堂
三省堂編修所編（2005）『新しい国語表記ハンドブック　第五版』三省堂
芝野耕司編（2002）『増補改訂　JIS 漢字字典』日本規格協会
中西秀彦（1994）『活字が消えた日』晶文社
前田富祺・野村雅昭編（2005）『朝倉漢字講座 4　漢字と社会』朝倉書店
〈雑誌特集〉
「日本の漢字を考える」『しにか』第 10 巻 7 号　大修館書店（1999）
「どのように「表外漢字字体表」は答申されたか」『人文学と情報処理』31 号　勉誠社（2001）
〈ホームページ〉
経済産業省「報道発表　JIS 漢字コード表の改正について」http://www.meti.go.jp/kohosys/press/0004964/

第6章
「当用漢字表」・「常用漢字表」と人名用漢字・JIS漢字

1. 漢字施策と人名用漢字・JIS漢字

　同じ日本の漢字を扱いながらも，使用できる漢字のその数を決定する機関が異なっているという事態が生じている．「当用漢字表」や「常用漢字表」のような日常生活や学校教育に関わる漢字などの国語施策は文化庁，人名用漢字は法務省（当初は文化庁．法務省は昭和56（1981）年の「戸籍法施行規則」改正から），JIS漢字は経済産業省（旧省名は通商産業省）の管轄となっている．

　現代において「常用漢字表」がほぼ有名無実な存在になったのは，これらの縦割り行政が大いに関係している．人名用漢字は最初は文化庁の国語審議会が検討していたが，漢字表のもとでは対処できないとして，法務省に移管された．そのことによって，大幅な人名用漢字の追加が行われることとなった．人名用漢字の近年の改正は，JIS漢字を参考にしてその範囲や字体などを決めているようである．

　JIS漢字は，最初は機械の上での問題として，漢字をいかに効率よく処理するかを問題にしていた．国語審議会の人々もJIS漢字が日常生活には関わってこないと高を括っていた．まさかコンピュータやワープロがこれほど普及するとは考えていなかったのであろう．現在では，JIS漢字がすべてを統括しているような感がある．JIS漢字の動きに歯止めをかけるために，国語審議会は「表外漢字字体表」を答申し，JIS漢字の字体に統制を与えた．今，新しい「常用漢字表」が模索されているが，文部科学大臣の文化審議会国語分科会への諮問

1. 漢字施策と人名用漢字・JIS 漢字　　　　　　　　　　　　　　*179*

にあるように，漢字表，人名用漢字，JIS 漢字の三者を関係づける必要性が求められているのである．

　ここでは，まず「当用漢字表」ならびに「常用漢字表」と，人名用漢字，JIS 漢字とがそれぞれどのように関わってきたのを眺めていく．

昭和 21 (1946) 年 11 月 16 日	「当用漢字表」訓令・告示	（当用漢字表①）
昭和 23 (1948) 年 1 月 1 日	「改正戸籍法」施行	（人名用漢字①）
昭和 24 (1949) 年 4 月 28 日	「当用漢字字体表」訓令・告示	（当用漢字表②）
昭和 26 (1951) 年 5 月 25 日	「人名用漢字別表」訓令・告示	（人名用漢字②）
昭和 51 (1976) 年 7 月 30 日	「人名用漢字表追加表」訓令・告示	（人名用漢字③）
昭和 53 (1978) 年 1 月 1 日	JIS 漢字規格制定　78JIS	（JIS 漢字①）
昭和 56 (1981) 年 10 月 1 日	「常用漢字表」告示・訓令	（常用漢字表①）
昭和 56 (1981) 年 10 月 1 日	「戸籍法施行規則」改正「人名用漢字別表二」・「人名用漢字許容字体表」	（人名用漢字④）
昭和 58 (1983) 年 9 月 1 日	JIS 漢字規格改正　83JIS	（JIS 漢字②）
平成 2 (1990) 年 4 月 1 日	「戸籍法施行規則」改正「人名用漢字別表二」	（人名用漢字⑤）
平成 2 (1990) 年 9 月 1 日	JIS 漢字規格改正　90JIS	（JIS 漢字③）
平成 2 (1990) 年 10 月 20 日	「氏又は名の記載に用いる文字の取扱いに関する整理通達」　法務省通達	（人名用漢字⑥）
平成 12 (2000) 年 1 月 20 日	JIS 拡張漢字規格制定	（JIS 漢字④）
平成 12 (2000) 年 12 月 8 日	「表外漢字字体表」答申	（常用漢字表②）
平成 13 (2001) 年 11 月 30 日	新聞の使用漢字に表外字 39 字追加	（常用漢字表③）
平成 16 (2004) 年 2 月 20 日	JIS 漢字コード表改正	（JIS 漢字⑤）

平成16(2004)年9月27日	「戸籍法施行規則」改正 「漢字の表」	（人名用漢字⑦）
平成16(2004)年9月27日	「氏又は名の記載に用いる文字の取扱いに関する整理通達の一部改正通達」　法務省通達	（人名用漢字⑧）
平成17(2005)年3月30日	「情報化時代に対応する漢字政策の在り方」を，文部科学大臣が文化審議会に諮問	（常用漢字表④）

2.「当用漢字表」時代の三者

　昭和21（1946）年11月に告示された「当用漢字表」（当用漢字表①）は，後の人名用漢字やJIS漢字に大きな影響を与えた．日本の漢字施策はもとをたどるとすべてこの「当用漢字表」に行きつく．「当用漢字表」は「固有名詞については，法規上その他に関係するところが大きいので，別に考えることとした」と「まえがき」に明記していたが，「改正戸籍法」（人名漢字①）は「当用漢字表」に示されている1850字だけを人名用漢字として定めたのである．そして漢字の字体は「当用漢字表」の字体だけを認めた．

　「当用漢字表」の施策の一環として「当用漢字字体表」（当用漢字表②）が告示され，これによって人名用漢字の字体に幅が生じた．「当用漢字表」の段階で新字体が採用されていたものに関しては新字体のみの使用とし，「当用漢字字体表」で新字体が採用されたものについては旧字体の使用をも認めたのである．

　人名用漢字として昭和26（1951）年に新たに「人名用漢字別表」（人名用漢字②）を制定しなければならなかったのは，「改正戸籍法」が人名用漢字を「当用漢字表」とは別に決めなかったことによる．当用漢字は1850字あるが，その中には人名にはとても使用できない漢字も多く含まれている．そこで，人名によく使われる漢字として92字を追加し1942字にしたのである．追加され

た漢字は「当用漢字字体表」にそった字体の変更が行われた．「人名用漢字別表」から四半世紀も経つと，人の名前も西洋的になり，また個性的になってきたために，先の92字の追加だけでは依然として漢字の不足が感じられた．それらの要求に応じるように，昭和51（1976）年7月に人名用漢字をさらに28字追加した「人名用漢字表追加表」（人名用漢字③）が告示されることになったのである．

　コンピュータの開発によりJIS漢字の字種選定が必要になった．その選定にあたって，第1水準には「当用漢字表」の1850字と「人名用漢字表追加表」の120字が収められた．また，都道府県名や市町村名に使用されている漢字も第1水準に入れられている．当時のワープロは第1水準しか出せない機械が多かったために，第1水準には社会における重要な漢字を入れるように努めた．「当用漢字表」が固有名詞については扱わなかったので，結果的にはJIS漢字が固有名詞の範囲をある程度定めることになったのである．後にJIS漢字に入っているかどうかが人名用漢字選定の基準として用いられた．字種選定には日本生命のデータも参考にされているので，漢字制限が行われる以前の人名も考慮されており，それらは第2水準に入れられている．このような日常生活に必要な漢字を集めて，日本語ワープロの発表された昭和53（1978）年に，第1水準漢字2965字，第2水準漢字3384字からなるJIS漢字（78JIS）が制定されたのである（JIS漢字①）．

3.「常用漢字表」時代の三者

　昭和56（1981）年10月に「常用漢字表」（常用漢字表①）が告示された．「当用漢字表」に95字が追加され，1945字になった．その中に人名用漢字として採用されていた8字が入っていたので，人名用漢字表の作り直しが必要となった．「常用漢字表」の「前書き」に「この表は，固有名詞を対象とするものではない」と明記したように，人名用漢字の決定機関は，文化庁（国語審議会）から法務省へ移管された．そのことによって，人名用漢字についてはその後は「戸籍法施行規則」を改正するという形をとることになった．「常用漢字表」の告示と同じ日に「戸籍法施行規則」が改正され，新たに54字を追加する「人

名用漢字別表二」が公布された（人名用漢字④）．また，その時に「人名用漢字許容字体表」も作成された．この字体表は人名用漢字として使用してもかまわない旧字体の表であり，「常用漢字表」から選び出された漢字の旧字体195字と，「人名用漢字別表第二」から選び出された漢字の旧字体10字の205字からなるものである．なお，常用漢字として追加された95字と人名用漢字として追加された54字はともに78JISに入っていた．ただし，人名用漢字で新字体が採用された4字は入っていなかった．人名に使用できる旧字体を集めた「人名用漢字許容字体」の中にもワープロでは打ち出せない字が多く存在した．

　昭和58（1983）年にJIS漢字規格の改正（JIS漢字②）が行われた（83JIS）．昭和56年の「戸籍法施行規則」改正の際に追加された人名用漢字のうち，「当用漢字字体表」のシステムによって新字体が採用された「尭」「槙」「遥」「瑶」の4字は78JISになかったので，「尭」「槙」「遥」を第1水準に，「瑶」を第2水準に新しく入れた．そしてこれまで第1水準に入っていた「堯」「槇」「遙」を第2水準に移動した．さらに22組において，第1水準と第2水準との入れ替えを行った．大きな改正として，「鷗→鴎」「醱→醗」など265字の漢字の字形が変更された（拡張新字体）．「当用漢字字体表」で行われた簡略化を常用漢字以外にも適用したのである．これによって，一般の書籍類の字体とワープロの字体との相違が生じることになった．

　平成2（1990）年4月の「戸籍法施行規則」改正（人名用漢字⑤）で人名用漢字として新たに118字が追加された．それに対応すべく，9月にJIS漢字規格の改正（JIS漢字③）が行われた．JIS漢字に入っていなかった「凛」と「熙」の2字を第2水準に追加した．それと同時に人名用漢字の字体変更によって，JIS漢字の字形の変更も行われた．

　同年10月に，法務省から氏名の文字の取扱いに関する通達（人名用漢字⑥）が出された．戸籍のコンピュータ化を考慮して，婚姻などによって新たに新戸籍を編製する際に，事務的に誤字や俗字をそれに対応する正字に直すことにした．それにあたって，使用できる俗字15字や「当用漢字字体表」に準じて整理した字体140字を示した．なお，戸籍において「当用漢字字体表」に準じた字体（拡張新字体）が認められているのは，これらがJIS漢字の第1水準に入っているという理由による．

平成 12（2000）年 1 月に今までの JIS 漢字規格（JIS X 0208）を拡張した新しい JIS 漢字規格（JIS X 0213）が制定された（JIS 漢字④）．大幅な拡張が行われ，記述記号や音声記号など非漢字659文字，第3水準漢字として1249字，第4水準漢字として2346字を追加した．第3水準には，特に 83JIS で字体が大きく変更され打ち出せなくなった29字や，「人名用漢字許容字体表」の中でこれまで表せなかった字体，「常用漢字表」の康熙字典体による別掲字が含まれている．

同年 12 月には「表外漢字字体表」（常用漢字表②）が答申された．これは，83JIS による漢字の字形変更によって生じた一般の書籍類とワープロ字体の相違を解決するためのものである．表外漢字 1022 字を挙げ，印刷標準字体として康熙字典体を示し，そのうち 22 字については簡易慣用字体を併せて示した．83JIS で問題となった 29 字のうち 12 字が簡易慣用字体として許容されることになった．さらにしんにゅう／しめすへん／しょくへんの印刷字体として辶／礻／飠を認めることとした．部首の簡略化は，法務省の通達では昭和 58（1983）年から認められており，また JIS 漢字ではすでに一般的になっていた．

「常用漢字表」には「当用漢字表」に 95 字を追加した 1945 字の漢字が示されているが，新聞記事においてはそれでは足りなかった．そこで，日本新聞協会新聞用語懇談会は平成 13（2001）年 11 月にさらに 39 字の表外字の使用を決めた（常用漢字表③）．ただし，新聞社によってはさらに多くの表外漢字を使用している会社もある．

平成 16（2004）年 2 月に JIS 漢字の改正が行われた（JIS 漢字⑤）．この改正は，JIS 漢字の例示字形を「表外漢字字体表」の示した印刷標準字体に改め，JIS 漢字を国語施策と整合させるものであった．そこでは 168 字の字形の変更と 10 字の追加が行われた．

同年 9 月には，「戸籍法施行規則」が改正され（人名用漢字⑦），人名用漢字に対して今までにない 488 字という大幅な追加を行った．この改正にあたっては，書籍や雑誌での使用頻度に JIS 規格での位置づけ（第 1 水準か第 2 水準か）を考慮に加えて，検討が行われた．「表外漢字字体表」が答申されているので，人名用漢字として採用する場合には康熙字典体を採用した．また，すでに人名用漢字として採用されている漢字については「当用漢字字体表」に準じ

た字体（拡張新字体）のものがある．それらの字体に「表外漢字字体表」と合わないものが生じたため，1字種2字体を認める措置を施した．それに加え，これまでは「人名用漢字許容字体表」として，あくまでも許容という別の扱いがされてきた旧字体をも人名用漢字として扱うようにした．また「当用漢字表」で新字体が採用されたものについてはその旧字体の使用を認めなかったが，常用性の強い19字についてはその使用を認めることにしたのである．この改正にあたっては，拡張漢字のJIS X 0213（JIS漢字⑤）を参考にしており，すべての漢字がカバーできることを確認している．人名用漢字983字のJISでの配置の内訳は，第1水準に含まれているもの685字，第2水準に191字，第3水準に107字となっている．なお，第3水準の107字は旧規格のJIS X 0208ではカバーできない．

　この人名用漢字の改正を受けて，法務省の氏名の文字の取扱いに関する通達の一部改正が行われた（人名用漢字⑧）．戸籍においては，140字については「当用漢字字体表」に準じた字体の使用を認めていた．その中から「曽」が2月に人名用漢字として認められており，また「桧」「祢」「讃」がこの改正において人名用漢字として採用された．また「当用漢字字体表」に準じて整理された字体のもとである康熙字典体からも，75字が人名用漢字として認められた．そのため，平成2年に作成された表の作り直しの必要が生じてきた．またこの488字の追加は「表外漢字字体表」の基本的な考えに基づいた康熙字典体での採用である．したがって，すでに戸籍において康熙字典体から「当用漢字字体表」に準じた字形への変更を行ったものに対しては，先の75字に関してだけ康熙字典体への変更を認めている．

4. 地名と漢字

　ここまで地名には触れてこなかったが，実際には地名の書き表し方にも漢字制限の影響が及んでいるのである．昭和27（1952）年4月の「公用文作成の要領」には「4　地名の書き表わし方について」という節があり，次のように記されている．

> 1　地名はさしつかえのない限り，かな書きにしてもよい．
>   　地名をかな書きにするときは，現地の呼び名を基準とする．ただし，地方的ななまりはは改める．
> 2　地名をかな書きにするときは，現代かなづかいを基準とする．（ふりがなの場合も含む．）
> 3　特に，ジ・ヂ・ズ・ヅについては，区別の根拠のつけにくいものはジ・ズに統一する．
> 4　さしつかえのない限り，当用漢字字体表の字体を用いる．当用漢字漢字表以外の漢字についても，当用漢字字体表の字体に準じた字体を用いてもよい．

　後に問題となってくるのは4の項目である．これによって，「木曾山脈→木曽山脈」「礪波平野→砺波平野」などの表記が許されたのである．学校で「曽」の字を習いながら，「曾」が正字だからこちらを使用しなさいと言われても納得できないであろう．

　昭和28（1953）年9月1日に「町村合併促進法」が制定された．そこで，国語審議会は「町村合併によって新しくつけられる地名の書き表わし方について」という要望を，総理大臣に建議したのである．要望の内容は，

　　　できるだけわかりやすく，読みちがいの起らないようなものに決定されるよう，適当な処置をとられることを希望いたします．

というものであった．建議の趣旨は，地方自治庁において都道府県の地方課長会議で説明された．しかし，この要望は施行規則の条文に盛り込まれることはなかった．

　昭和30年代の昭和の大合併では，

　　すさみ町（和歌山県）　　マキノ町（滋賀県）

といった平仮名または片仮名を用いた町名が出現した．その一方で，当用漢字以外の漢字を用いた町名が136ある．そのうち78町は既存町村名を用いていることからやむを得ないが，新たな町名として58町もあり，国語審議会の建議の効果は現れていない．

自治省は昭和37（1962）年5月10日に「住居表示に関する法律」を公布し施行した．そこには，

町または字の名称をあらたに定めるときは，できるだけ従来の名称に準ずるとともに，読みやすく，かつ，簡明なものにしなければならない．（第五条）

と記されている．これを公文化して，昭和38（1963）年7月30日に，自治省から「街区方式による住居表示の実施基準」が告示された．そこでは区域の名称の定め方について，「2　当用漢字を用いる等読みやすく簡明なものとすること」と明記されている．

平成11〜20（1999〜2008）年にかけての平成の大合併においても，次のような多くの仮名書きの市や町が新しく誕生した．

せたな市・むかわ町・新ひだか町（北海道）　つがる市・おいらせ町（青森県）　にかほ市（秋田県）　かすみがうら市・つくばみらい市（茨城県）　さくら市（栃木県）　みなかみ町・みどり市（群馬県）　さいたま市・ふじみ野市・ときがわ町（埼玉県）　いすみ市（千葉県）　かほく市（石川県）　あわら市・おおい町（福井県）　南アルプス市（山梨県）　いなべ市（三重県）　南あわじ市・たつの市（兵庫県）　みなべ町（和歌山県）　つるぎ町・東みよし町（徳島市）　さぬき市・東かがわ市・まんのう町（香川県）　いの町（高知県）　うきは市・みやこ町・みやま市（福岡県）　みやき町（佐賀県）　あさぎり町（熊本県）　さつま町・いちき串木野市・南さつま市（鹿児島県）　うるま市（沖縄県）

常用漢字で書けないことや，また漢字からはそのように読みづらい，つまり難読という理由から，仮名書きという方法をとったと思われるところも多い．しかしその一方で，漢字で書けても今までにない新しいイメージを出そうという意図によって，仮名書きという方法を採用したと見受けられるところも多いようである．

5.「常用漢字表」の再検討

現在，文部科学大臣の諮問によって，文化審議会の国語分科会漢字小委員会が新しい漢字表作成に向けて作業を進めている．新しい漢字表は平成20

(2008) 年 7 月に追加案がひとまずまとまり，188 字の追加，5 字の削除が示されている．現在の「常用漢字表」が作成される段階においても，削除される予定の漢字がリストアップされていた．しかし，いったん認めたものを削除することは混乱を起こすとして，結局はすでに使用されているものはすべて認めることになったのである．今回ははたしてどうなるだろうか．

漢字の追加は現状からいえば当然なことであろう．しかし，その増加の程度にもよるが，教育には大きな影響を与えることになろう．現在の小中学校の国語の授業において漢字学習についてこれ以上時間を割くことは困難と思われる．したがって教育漢字の数はあまり増やせない．その場合，教育漢字に含まれていない新しい漢字表の漢字の扱いをどのようにするべきであろうか．現在の大学の入試制度では「常用漢字表」の漢字ならば，国語の問題として漢字の読みや書き取りを課することができる．新しい漢字表の漢字が多くなれば，それらのすべてを要求することは無理なことと思われる．審議において〈情報機器を利用して書くことができればよい漢字〉として「準常用漢字（仮称）」の設定が検討されているようであるが，これは一般の社会生活よりむしろ教育の現場には必要な枠であると考えられる．

JIS 漢字は，「表外漢字字体表」の答申により表外字の字体が康熙字典体に統一されたことによって，それに従った．しかし新しい漢字表に含まれる漢字は，これまでどおり字体の変更が行われると考えられる．もし字体を変更しないと，漢字の同じ構成要素が異なってきてしまい，学校教育に支障をきたすことになる（例えば，臭と嗅，単と弾）．JIS 漢字においては，漢字によってはいったん変更したものを再びもとに戻すことになろう．またディスプレイの表示機能の関係もあり，康熙字典体とその略体とが一つの文字コードにおいて包摂関係になっていることがある．つまりどちらの字体も同じ文字として扱われている場合がある．もし平成 16（2004）年の「戸籍法施行規則」改正によって人名用漢字となった字が新漢字表に入った場合には，大きな問題が生じてくる．平成 16 年の人名用漢字の追加は「表外漢字字体表」の答申に従って康熙字典体で採用されている．人名用漢字は一度認めた字体はそのまま認め続けていく方針がとられている．また JIS 漢字では常用漢字と人名用漢字とは別の文字コードを与えることになっている．つまり，平成 16 年に人名用漢字として認

められた漢字が新しい漢字表に含まれて字体の変更が行われた場合，包摂関係になっている二つの字体に対して別々の文字コードを付ける必要が生じてくるのである．このことは，コンピュータ関係者からJIS漢字を根底から覆す事態となると言われている．

　新しい漢字表は情報機器，すなわちコンピュータのソフトに対して大きな注文を付ける必要があろう．一般的なワープロソフトにおいては，その漢字が表外漢字であることを注意し，代用字への示唆などを勧告するような仕組みが必要かもしれない．

　国語分科会の動きとしては，都道府県名やそれに準じる「畿」や「韓」を認める方針であるが，それはあくまで例外であって「常用漢字表」と同じく固有名詞を対象としない方針がうかがわれる．しかし，文部科学大臣の諮問にあるように，ぜひ扱ってほしいところである．

　人名用漢字は名付けにおいて必要なものであるが，「常用漢字表」と比べて数が多すぎる．それも実際には人名に使われることがないような漢字が多く含まれている．新しい漢字表と重なるものを除外した上で，人名という観点から内容の見直しが必要であろう．人名用漢字として認められてからの人名における実際の使用度数を確認していけば，それぞれの人名用漢字としての必要度が明らかになる．ほとんど使用されていない漢字は人名にはふさわしくないのであるから，このような手順を踏めば，いったん認められたものであっても削除することに，人々は納得するであろう．また人名の異体字については，常用漢字との関係からいえば，その使用を認めるのは問題であると思われる．文部科学大臣からの諮問には「漢字の習得及び運用面とのかかわり，手書き自体が大切な文化である」という面から整理していくことが望まれているように，学校教育では書道などの書写が廃止されることはないであろう．その場合に名前の画数が多いと，子どもたちにとっても困ることも多いであろう．

　新しい漢字表作成にあたっては，将来様々な問題が生じてこないように，もっと教育の現場の意見を取り入れ，またこれまで見てきたように，JIS漢字や人名用漢字の改正の機関とも密接に連携して進めてほしい．

■参考文献

三省堂編修所編（2005）『新しい国語表記ハンドブック　第五版』三省堂
芝野耕司編（2002）『増補改訂　JIS漢字字典』日本規格協会
武部良明（1979）『日本語の表記』角川書店
日本加除出版企画部（2005）『最新　人名用漢字と誤字俗字関係通達の解説』日本加除出版
飛田良文・佐藤武義編（2002）『現代日本語講座　第6巻　文字表記』明治書院
安岡孝一（2008）「常用漢字表の拡大はJIS漢字にどういう混乱をもたらすか」『日本語学会
　2008年度春季大会予稿集』
〈雑誌特集〉
「新常用漢字表の作成に向けて」『日本語学』臨時増刊号　第25巻11号　明治書院（2006）
〈ホームページ〉
総務省ホームページ　http://www.soumu.go.jp/gapei/
文化庁「国語施策情報システム」http://www.bunka.go.jp/kokugo/

索　引

あ　行

『愛児の名づけ方』　142
朝日字体（朝日文字）　122
当て字　13

言い換え　8, 105
言い換え語　49
異字同訓　28, 107
「「異字同訓」の漢字の用法」
　　35
異体字　139, 158, 188
1字1音的表記　162
1字種1字体　147, 158
井上ひさし　106
印刷字体　46, 161
印刷標準字体　121, 159, 174,
　　183

『遠西観象図説』　11

音訓交用表記　162
音訓の小・中・高等学校段階
　　別割り振り表　86

か　行

「外来語の表記」　105
書き換え　8, 47, 100, 105
書き換え語　49
カ行合拗音　20
学術文献調査特別委員会
　　15
学術用語　104

拡張漢字　174
拡張新字体　168, 175, 182
活字字体整理案　38, 114
簡易慣用字体　121, 174, 183
簡易字体　2, 3, 36
漢字仮名交じり文　10, 29
漢字字体整理案　36
漢字小委員会　129, 186
簡体字　45, 164

旧戸籍法　138, 140
旧JIS漢字　168
旧字体　2, 164
教育漢字　57
　　――の見直し　70
教科書楷書体　96
教科書体　46, 70, 94, 95
教科書体活字　95, 117
教科用図書検定基準　95
許容字体　160
許容の字体　147, 155
『吉里吉里人』　106

「敬語の指針」　127
経済産業省　166, 178
『現代雑誌九十種の用語用字』
　　101

『康熙字典』　2
康熙字典体　2
口語文体　16
更正　152, 161
「公文用語の手びき」　51

候補漢字　130, 135
『国語施策百年史』　114
国語能力表　60
国字　25
語構成意識　119
誤字　50, 145, 152, 182

さ　行

3部首許容　124

JIS漢字　166
字音仮名遣い　21, 119
字音索引　21
字形
　　――の統一　95
　　――の変更　183
字種選定　136, 181
字体
　　――の標準　38
　　――の変更　120, 181, 182,
　　　187
字体整理案　36
自治省　186
借音表記　12
住居表示に関する法律　186
熟字訓　13
出生届　139, 142, 164
準常用漢字　6
準常用漢字（仮称）　129, 187
常用漢字　6
常用漢字表　100
常用漢字表（昭和6年改定）
　　36

常用漢字表（大正12年）　36
常用漢字表案　6, 102
新漢字表試案　102
新JIS漢字　168
新字体　2
新常用漢字表　128
『新訂 新聞用語集』　49
『新聞用語言いかえ集』　48, 101, 125
人名用漢字　138

「正書法について」　119
線書き　38, 93
『戦争と二人の婦人』　15
専門用語　15

俗語　24
俗字　143, 152, 182

た 行

『大辞典』　21
代用　188
代用漢字　9, 125, 133
代用表記　50
縦割り行政　178

地名　184
町村合併促進法　185

デザインの差　116

「同音の漢字による書きかえ」　9, 47, 49, 105, 133
同音類義語の統合　50
同訓異字　133
動植物名　12, 59, 106
同声異字表　21
等線体　38, 93
『当用漢字の筆順辞典』　93
当用漢字表　1, 2
当用漢字表補正案　101
当用漢字表補正資料　100, 125
特別漢字　6
特別漢字（仮称）　129, 132

な 行

『名まえとその文字』　142

日本工業規格（JIS）　166
日本国憲法　6, 16, 86, 100
『日本語の表記』　114
日本新聞協会新聞用語懇談会　125, 132, 183

は 行

廃語化　9
発音索引　21
パブリックコメント　136

備考漢字　60, 62, 80
筆写字体　46
筆順　87
『筆順指導の手びき』　87
表音的な仮名遣い　16
表外漢字字体表試案　121
表外訓　125
表外字　126
表外字音　125
表記体　10
『表記の基準』　47
標準漢字表　6, 36
標準字体　97, 121
表内字　126

部首の簡略化　183
振り仮名使用　75
振り仮名廃止　15
『ふりがな廃止論とその批判』　15
文化審議会　127, 178, 186
文化庁　178
文化庁国語審議会　181

平成の大合併　186

別字意識　160
別字種　160
変体仮名　139

法制審議会人名漢字部会　155
包摂　173, 187
包摂規準　173, 174
暴走族の表記　145
法務省　178
法令用語改正要領　47
本草学　12

ま 行

交ぜ書き　9, 15, 126
万葉仮名的表記　145

明朝体　47, 93, 97, 117
明朝体活字　117, 121

『明解国語辞典』　21, 47

文字コード　166, 187
文部科学大臣　127, 178, 186, 188
『文部省 学術用語集』　15, 47
文部省活字　95
文部省刊行物制作便覧　96

や 行

山本有三　15

用語の変更　15
『用字の技術』　114
四つ仮名　20
読み書き同時学習　62, 80
読み先習　62, 80

ら 行

略字　50
略字体　120, 168
略体　2, 3, 121
略体化　128

──のシステム　120
臨時国語調査会　36

類義語の統合　9

歴史的仮名遣い　16, 118
連声　32, 163
連濁　119, 163

『ローマ字びき国語辞典』　21

わ　行

渡辺三男　144

著者略歴

田島　優（たじま　まさる）

1957 年　愛知県に生まれる
1987 年　名古屋大学大学院文学研究科博士課程
　　　　所定単位取得満期退学
現　在　宮城学院女子大学学芸学部教授
　　　　博士（文学）

シリーズ〈現代日本語の世界〉3
現代漢字の世界　　　　　　定価はカバーに表示

2008 年 10 月 25 日　初版第 1 刷

著　者　田　島　　　優
発行者　朝　倉　邦　造
発行所　株式会社　朝　倉　書　店
　　　　東京都新宿区新小川町 6-29
　　　　郵便番号　162-8707
　　　　電　話　03（3260）0141
　　　　Ｆ Ａ Ｘ　03（3260）0180
　　　　http://www.asakura.co.jp

〈検印省略〉

Ⓒ 2008〈無断複写・転載を禁ず〉　　　　　　教文堂・渡辺製本

ISBN 978-4-254-51553-4　C 3381　　　　Printed in Japan

国立国語研 大西拓一郎著 シリーズ〈現代日本語の世界〉6 **現代方言の世界** 51556-5 C3381　　A5判 136頁 本体2300円	地理学・民俗学などに基づき，方言の基礎と最新情報を豊富な図表を交えてわかりやすく解説。方言の魅力と，その未来を考える。〔内容〕方言とは何か／日本語の方言／方言の形成／方言の分布／地理情報としての方言／方言の現在・過去・未来
前東北大 佐藤武義編著 **概説 現代日本のことば** 51027-0 C3081　　A5判 180頁 本体2800円	現代日本語は，欧米文明の受容に伴い，明治以降，語彙を中心に大きな変貌を遂げてきた。本書は現在までのことばの成長過程を概観する平易なテキストである。〔内容〕総説／和語／漢語／新漢語／外来語／漢字／辞書／方言／文体／現代語年表
前筑波大 北原保雄編著 **概説 日本語** 51017-1 C3081　　A5判 184頁 本体2700円	美しく豊かな日本語を今一度見つめ直し正しく学べるよう，著者らの熱意あふれる筆致でわかりやすく解説した大学，短大向け好テキスト。〔内容〕総論／音声・音韻／文字・表記／語彙／文法／敬語／文章・文体／共通語・方言／言語生活
前筑波大 北原保雄監修　聖徳大 林 史典編 朝倉日本語講座2 **文字・書記** 51512-1 C3381　　A5判 264頁 本体4500円	〔内容〕日本語の文字と書記／現代日本語の文字と書記法／漢字の日本語への適応／表意文字から表音文字へ／書記法の発達(1)(2)／仮名遣いの発生と歴史／漢字音と日本語(呉音系，漢音系，唐音系字音)／国字問題と文字・書記の教育／他
愛知県大 犬飼 隆著 シリーズ〈日本語探究法〉5 **文字・表記探究法** 51505-3 C3381　　A5判 164頁 本体2800円	〔内容〕「『あ』という文字」と「『あ』という字」は同じことか／漢字は表意文字か，それとも表語文字か／漢字の部首は形態素か／「世界中」は「せかいじゅう」か「せかいぢゅう」か／横書きと縦書きはどちらが効率的か／他
前阪大 前田富祺・早大 野村雅昭編 朝倉漢字講座1 **漢字と日本語** 51531-2 C3381　　A5判 280頁 本体4800円	中国で生まれた漢字が日本で如何に受容され日本文化を育んできたか総合的に解説〔内容〕漢字文化圏の成立／漢字の受容／漢字から仮名へ／あて字／国字／漢字と送り仮名／ふり仮名／漢字と語彙／漢字と文章／字書と漢字／日本と漢字政策
前阪大 前田富祺・早大 野村雅昭編 朝倉漢字講座2 **漢字のはたらき** 51532-9 C3381　　A5判 244頁 本体3800円	日本語のなかでの漢字の特性・役割について解説。〔内容〕表語・文字としての漢字／漢字の音／漢字と表記／意味と漢字／漢字の造語機能／字体と書体／漢字の認識と発達／漢字の使用量／漢字の位置／漢字文化論
前阪大 前田富祺・早大 野村雅昭編 朝倉漢字講座3 **現代の漢字** 51533-6 C3381　　A5判 264頁 本体4800円	漢字は長い歴史を経て日本語に定着している。本巻では現代の諸分野での漢字使用の実態を解説。〔内容〕文学と漢字／マンガの漢字／広告の漢字／若者と漢字／書道と漢字／漢字のデザイン／ルビと漢字／地名と漢字／人名と漢字／漢字のクイズ
前阪大 前田富祺・早大 野村雅昭編 朝倉漢字講座4 **漢字と社会** 51534-3 C3381　　A5判 292頁 本体5200円	情報伝達技術に伴い，教育・報道をはじめとして各分野での漢字使用のあり方と問題点を解説。〔内容〕常用漢字表と国語施策／漢字の工業規格／法令・公用文の漢字使用／新聞と漢字／放送と漢字／学術情報と漢字／古典データベースと漢字／他
前阪大 前田富祺・早大 野村雅昭編 朝倉漢字講座5 **漢字の未来** 51535-0 C3381　　A5判 264頁 本体4800円	情報化社会の中で漢字文化圏での漢字の役割を解説。〔内容〕情報化社会と漢字／インターネットと漢字／多文字社会の可能性／現代中国の漢字／韓国の漢字／東南アジアの漢字／出版文化と漢字／ことばの差別と漢字／漢字に未来はあるか

上記価格（税別）は 2008 年 9 月現在